Claudia Breitsprecher

Das hab ich von dir

Claudia Breitsprecher

Das hab ich von dir

Warum Mütter für Töchter so wichtig bleiben

Kreuz

Inhalt

Vorwort

»Ach, wie gut, dass Mutter tot ist. Ich bin so froh, dass sie tot ist und nichts weiß. Ich wollte immer wie sie sein, so lieb und still, und jetzt, jetzt bin ich so schlecht geworden!«, beichtet Scarlett im Tonfall einer Dreijährigen dem smarten Rhett Butler unter Tränen.[1] Ganze Generationen von Frauen fühlten im Kinosessel mit ihr und nickten wissend. Ich habe mich oft gefragt, ob »Vom Winde verweht« wirklich das dramatische Liebesepos ist, für das es gemeinhin gehalten wird, oder ob sich dahinter nicht eher eine frühe Auseinandersetzung mit der Frauenrolle verbirgt, einer Rolle, die ebenso starr ist wie das Korsett, mit dem »Mammy« als moralische Instanz im Auftrag der Mutter Scarlett täglich die Luft abschnürt.

Bemerkenswert ist, dass Scarlett eben nicht drei Jahre alt ist, als sie ihrem Kummer über ihre mangelnde Anpassungsfähigkeit Ausdruck verleiht. Sie ist eine gestandene Frau, die einen Bürgerkrieg überlebt, die Verantwortung für das elterliche Gut übernommen und mit ihrer praktischen Art vielen Menschen das Leben gerettet hat. Die verstorbene Mutter jedoch ist in ihrem Gewissen machtvoll, und es sind ihre Gebote und Verbote, die Scarlett in die Verzweiflung treiben. Denn Scarlett muss sich entscheiden: In ihrer Umwelt würden die Werte der Mutter – verkörpert im Film durch die ebenso schöngeistige wie hilflose Melanie – sie in den Untergang treiben. Will sie leben, muss sie mit den Regeln brechen. Das tut sie schließlich, doch ihre quälenden Schuldgefühle verbieten ihr letztlich, glücklich zu sein.

Margaret Mitchell hat »Vom Winde verweht« 1936 geschrieben. Das geschilderte Dilemma aber ist für viele Frauen bis heute hoch aktuell. Sie brechen aus den traditionellen Mustern weiblicher Lebensentwürfe aus, die in vielen Büchern als untauglich für eine befreite Existenz entlarvt wurden. Sie erleben die Annehmlichkeiten eigener Selbstständigkeit im Privatleben wie im Beruf. Doch obwohl die Erfahrung ihnen Recht gibt, nagen Selbstzweifel an ihnen, die das Empfinden für ihren Erfolg und ihre Lebensfreude erheblich trüben können. Dazu gesellt sich das Gefühl der Überforderung, denn mit den alten Rollenbildern verschwinden auch die alten Gewissheiten. Es gibt keinen richtigen Weg mehr, der als Orientierung dienen kann.

Frauen wollen Neues wagen, doch auf welchem Fundament? Nicht wenige Mütter sind heute verunsichert, wie sie ihre Töchter erziehen sollen. Ihre Wünsche und Erwartungen, Ängste und Erfahrungen prägen die Haltung zu den heranwachsenden Mädchen. Nicht selten hat das eigene Selbstbewusstsein einen Sprung, und so gerät der Blick auf die Tochter zum vermeintlichen Blick in den Spiegel und dient manches Mal der Reflexion des eigenen Tuns; frau kann aber nicht mehr erkennen, wer das Gegenüber in Wirklichkeit ist.

Und die Töchter? Hier gilt es zu unterscheiden, von wem die Rede ist. Da ist zunächst das kleine Mädchen, das hört und sieht, was um es herum geschieht, und versucht, sich ein Bild von der Welt zu machen. Da ist die Pubertierende, die – der einstigen Abhängigkeit entwachsen – erst einmal alles in Frage stellt, was ihre Umwelt ihr aufgetischt hat. Und da ist die bereits Erwachsene, die, egal wie alt, im Kontakt mit der Mutter ihre Reibungs- wie Ruhepunkte sucht – mit unterschiedlichem Ausgang für beide. Denn so, wie an Gliedmaßen Amputierte oft einen Phantomschmerz verspüren, scheint die nach der Geburt durchtrennte Nabelschnur zwischen Mutter und Tochter auf wundersame Weise weiter zu existieren.

Die bei Frauen ungebrochene Fixierung auf die Familie, der Anspruch auf soziale Beziehungen und die Macht der Mütterlichkeit knüpfen ein enges Band, das Mütter und Töchter ein Leben lang beschäftigt. Manchmal wird von der einen oder anderen Seite heftig daran gezogen, selten reißt es, oft jedoch ist es reichlich verknotet und verknäult. Aber nie ist es bedeutungslos für das Leben beider. Die Beziehungen zwischen Müttern und Töchtern scheinen stabil zu sein, doch sie sind leider oft auch stark belastet und belastend.

Mit diesem Buch möchte ich Anregungen dafür geben, die engen Verstrickungen zwischen Müttern und Töchtern zu entwirren. Die verschiedenen Muster, auf die ich eingehen werde, sind beispielhaft dargestellt und für viele Beziehungen typisch. Dabei möchte ich zunächst auf die Leitsätze eingehen, die Mütter ihren Töchtern vielfach mitgeben, und gleichzeitig erläutern, auf welche Weise sie vermittelt werden und welche Folgen das mit sich bringen kann. Im Anschluss daran werde ich mich einigen ebenso typischen Grundgedanken widmen, die die Töchter ihren Müttern gegenüber auf die eine oder andere Weise, häufig als Vorwurf, zum Ausdruck bringen (oder nicht zum Ausdruck bringen, was für beide Seiten viel schlimmer sein kann). Sie sind Bestandteil der Konflikte, die in der Regel erst auftreten, wenn die Tochter erwachsen wird oder ist. Ich werde die Mechanismen beschreiben, die den Umgang zwischen Müttern und Töchtern so schwierig werden lassen, und Wege aufzeigen, die einen für beide Seiten befriedigenden und befreiten Kontakt ermöglichen.

Wer über das Verhältnis zwischen Müttern und Töchtern nachdenkt, kann dies aus verschiedenen Blickwinkeln tun. Vielfach fanden die psychologischen Voraussetzungen und Konsequenzen dieser Beziehung Beachtung, oft wurden die gesellschaftlichen Bedingungen, die diesen Kontakt mitbestimmen, stärker in den Mittelpunkt der Aufmerksamkeit gerückt. Meiner Ansicht nach sind jedoch beide Sichtweisen untrennbar miteinander verwoben. Wie sonst wäre es möglich, dass Frauen in therapeutischen Praxen Nöte vortragen, die sie, wären sie Männer, gar nicht kennen würden.

Umgekehrt stellt sich die Frage, warum sich so viele gesellschaftliche Benachteiligungen für Frauen unfassbar hartnäckig halten, obwohl sie im Zuge der Frauenbewegung wieder und wieder aufgedeckt, entlarvt und angeprangert wurden. Natürlich geht es dabei um Macht. Männer spielen ihr Spiel weiter. Aber warum spielen Frauen noch immer mit? Und wie wirkt sich das auf das Verhältnis zwischen Müttern und Töchtern aus? Für ein jedes Zusammenspiel ist es wichtig, dass die Spielerinnen die Regeln kennen – und ggf. verändern, wenn sie für ein gutes Spiel nicht brauchbar sind.

Dieses Buch allein wird keine Konflikte bereinigen und keine Gefühle ändern – seine Möglichkeiten liegen darin, oft verschüttete Mechanismen, die das Leben von sehr vielen Frauen in ihrer Rolle als Mutter oder Tochter prägen, zunächst einmal an die Oberfläche zu holen und sichtbar werden zu lassen. Aus der Betrachtung bestehender Gegebenheiten, mit denen sich so manche individuell herumschlägt und die gleichzeitig kollektiv das Wesen der Gesellschaft so nachhaltig beeinflussen, ergibt sich die Chance, neue Wege auszuloten und alte Lasten abzuwerfen. Die folgenden Seiten sind ein erster Schritt.

Bestandsaufnahme: Die Mutter

»Romy wird es irgendwann im Leben wohl nicht erspart bleiben, ihre eigenen Erfahrungen und Enttäuschungen zu sammeln. (...) Ich kann nur versuchen, Romy zu warnen, wenn ich irgendwo einen Abgrund sehe, in den sie hineintappen könnte. Das ist sogar meine Pflicht. Ich kann mich bemühen, mit ihr zu sprechen, wenn ich vermuten muss, dass es am Ende eines Weges nur Tränen gibt.«

Magda Schneider über ihre Tochter Romy[2]

Schon bevor ein Kind geboren wird, beginnen Eltern, sich die Zukunft des werdenden Menschen auf die eine oder andere Weise vorzustellen. Dies geschieht normalerweise auch im Hinblick darauf, wie dieses kleine Wesen das eigene Leben beeinflussen wird. Daraus ergeben sich für das Baby sehr unterschiedliche Ausgangspositionen. Ist es ein Wunschkind oder ein Zufallsprodukt? Ist der Zeitpunkt der Geburt günstig in der Lebensplanung der Eltern? Wie ist die Familienkonstellation, in die es hineingeboren wird?

Nicht erst in den letzten Jahren, in denen die Vielfalt unterschiedlicher Lebensformen erheblich größer geworden ist, sind die Startbedingungen neugeborener Kinder beinahe so individuell wie ihr genetischer Code. Der so häufig heraufbeschworene »Normalfall« ist genauso ein Phantom wie »Manfred Mustermann«, ein Durchschnittswert, der keine reale Entsprechung hat. Kinder wachsen mit einer unterschiedlichen Anzahl von Geschwistern auf, mit Eltern in verschiedenen Lebensphasen, mit oder ohne Großeltern oder andere Bezugspersonen, in Klein- oder Großstädten, in Armut oder Reichtum, bei angestellten, selbstständigen, arbeitslosen, handwerklich tätigen, künstlerisch interessierten, verträumten, ehrgeizigen, gesunden, kranken, sportlichen, optimistischen, depressiven, gewalttätigen, liebevollen oder grausamen Menschen, die dazu noch kulturell, religiös und ethnisch verschieden gebunden sind. Diese Liste ließe sich beliebig fortsetzen.

Väter sind heute bei der Betreuung von Kindern immer, manchmal oder nie anwesend. Sind die biologischen Väter fort, treten oft andere an ihre Stelle. Doch das ist nicht so neu, lediglich die Gründe dieser Tatsache haben sich teilweise verändert. Früher waren es Militärdienst, Krieg, auswärtige berufliche Tätigkeit oder schlicht die Flucht vor der familiären Verantwortung, die Mütter zu Alleinerziehenden machten. All das existiert auch heute noch. Daneben entscheiden sich Frauen häufiger, unbefriedigende und belastende Beziehungen zu beenden und – manchmal – neue einzugehen, was den Begriff und die Realität der so genannten Patchwork-Familie hervorgebracht hat.

Mütter sind ein zentraler Orientierungspunkt

Ungebrochen allerdings ist die gesellschaftliche Norm, dass es vor allem die Frauen, die Mütter sind, die sich um das Wohl ihrer Kinder zu kümmern haben, ob sie wollen oder nicht. Natürlich gibt es heute allein erziehende Väter, doch sie stellen die Ausnahme dar, und ihre Existenz geht meist einher mit anklagenden Kommentaren an die Adresse der »Rabenmutter«, die ihr Kind im Stich gelassen hat. Doch es wäre müßig, Bekanntes zu wiederholen und zu beklagen; Veränderungen brauchen ihre Zeit. Während Frauen zäh um jedes Quäntchen Freiraum und Selbstsicherheit ringen, sind sie weiterhin Mütter von Töchtern. Sie nehmen Einfluss auf das Leben der Mädchen und stellen für sie einen zentralen Orientierungspunkt dar. Und je mehr die Mädchen der Abhängigkeit ihrer Obhut entwachsen, stellen sich Mütter die bange Frage, wie der Kontakt zur Tochter sich entwickeln wird. Die Antwort darauf bestimmt oft wesentlich ihr Lebensgefühl. Es scheint daher geboten, sich anzusehen, mit welchen bewussten und unbewussten Annahmen sie selbst diese Beziehung prägen.

Hoffnungen und Wünsche

> Es ist unmöglich, ein Mädchen zum Glück zu führen, ohne ihr zu zeigen, wie man es erlangt.

Du sollst es einmal besser haben!

Dieser Satz ist ein frommer Wunsch. Er ist im Hinterkopf vieler Mütter, wenn sie sich das Leben ihrer Tochter vorstellen. Manchmal wird er ausgesprochen, oft schwingt er indirekt in anderen Äußerungen mit. Der Satz selbst erzählt bereits von den Beschränkungen, die die Mutter in ihrem Leben sieht. Wer den Satz hört, zieht den Umkehrschluss: Wenn ich es besser haben soll, hat sie es nicht gut. Sie, die Mutter, vermittelt damit, dass sie nicht glücklich ist. Väter wünschen sich von ihren Söhnen eher, dass diese ihr Lebenswerk fortführen. »Was mir gelungen ist, soll auch ihm glücken« lautet die traditionelle Botschaft. Lediglich Väter der untersten sozialen Schichten sprechen vom »besseren« Leben der Söhne. Es liegt das Eingeständnis eigenen Scheiterns darin.

Die Hoffnung, dass die Tochter ein besseres Leben haben soll als ihre Mutter, ist durchaus gut gemeint und Ergebnis einer tatsächlichen Erfahrung. Mütter sind in ihrer eigenen Entwicklung oft an Grenzen gestoßen. Viele konnten ihre Ausbildungs- und Berufswünsche nicht gegen die Eltern durchsetzen, von denen sie finanziell abhängig waren.

Grenzen im eigenen Leben

Für einige kamen Schwangerschaften zu einem Zeitpunkt, an dem sie beruflich gerade gut vorankamen. Nicht wenige Mütter haben traumatische Erlebnisse physischer und sexueller Gewalt hinter sich. Eine große Zahl von Frauen leben in materieller Not oder sind davon bedroht. All das vor Augen, ist es leicht nachvollziehbar, dass sich Mütter ein leichteres, sorgenfreieres, eben »besseres« Leben für ihre Töchter wünschen.

Doch leider haben die meisten Mütter keine Antwort auf die Frage, wie das gehen soll. Woher soll das plötzliche Glück kommen? Was von einer Mutter als Ausdruck der Liebe gemeint ist, wird für die Tochter leicht zur Bürde. »Ich habe mich aufgeopfert für dich« ist ein Satz, der vielleicht das subjektive Empfinden der Mutter ausdrückt, aber einer Tochter kaum als Vorbild dienen kann, um glücklich zu werden. Die Jugendforscherinnen Burger und Seidenspinner stellten schon in den 80er-Jahren fest, dass Töchter selbstbewusster Mütter, die viele ihrer Interessen bezüglich des familiären und beruflichen Lebens verwirklichen, bessere Chancen haben, ihre eigenen Vorstellungen von Glück umzusetzen. Das Vorbild der Mutter wird hierbei zum entscheidenden Faktor. Ein Mädchen kann eher an die eigenen Fähigkeiten glauben, wenn es gelungene Beispiele für eine selbstbestimmte Lebenswirklichkeit kennt.[3]

Symbiotische Verstrickungen

Der mütterliche Wunsch nach einem besseren Leben kann für das Mädchen und die spätere Frau zur schweren Last werden. Verbunden jedoch mit dem Hinweis auf das »Opfer« der Mutter gerät er zweifellos zum Mühlstein. Denn dabei verschiebt sich die Verantwortung auf schicksalhafte Weise: Plötzlich bestimmen die Entscheidungen der Tochter, ob die Mutter ihr eigenes Leben als gelungen ansieht. Schmeißt sie mit fünfzehn die Schule? Wird sie mit siebzehn schwanger? Mit zwanzig alkoholabhängig? Für Mädchen, die »es einmal besser haben sollen«, werden solche Probleme zur unüberwindbaren Hürde. Denn anstatt sich mit deren Lösung zu befassen, kreisen ihre Gefühle darum, was sie der Mutter ggf. antun. Ein verhängnisvolles Missverständnis entsteht: Die Mütter reagieren auf die Schwierigkeiten ihrer Töchter entweder enttäuscht, mitfühlend oder bestürzt, aber sie suchen in der Regel weiter den Kontakt, oft sogar intensiver als zuvor. In gründlich erlernter weiblicher Manier fühlen sie sich verantwortlich und schuldig für das, was schief gelaufen ist. Die Tochter jedoch, selbst von Schuld- und Schamgefühlen gequält, sucht Distanz, um »der Mutter keine Schande zu machen«. Nicht ein Mangel aus Liebe, sondern ein Zuviel an symbiotischer Verstrickung kann im Folgenden das Verhältnis belasten.

Aber auch, wenn die Umstände günstiger sind, ist das Gebot des »besseren Lebens« für Mütter und Töchter kein guter Leitstern. Denn normalerweise sagen Mütter heute nicht mehr, wie dieses Leben ihrer Meinung nach aussehen soll. Im Zeitalter der Individualität heißt es meist, dass das Mädchen den eigenen Weg gehen kann. Beruf, Lebensstil, Partnerschaft, Kinderwahl: egal. Offiziell. Im Raum stehen aber die Werte der Mütter, die Werte der Umwelt. Aus ihnen wird das Mädchen lesen wie aus dem Kaffeesatz, was eine glückliche Zukunft verheißt.

Doch leider ist nicht nur die aufopferungsvolle Mutter, sondern auch die täglich erfahrene gesellschaftliche Realität kein geeigneter Wegweiser für ein erfülltes Leben. Die jugendliche Mitvierzigerin auf dem Fernsehschirm mag strahlen, während sie den Fußboden wienert. Doch ihr Rücken tut weh, sie hat schon einen harten Tag im Büro hinter sich, und ihr männlicher Kollege bekommt die Beförderung, weil sie nie Zeit für Überstunden hat. Aber kleine Mädchen sehen nur ihr unbekümmertes Lächeln und werden in ihrer Rolle die glückliche Zukunft vermuten. Wenn sie alt genug sind, das alles zu hinterfragen, ist es längst passiert. Die Dame mit dem Mopp sitzt tief im Unterbewusstsein. Die neue Frau hat dann zwei Möglichkeiten: Entweder sie greift selbst zum Wischutensil und bleibt in der Rolle der Dienenden, oder sie wirft den Besen in die Ecke – und hat Schuldgefühle.

Wie sieht es aus, dieses Glück, das sich Mütter für ihre Töchter wünschen? Neben verschiedensten individuellen Vorstellungen sehen die meisten Menschen einige Bedingungen als unabdingbaren Bestandteil von Glück an: Sicherheit, Liebe, Erfolg und Gesundheit. Nicht alle müssen immer und gleichzeitig vorhanden sein, damit ein Mensch sich selbst als glücklich einschätzt, aber sie sind dennoch wichtige Indikatoren für ein erfülltes Leben. Daher lohnt es sich, jeden einzelnen dieser Faktoren im Hinblick auf die Wünsche von Müttern an ihre Töchter zu betrachten.

Sicherheit

Das Gefühl der persönlichen Sicherheit ist eines der elementarsten Grundbedürfnisse von Menschen. Ob es sich einstellt oder nicht, hängt im Wesentlichen von der Annahme einer Person ab, inwieweit sie Ereignisse vorhersehen und kontrollieren kann. Wichtiger als die objektiven Umstände ist dabei die subjektive Einschätzung der Lage. Wie so oft spielt auch in diesem Fall der Glaube an die eigene Handlungskompetenz, verbunden mit dem Vertrauen in die Umwelt, die entscheidende Rolle. Vorhersehbarkeit reduziert Angst. Kleine Kinder wiederholen eine zunächst zögerlich gemachte neue Erfahrung wieder und wieder mit zunehmend fröhlicherer Miene, weil sie sich mit jedem Mal mehr über den Ausgang der Sache im Voraus bewusst sind. Zunächst werfen sie den Stein nur vorsichtig ins Wasser und beobachten, was passiert. Beim zweiten Mal schon etwas forscher, und mit der Zeit stellt sich schließlich vergnügtes Glucksen ein, wenn das Wasser aufspritzt.

Vorhersehbarkeit reduziert Angst

Wir alle kennen das Unbehagen vor einem Termin, bei dem wir nicht wissen, was uns erwartet. »Angst ist ein Zustand, in dem das Unbekannte das Bekannte überwiegt«, schrieben die PsychologInnen Amy Bjork und Thomas A. Harris[4]. Hierin liegt einer der wesentlichen Gründe, warum wir immer wieder Situationen lange aushalten, die uns unglücklich werden lassen, die schmerzhaft oder zerstörerisch sind. Im Großen wie im Kleinen versuchen wir, Angst auslösende Situationen zu vermeiden. Tragischerweise jedoch liegt oft nur in der Veränderung die Weichenstellung für mehr persönliche Sicherheit. Doch um das Wagnis einzugehen, benötigen wir die Zuversicht, unser Schicksal in wichtigen Fragen selbst beeinflussen zu können. Ob wir jedoch diese Überzeugung verinnerlicht haben, hängt von unseren Erfahrungen in der Kindheit ab.

Babys werden in eine totale Abhängigkeit hineingeboren, aus der sie sich im Laufe ihrer Entwicklung Stück für Stück lösen. Schreien, den Kopf heben, krabbeln, laufen – Tag für Tag lernen Kinder und gewinnen so mehr und mehr Kontrolle über ihre Bedürfnisse, gewinnen an Kompetenz. Bedauerlicherweise haben verschiedenste Untersuchungen zur geschlechtsspezifischen Sozialisation nachgewiesen, dass diese wichtigen Erfahrungen für Jungen leichter zu machen sind als für Mädchen. Und hier kommen die Mütter ins Spiel. Sie gewähren Jungen mehr Freiraum für die Entdeckung ihrer Umwelt. Mädchen dagegen werden häufig überbehütet und ängstlich umsorgt. Diese Prozesse sind bereits seit den 70er-Jahren wieder und wieder geschildert worden. Sie laufen unbewusst ab, weshalb viele moderne und aufgeschlossene Eltern sie von sich weisen und daher an angeborene Eigenschaften glauben, wenn ihre Söhne und Töchter schon mit drei Jahren überwiegend Verhaltensweisen zeigen, die den klassischen Geschlechterrollen entsprechen.[5]

Mädchen werden überbehütet

Mütter, die unter derartigen Voraussetzungen groß geworden sind, verfügen nicht über die innere Sicherheit, um ihren Töchtern die wichtigsten Botschaften zu vermitteln, die das aktuelle und zukünftige psychische Wohlbefinden bei den Mädchen fördern: 1. Du kannst Probleme lösen. 2. Du kannst denken. 3. Du kannst etwas tun.[6] Fehlen diese Botschaften, stehen die Chancen schlecht, dass es die Mädchen später einmal besser haben werden. Denn in ihrem Bewusstsein verfestigen sich die Überzeugungen, die der Psychologe Martin Seligman schon in den 60er-Jahren als erlernte Hilflosigkeit charakterisiert hat. Er definiert dieses Phänomen als »psychologische(n) Zustand, der häufig hervorgerufen wird, wenn Ereignisse unkontrollierbar sind« und nennt ein Ereignis unkontrollierbar, »wenn wir nichts daran ändern können, wenn nichts von

Erfahrung von Kompetenz

dem, was wir tun, etwas bewirkt«.[7] Eine derartige Selbsteinschätzung führt nicht nur zu Passivität und Resignation, sondern begünstigt auch die Entstehung von Depressionen und anderen gesundheitlichen Störungen. Auf jeden Fall wird sie das persönliche Sicherheitsgefühl untergraben. Ohne Kontrolle ist das eigene Leben auch nicht mehr vorhersagbar, sind Gefahren nicht mehr abzuwehren. Ein solches Lebensgefühl aufseiten der Mutter wird diese dazu verleiten, ihre Tochter zu ermuntern, Sicherheit vor allem im vermeintlich schützenden Rahmen von Beziehungen zu sehen.

Liebe

Die Mutter ist in der Regel die erste Person, mit der ein neuer Mensch eine Liebesbeziehung eingeht. Anders als spätere Beziehungen ist diese frühe symbiotische Zweisamkeit von beiden nicht frei gewählt. Für eine Mutter ist es oberstes moralisches Gebot, ihr Kind zu lieben, ganz gleich, wo sie selbst im Leben gerade steht, ganz gleich, wie ihre Gefühle tatsächlich sein mögen. Ein Baby liebt seine Mutter, weil es sich in den ersten Lebensmonaten noch gar nicht als eine von ihr verschiedene Persönlichkeit begreifen kann und weil es in erster Linie die Mutter ist, die seine Bedürfnisse befriedigt. Diese enge Verbindung wird noch intensiviert, wenn es sich bei dem Kind um ein Mädchen handelt. Stärker als Söhne betrachten Mütter ihre Töchter als ihr »eigen Fleisch und Blut«, betonen die Gleichheit und übersehen die Unterschiede, die zwischen beiden bestehen. Um die Illusion der Gleichheit jedoch aufrecht zu erhalten, wird die Harmonie zwischen ihnen zum wichtigen Bestandteil der Beziehung.

So erleben Töchter ihre erste Liebe als absolute Übereinstimmung im Wir-Gefühl. Als Kleinkinder ahmen sie das Verhalten ihrer Mütter nach und werden dafür belohnt. Sie bestätigen die Annahme der Gleichheit. In ihrem Unbewussten wird das Zusammentreffen von Einigkeit und Wohlbefinden tief verankert. Wenn sie heranwachsen, entwickeln sie jedoch eigene Interessen, Ansichten und Ideen. Für die Entwicklung ihrer Persönlichkeit ist es von großer Bedeutung, dass sie sich mit zunehmendem Alter mehr und mehr abgrenzen.

Diesen Prozess durchleben auch Jungen, doch aufgrund der schon biologischen Verschiedenheit von der Mutter fällt ihnen die Abgrenzung leichter. Sie wird von Müttern eher hingenommen oder gar gefördert. Jungen verinnerlichen in den ersten Stadien ihrer Kindheit auch nie die Botschaft, dass sie geliebt werden, weil sie so sind wie ihre Mütter. Bei den meisten Mädchen jedoch sitzt diese Überzeugung tief. So ist ihr Prozess der Abgrenzung stets von einem diffusen Unbehagen begleitet. Mädchen haben das Gefühl, die Mutter zu verraten, wenn sie anders sind und darauf bestehen. Gleichzeitig verunsichert sie ihre eigene Abgrenzung im Hinblick auf die Überzeugung, geliebt zu werden. Es entsteht ein Konflikt, mit dem sich Mütter und Töchter nicht selten ihr ganzes Leben lang herumschlagen.

Abgrenzung bereitet Unbehagen

Die stabile Beziehung, die auf einer Illusion von Gleichheit beruhte, ist dahin. Mutter und Tochter fühlen sich weiterhin einander nah, aber nun müssen sie sich diese Nähe beweisen. Mit einem »Du liebst mich nur, wenn ...« beginnt eine ganze Reihe gegenseitiger Forderungen, die ihre Begegnungen prägen. Beide entwickeln in ihrem Kopf eine heimliche Liste, anhand derer das Verhältnis zueinander ständig überprüft wird. Blumen zum Muttertag, zwei Anrufe pro Woche, zusammen Kekse backen vor Weihnachten. Was immer in den verschiedenen Beziehungen als Gradmesser der Liebe gilt, muss abgehakt werden können. Der gegenseitige Umgang wird dadurch sehr starr. Auch wird alles übersehen, was nicht auf der Liste steht. An die Stelle des echten Austausches tritt ein ritualisiertes Miteinander, das Beständigkeit garantieren soll.

Ritualisiertes Miteinander

Aber nicht nur die Beziehung zur Mutter wird für eine erwachsene Tochter zum Problem, wenn sie die Erfahrung verinnerlicht hat, dass Liebe und Harmonie untrennbar miteinander verbunden sind. Während Männer lernen, dass sie ihre eigenen Wege gehen können und trotzdem oder gerade deshalb geliebt werden, sehen sich Frauen häufig vor einem Entweder-Oder. Entweder den eigenen Kopf durchsetzen und allein sein oder zurückstecken und geliebt werden. Entweder Beruf oder Familie. Entweder Beruf und Familie vereinbaren und ein schlechtes Gewissen dabei haben oder den Beruf und damit die eigene Unabhängigkeit für die Familie aufgeben.

Frauen haben akzeptiert, dass sie in ihrem Leben immer wieder aufgefordert werden, ein Glück für ein anderes zu opfern. Bücher, Zeitschriften, Filme, Diskussionsrunden kreisen endlos um eine Frage: Wie können Frauen ihre eigene Persönlichkeit entwickeln und trotzdem geliebt werden? Dabei scheint die Antwort so einfach: Sie müssen darauf bestehen. Doch gerade das gelingt ihnen nicht.

Frauen akzeptieren den Verzicht

Natürlich gibt es gesellschaftliche Widerstände, doch neben all den Verteilungskämpfen um Macht, Geld und Ansehen erhöht vor allem das unerschütterliche Gefühl von Frauen, dass Liebe und Harmonie immer und jederzeit zusammengehören, ihre Bereitschaft zum Verzicht und ihre Bereitschaft, ureigene Bedürfnisse zu vergessen. Das Wort Konflikt hört sich in weiblichen Ohren sehr viel bedrohlicher an als in männlichen. Frauen gehen seltener vor Gericht, um ihre Ansprüche durchzusetzen, räumen die Zimmer der Kinder »um des lieben Friedens willen« auf und sitzen neben dem Angetrauten in einem Kinofilm, der sie nicht im Mindesten interessiert. Ihr Terminkalender wird um die Ansprüche der geliebten Menschen herum drapiert. Sie sind Mütter, und ihre Töchter sehen das. Sie lernen daraus. Und sie entwickeln die nächste Alternative: Entweder die Beziehungsformen der Mütter wiederholen oder die Gleichheit voller Unbehagen aufgeben.

Erfolg

Mütter wünschen ihren Töchtern Erfolg. Eine Person ist erfolgreich, wenn sie eine Angelegenheit, die ihr sehr wichtig ist, in ihrem Sinne gestaltet. Um erfolgreich sein zu können, muss eben diese Person zunächst einmal wissen, was sie will. Weiterhin muss sie wissen, wie sie es erreichen kann. Stellt sich der Erfolg nicht gleich ein, muss sie über die Ausdauer und Hartnäckigkeit verfügen, es weiterhin zu versuchen und ggf. verschiedene Handlungsalternativen auszuprobieren. Oft benötigt sie die Unterstützung und Aufgeschlossenheit ihrer Umwelt. Sind diese Voraussetzungen gegeben, wird erfolgreiches Handeln wahrscheinlich.

Gehen wir die Bedingungen im Einzelnen durch, so wird ersichtlich, dass Frauen nicht die günstigsten Ausgangsbedingungen haben, um erfolgreich zu sein. Zwischen den Wünschen der Eltern, den Etikettierungen der Geschwister, den Ansprüchen der Ehemänner und den Bedürfnissen der eigenen Kinder haben nicht wenige schon längst das Gefühl für die eigenen Interessen verloren. Sie sind erfolgreich, doch oft auf Gebieten, die ihnen persönlich gar nichts bedeuten. Sind sie sich hingegen ihrer Interessen bewusst, fehlt ihnen nicht selten die Fähigkeit, entsprechend zu handeln.

Töchter lernen nicht, aktiv zu handeln

Mütter wollen, dass ihre Töchter es besser haben, und sind bereit, dafür auf vieles zu verzichten. Und genau hier liegt das Problem. Statt dem weiblichen Nachwuchs zu zeigen, wie man etwas tut, zeigen sie den Mädchen, wie man etwas lässt. Sie gehen nicht zur Arbeit »wegen der Kinder«, sie sagen nicht ihre Meinung, um Streit zu vermeiden, sie sitzen nicht hinter dem Steuer, gehen nicht selbst zur Bank und verhandeln nicht selbst beim Kauf des neuen Fernsehers. Ein Kind wird ein Verhalten nur erlernen, wenn es dafür Vorbilder sieht. Viele junge Mütter regeln heute ihre Angelegenheiten selbst. Ihre Kinder sehen das, und so wird für sie der Anblick kompetenter Frauen allmählich selbstverständlicher – und für Mädchen wird es zunehmend wahrscheinlicher, erfolgversprechende Handlungsstrategien zu erlernen.

Dennoch müssen vor allem Frauen damit rechnen, dass sich für sie der Erfolg nicht sofort einstellt. Nach wie vor haben sie mit größeren Widerständen seitens ihrer Umwelt – und teilweise auch im eigenen

Kopf – zu rechnen. Bleiben wir an dieser Stelle bei den äußeren Bedingungen: Wenn eine Frau Erfolg in Bereichen sucht, die bisher Männern vorbehalten waren, ist sie für diese eine Konkurrenz und wird daher auf Ablehnung stoßen. Gleichzeitig fühlen sich andere Frauen von ihr bedroht, weil sie an deren – bequemen – Überzeugungen á la »Hat ja sowieso alles keinen Sinn« rüttelt. Jede, die das Gegenteil beweist, wird da zum Problem. Während erfolgreiche Männer sich vor allem im Beruf innerhalb des normalen Bildes gesunder Männlichkeit bewegen, wird gleiches Tun für Frauen zum abweichenden Verhalten und damit suspekt. Weil aber rollenkonformes Verhalten belohnt und abweichendes Verhalten argwöhnisch beäugt wird, sitzen Frauen in der Falle, wenn sie Erfolg in männlich dominierten Bereichen erzielen.

Erfolgreiche Frauen sind anderen suspekt

Über die Schwierigkeiten, mit denen beruflich erfolgreiche Frauen zu kämpfen haben, ist viel diskutiert und geschrieben worden. Die Mechanismen sind gemeinhin bekannt. Auch Mütter wissen darum und helfen daher ihren Töchtern in vielfältiger Weise. Sie bezahlen Ausbildungen, hüten die Enkel, zeigen ihren Stolz. Aber das Bild ändert sich schnell, sobald es nicht die eigene Tochter ist, die da auf der Karriereleiter emporklettert. Männer haben die Positionen, die sie bekleiden, nur durch gegenseitige Unterstützung und Solidarität erlangen und halten können. Wer kennt nicht den Mentor des jungen Studenten, den väterlichen Freund im Betrieb oder die zahlreichen Interessengemeinschaften und Clubtreffen der männlichen Welt. Selbst in der Eckkneipe werden Beziehungen gesponnen.

Frauen aber gehen nicht in Eckkneipen. Sie reden von sich und ihresgleichen abfällig von »Weibern«. Da sie gelernt haben, in der anderen nur die Konkurrenz um männliche Gunst zu sehen, vertrauen sie einander kaum. Häufig fehlt ihnen das Selbstbewusstsein, die nötigen Kontakte zu knüpfen. Nehmen sie Dienstleistungen in Anspruch, vermuten sie bei Männern oftmals die größere Kompetenz. Sie gehen zum Arzt, zum Rechtsanwalt und zum Fachmann, aber die Ärztin, die Rechtsanwältin und die Fachfrau sind auch Töchter, die PatientInnen,

KlientInnen und KundInnen brauchen, um »es einmal besser zu haben«. Auch sie brauchen den Vertrauensvorschuss, den Frauen Männern so leicht(gläubig) gewähren. Die eigene Tochter braucht den Anblick der erwachsenen Frau, die Probleme löst. Den Anblick einer anderen Tochter, die erfolgreich den Fernseher repariert, das Badezimmer fliest und den Rechtsstreit gewinnt. Und sie braucht den Anblick ihrer Eltern, allen voran den ihrer Mutter, die einer anderen Frau vertraut.

Wenn Mütter sich für ihre Töchter Erfolg wünschen, müssen sie mithelfen, ein Klima zu schaffen, das es den Töchtern erlaubt, an die eigenen vielfältigen Möglichkeiten zu glauben. Mädchen können nur aus realen Erfahrungen lernen, dass ihr Erfolg erwünscht ist.

An die eigenen Chancen glauben

Nur so geraten sie nicht länger in den Konflikt des Entweder-Oder, sondern beginnen, endlich beides zu wollen: Liebe *und* Erfolg. Aber davon sind wir auch heute leider noch weit entfernt. So lässt die Kinderbuchautorin Joanne K. Rowling im ersten Teil ihres Megasellers »Harry Potter« (der sich hauptsächlich an eine junge LeserInnenschaft wenden sollte und mittlerweile von allen Altersschichten verschlungen wird) einen der Co-Helden über die intelligente und ehrgeizige Mitschülerin Hermine sagen: »Kein Wunder, dass sie niemand ausstehen kann, (...) ehrlich gesagt ist sie ein Alptraum. (...) Ihr muss selbst schon aufgefallen sein, dass sie keine Freunde hat.« Hermine hört diese Worte zufällig mit an. Sie erschrickt. Sie weint. Einige Seiten später lässt sie sich selbst von der Lehrerin für ein Vergehen tadeln, das sie nicht begangen hat, um den Jungen aus der Patsche zu helfen. Von da an hat sie Freunde.[8] Schade um das ansonsten so spannende und fantasievolle Buch.

Gesundheit

»Gesundheit ist nicht alles, aber ohne Gesundheit ist alles nichts« lautet ein bekanntes Sprichwort. Tatsächlich ist das persönliche Wohlbefinden eine wichtige Grundvoraussetzung für ein angenehmes Lebensgefühl, aber sie ist vor allem auch ein sensibles Gut. Körper und Seele, beide aufs Engste miteinander verbunden, vergelten es uns auf die eine oder andere Weise, wie wir mit ihnen umgehen. Die seelische Zufriedenheit ist aufgrund der zuvor geschilderten Lebenszusammenhänge von Frauen – ein eingeschränktes Sicherheitsgefühl, mangelnde Unabhängigkeit, anstrengende Liebesbeziehungen und zahlreiche äußere Behinderungen auf dem Weg zum Erfolg – häufig nicht gegeben. Und geht etwas schief im eigenen Leben, suchen sie die Schuld bei sich selbst, was den inneren Aufruhr nur vergrößert.

Depressionen, Selbstzweifel, Schuldgefühle und Versagensängste sind zuverlässige Begleiter im weiblichen Lebenslauf. Sie alle stören das gesundheitliche Gleichgewicht empfindlich. Kommt es jedoch zu körperlichen Beschwerden, äußern sich diese oft in einem diffusen Krankheitsbild. »Alles psychisch« heißt die Diagnose, die in vielen Fällen zwar eine Berechtigung haben mag, aber verhängnisvollerweise die Schuld erneut der Frau zuschiebt. Grundsätzliches wird nicht in Frage gestellt. Drei Wochen Mutterkur, dann weitermachen wie bisher. Haben Frauen erst einmal das Etikett der angeblich psychisch labilen Patientin in der Akte stehen, werden sie mit ihren Beschwerden gar nicht mehr ernst genommen, und manifeste Erkrankungen werden übersehen.

»Alles psychisch«

Dabei hat er es wirklich nicht leicht, der weibliche Körper. Schon von Natur aus als schwach abgestempelt, bleibt er ein Leben lang ein Problem. Stellen Sie sich vor, er wäre Ihr Freund: Wie lange würde er wohl bei Ihnen bleiben, wenn Sie ständig an ihm herumkritisieren? Frauen wird eingeredet, schön sein zu müssen. Dabei ist es für die milliardenschwere Schönheitsindustrie nicht wichtig, ob sie tatsächlich »schön« sind, sondern nur, dass sie ihr Leben lang einem nie zu erreichenden

Ideal nacheifern. Um des vermeintlich guten Aussehens willen rasiert frau die Körperbehaarung, zupft die Augenbrauen, schminkt das Gesicht, färbt die Haare, lässt Fett absaugen, Fältchen glätten, Busen und Lippen vergrößern, macht frau eine Diät nach der anderen, geht ins Solarium, lackiert die Fingernägel und trägt Kleidung, die minimale Bewegungsfreiheit garantiert. Aber auch das hilft alles nichts, denn selbst wenn sie im Spiegel schließlich die perfekte Barbie sieht, ist sie nicht zufrieden, denn: Sie hat ja gemogelt. Es ist ja nichts mehr echt.

Mädchen sehen das. Sie erfahren die Widersprüchlichkeit, wenn ihre Mütter ihr Alter mit 29 D angeben. Sie begleiten ihre Mütter beim Einkaufsbummel und bekommen so jede Modeerscheinung mit. »Mama, gibt es denn so kleine Frauen?« hörte ich vor einiger Zeit eine etwa Sechsjährige ihre Mutter beim Anblick eines kurzen und körperbetonten Frauenpullovers fragen. Das Mädchen war tatsächlich bestürzt und besorgt. Die Mutter war irritiert und druckste um eine Antwort herum. Ob dieses Kind lernen wird, in dieses winzige Stück Stoff hineinzuwachsen, hängt sehr von dem ab, was sie bei ihrer Mutter sieht.

Den Körper annehmen

Trotz des großen öffentlichen Drucks bin ich der Überzeugung, dass Töchter gegen die Botschaft der Werbung, permanent an sich herumverbessern zu müssen, um gut genug zu sein und geliebt zu werden, immunisiert werden können, wenn sie Mütter haben, die ihren Körper annehmen können, wie er ist. Gleichzeitig glaube ich, dass gerade dieses Einverständnis eine der Grundvoraussetzungen für Gesundheit ist. Nur wer seinen Körper liebt, wird dessen Bedürfnisse beachten, dessen Fähigkeiten wahrnehmen, ihn vor Überarbeitung schützen und seinen kleinen Kümmernissen Aufmerksamkeit schenken, bevor sie sich zu bedrohlichen Erkrankungen auswachsen. Auch selbstschädigendes Verhalten wird weniger wahrscheinlich.

Trotzdem könnte wohl auch die mächtigste Kosmetik- und Modeindustrie nicht bewirken, dass Frauen oft ein so schwieriges Verhältnis zum eigenen Körper haben. Hierfür ist in großem Ausmaß die tägliche Realität körperlicher und sexueller Übergriffe von Männern verantwortlich, die Mädchen und Frauen erleben. Diese Gewalterfahrungen sind immer traumatisch und verschlechtern die Chance auf körperliche und seelische Gesundheit erheblich, besonders wenn die betroffenen Frauen und Mädchen keinen Zugang zu geeigneten Hilfsangeboten haben. Dank der Enttabuisierung durch die Frauenbewegung gibt es heute Anlaufstellen für Betroffene, doch aus dem öffentlichen Bewusstsein wurde das Ausmaß dieser Übergriffe, vor allem jener im familiären Rahmen, wieder verdrängt. Damit werden die Betroffenen wieder in die Isolation gedrängt. Mütter von Töchtern jedoch müssen sich in diesem Zusammenhang mit der schwierigen Frage auseinander setzen, wie sie die Mädchen wirkungsvoll vor Übergriffen und Unheil schützen können, ohne ihr Sicherheitsgefühl und ihr Vertrauen in die Welt von Grund auf zu erschüttern.

Übergriffe machen krank

Ängste und Einschränkungen

> Furcht verleitet Mütter dazu, ihren Töchtern zu raten, das Leben zu vermeiden.

Angst vor Gewalt

Mütter haben Angst, dass ihren Kindern Gewalt angetan wird. Diese Angst vergrößert sich, wenn es sich bei den Kindern um Mädchen handelt, weil sie in diesem Falle das Risiko erheblich höher einschätzen, dass die Töchter Opfer sexueller Gewalt werden können. Hierin liegt einer der Gründe, warum Mütter sich schwerer tun, Mädchen eigene

Schritte gehen zu lassen – hinaus aus der schützenden Aufmerksamkeit ihrer Blicke.

Dass Mütter ihre Töchter vor Gewalt bewahren wollen, ist nur allzu verständlich. Leider ergibt sich jedoch aus dem Wie oft ein Teufelskreis für die Mädchen. Sie erhalten Botschaften wie: »Bleib im Haus!«, »Geh nicht zu weit weg!«, »Komm pünktlich nach Hause, damit ich mir keine Sorgen machen muss!«, »Lass dich nicht ansprechen!«, »Sieh zu, dass du zurück bist, bevor es dunkel wird!«, »Geh nicht allein von der Freundin weg!«, »Lass dich nach Hause bringen!« Mädchen erfahren auf diese Weise, dass die Welt ein gefährlicher Ort ist. Ihr Gefühl, sicher zu sein, wird untergraben.

Um Mädchen zu schützen, geben Mütter ihnen den Rat, unsichtbar zu sein. Wenn sie nicht in Erscheinung treten, tut ihnen niemand etwas. Die einzige weitere Empfehlung, die Sicherheit verheißen soll, lautet: »Sei niemals allein!« Mädchen und später Frauen werden so abhängig, meist von männlichen Beschützern. Zu den sich aus beiden Botschaften ergebenden Einschränkungen für die freie und ungezwungene Lebensgestaltung und Persönlichkeitsentwicklung von Mädchen gesellt sich die öffentlich immer wieder verleugnete Tatsache, dass gerade an den als vermeintlich sicher angepriesenen Orten die Gefahr lauert, dass es gerade die vermeintlichen Beschützer sind, von denen die größte Gefahr ausgeht. Alle Statistiken belegen dies.

Abhängig von männlichen Beschützern

In den USA standen Misshandlungen durch den Ehemann als Verletzungsursache bei Frauen auch in den 80er-Jahren noch an erster Stelle.[9] Hierzulande sind die Frauenhäuser chronisch überfüllt. Doch offiziell gilt die Familie als Hort der Harmonie und des Glücks. Sehr viele Töchter müssen Tag für Tag mit diesem Widerspruch zwischen erlebter Realität und öffentlichem Bewusstsein leben. Solange dieser Widerspruch besteht, werden sie keine Chance erhalten, sich wirksam gegen Gewalt zu schützen, wo auch immer sie passiert.

Im öffentlichen Raum ist die Botschaft »Lass dich nicht ansprechen!« verhängnisvoll. Dieser Satz drängt ein Mädchen in eine passive Rolle und verlangt gleichzeitig von ihr, etwas zu vermeiden, was sie nicht vermeiden kann. Sie hat keinerlei Einfluss darauf, ob sie angesprochen wird oder nicht, egal, aus welchem Grund dieses »Ansprechen« geschieht. Passiert ihr dann dieses »Missgeschick« (das sie hätte vermeiden sollen), reagiert sie erschrocken, bekommt Schuldgefühle und hat in der Regel keine Idee, was sie selbst tun könnte, um mögliche Gefahr abzuwenden. Welche Mutter sagt schon »Sprich jemanden an«, »Sprich jemanden an, wenn du dich bedroht fühlst, wenn jemand aufdringlich wird und du Schutz oder Hilfe brauchst«?

Es wird viel darüber gesprochen, dass Menschen teilnahmslos reagieren, wenn sie Gewalt im öffentlichen Raum erleben. Doch in einer anonymen Masse ist es leicht, sich der Verantwortung zu entziehen. Gerade deswegen wäre es wichtig, dass schon Kinder lernen, sich Hilfe zu erbitten. Für ein Mädchen wird nun dies aber besonders schwer, denn die kritische Situation trifft sie zu einem Zeitpunkt, da sie schon andere Botschaften erhalten hat, etwa: »Fall niemandem zur Last!«, »Mach keine Umstände!«, »Sei still!«

Recht auf Unversehrtheit

Will eine Mutter ihre Tochter vor Übergriffen schützen, muss sie bereit sein, hinzusehen. Denn Mädchen geben Signale. Sie zeigen Widerwillen, den Opa zu besuchen. Sie zeichnen sich selbst in den Fängen eines Lehrers. Sie legen plötzlich ein total verändertes Benehmen an den Tag. Nicht immer verbirgt sich hinter solchen Verhaltensweisen ein traumatisches Erlebnis, aber möglich wäre es schon. Vielleicht mag die Kleine nur Opas Nudelsuppe nicht, vielleicht hat sie nur eine fünf in der Klassenarbeit verheimlicht, vielleicht hat sie nur einen traurigen Film gesehen. Auch das sind Ereignisse, über die es sich zu reden lohnt. Nur so entsteht ein Klima der Offenheit, das auch vor Gewalt schützen kann. Ein Kind wächst mit den alltäglichen Erfahrungen. Wenn die Tochter zukünftig für den Besuch bei Opa ein Lunchpaket bekommt, trotz der schlechten Klassenarbeit das Gefühl behält, in Ordnung zu sein, und erzählen kann, was an dem Film so furchtbar war, wächst ihr Bewusstsein für ihr Recht auf Unversehrtheit. Gerade dieses Bewusstsein ist die Voraussetzung, sich gegen Bedrohung zu wehren oder auch, sich bei Gewalterfahrungen Hilfe zu holen.

Tu dir nicht weh!

Mütter erteilen Verbote oft, um ihre Kinder zu beschützen. In vielen Situationen ist das sinnvoll und absolut notwendig. Niemand wird Unterweisungen wie »Lauf nicht einfach auf die Straße!« oder »Fass die heiße Herdplatte nicht an!« in Frage stellen. Aber neben den absolut erforderlichen Anweisungen bezüglich dessen, was es unbedingt zu vermeiden gilt, erteilen Mütter eine Reihe von Verboten, die unmittelbar an die subjektive Einschätzung der Situation durch sie selbst gekoppelt sind. Wichtig dabei ist, was eine Mutter glaubt, was passieren kann, wie wahrscheinlich es ist, dass es passieren wird, und welche Konsequenzen es hat, wenn es tatsächlich passiert. Ihre eigene Lebenserfahrung und ihre Annahmen über ihr Kind werden in diesen Situationen entscheiden, ob sie ein Verbot erteilt oder nicht. Anhand eines Beispiels möchte ich erläutern, wie sich die subjektive Einschätzung auswirken kann:

Mütterliche Annahmen entscheiden über Verbote

Ein achtjähriges Kind versucht, auf einen Baum zu klettern. Dabei besteht das Risiko, dass es herunterfällt. Doch wie wahrscheinlich ist das? Und welche Konsequenzen hätte das? Wie viel Schmerz wäre zumutbar, falls der Fall eintritt? Eine Mutter hat in Abwägung dieser Fragen verschiedene Möglichkeiten. Sie kann bereits die Eroberung des ersten Astes verhindern, der sich 30 cm über dem Boden befindet. Sie kann eine Grenze setzen, bis zu der sie das Kind in seinem Tun nicht einschränken wird. Sie wird sich bis zu dieser Grenze vielleicht keine Sorgen machen, denn sie hält ihr Kind für geschickt und hat ihm außerdem schon gezeigt, wie man auf Bäume klettert, ohne herunterzufallen. Wenn das Kind unbedingt bis ganz nach oben will, kann die Mutter es anseilen und damit einen möglichen Sturz verhüten. Vielleicht geht sie mit dem Kind einmal zu einem Übungshang, an dem kleine Kletterer sich im Erklimmen von Felswänden erproben können. Eine Menge Reaktionsmöglichkeiten auf ein so kleines Problem.

Tatsache ist, dass die Mutter einer Tochter diese meist schon beim ersten Ast stoppt. Sie ist selbst nie auf einen Baum geklettert, also hat sie nie erfahren, wie man oben bleibt. Sie erwartet nicht, dass das Mädchen die Situation wird meistern können. Sie erwartet nicht, dass die Erfahrung, den Baum zu erobern, für das Mädchen wichtig ist, und so macht sie sich auch nicht die Mühe, nach einer Möglichkeit in der Nähe zu suchen, wo es das Klettern erlernen kann. Sie hätte sowieso keine Zeit, mit ihm dorthin zu fahren. Und wie man KletterInnen sichert, weiß sie nicht.

Selbst wenn eine Mutter erwägt, ihre Tochter ein Stück weiter klettern zu lassen, wird sie sich häufig dagegen entscheiden, denn auch sie ist der Kontrolle ausgesetzt. Auf dem Spielplatz, in der Familie, auf der Straße. Überall sind andere Menschen, die erwarten, dass sie ihre Tochter bremst. Als ich eine Zeit lang in einer Freizeiteinrichtung für Mädchen arbeitete, in der die MitarbeiterInnen es sich zur Aufgabe gemacht hatten, das Selbstvertrauen ihrer Schützlinge zu stärken, habe ich oft genug den Druck gespürt, den ein missbilligender Blick anderer Erwachsener erzeugen kann. Und ich habe meine eigene Unsicherheit gespürt, was ich zulassen durfte, wenn ein Mädchen sich auszutoben begann. Nicht selten rang ich mit der Versuchung, sie zu stoppen, auch wenn objektiv gesehen kein Grund dazu bestand. Diese Gefühle bewegen auch Mütter, wenn sie ihre Töchter beaufsichtigen.

Erwartungen von außen

In einem Seminar für Mütter von Töchtern schilderte mir eine Frau, dass sie sich den Anfeindungen ihrer Umgebung ausgesetzt sah, wenn sie ihre Tochter »machen ließ«. Da sich diese Erfahrung permanent wiederholte, war sie sich ihrer selbst schließlich nicht mehr sicher. Diese Mutter machte auf mich den Eindruck einer selbstbewussten Frau, die beruflich erfolgreich war und Gegenwind aushalten konnte.

Dennoch war sie sichtlich erleichtert, dass sie in meinem Seminar – wie ich glaube zum ersten Mal – eine positive Reaktion auf ihre Bemühungen erhielt, ihrer Tochter möglichst viel Freiraum zu lassen. Eine Mutter geht also selbst ein Risiko ein, wenn sie eine Tochter gewähren lässt. Darf das Mädchen auf den Baum klettern? Darf sie die Bohrmaschine bedienen oder den Traktor fahren? Darf sie alleine beim Freund übernachten?

Verbote verhindern Erfahrungen

Wenn ein Mädchen übertrieben oft Verbote erhält, kann sie keine eigenen Erfahrungen machen. Sie weiß nicht, wie es ist, aus zwei Metern Höhe vom Baum zu fallen, sich die Knie aufzuschlagen – und das zu überstehen. Sie wird auch niemals mit vor Stolz geschwellter Brust von der Baumkrone herunterwinken zu ihrer Mutter, die unten strahlend Beifall klatscht. Falls sie doch einmal hochklettern darf, ist die Wahrscheinlichkeit herunterzufallen relativ groß, wenn sie bis dahin schon oft erlebt hat, dass ihr nichts zugetraut wird. Dann nämlich hat sie den Gedanken »Ich kann es nicht!« verinnerlicht und wird ihre ganze Aufmerksamkeit und Energie benötigen, diesen Gedanken abzuwehren. Und so passiert es, dass sie nicht Acht gibt und auf den wackeligen Ast tritt. Die Psychologin Ute Erhardt schreibt: »Wenn ich eine Erwartung über zukünftige Geschehnisse entwickle, wird die Wahrscheinlichkeit größer, dass ich mich in diesem Sinne auf die konkrete zukünftige Situation vorbereite.«[10]

Wer Risiken grundsätzlich vermeiden muss, kann auch nicht lernen, Risiken einzuschätzen, kann nicht lernen, Probleme zu lösen, und hat keine Chance, die eigene Kompetenz zu erfahren. So verfestigt sich schließlich die Überzeugung, hilflos zu sein. »Menschen reagieren hilflos nur, weil sie *glauben*, einer Situation oder Lebenskonstellation nicht gewachsen zu sein. Dabei ist nicht die Wirklichkeit ausschlaggebend, sondern die eigene Einschätzung ...«, fasst Ute Erhardt die Ergebnisse zahlreicher psychologischer Forschungen treffend zusammen.[11]

Lass dir nicht wehtun!

Mütter wissen, dass Kinder auf die unterschiedlichste Weise von anderen verletzt werden können, und zwar in jedem Lebensalter. Dabei ist es nicht immer nur die bereits zuvor angesprochene Angst vor direkter Gewalt, die für den Nachwuchs zum Problem werden kann. Die meisten Kinder erleben irgendwann in ihrem Leben, wie es ist, ausgelacht, abgelehnt oder zurückgewiesen zu werden. Denken wir an den ersten Liebeskummer einer Vierzehnjährigen, wird sofort klar: Das ist ein sehr realer, tief empfundener Schmerz, für die Betroffene ein sehr ernstes Erlebnis.

Persönliche Kränkungen passieren und werden sich in keinem Leben vermeiden lassen. Gleichzeitig unterscheiden sich die Menschen in der Art, wie sie mit einer solchen Erfahrung umgehen. Und hier kommen vor allem die Mütter ins Spiel, solange sie für die Erziehung der Kinder die Hauptverantwortung übernehmen. Es sind *ihre* Werte und *ihre* Erklärungsmuster, die Jungen und Mädchen verinnerlichen, wenn sie sich erlittenes Unrecht erklären. Der Psychologe Seligman hat herausgearbeitet, dass die Erklärungsmuster von Müttern sowohl von Töchtern als auch von Söhnen übernommen werden, die Erklärungsmuster des Vaters dagegen kaum Auswirkungen auf die Kinder haben.[12] Obwohl er sich in seinen Untersuchungen auf Verhältnisse in den USA bezieht, ist davon auszugehen, dass ähnliche Bedingungen in allen Gesellschaften bestehen, in denen Kinder überwiegend die Mütter im Alltag erleben.

Erklärungsmuster der Mütter

Dennoch wird es für Töchter und Söhne unterschiedliche Konsequenzen haben, wie ihre Mütter sich die Geschehnisse erklären: Während Mütter Söhnen aufgrund der anderen Geschlechtszugehörigkeit andere Möglichkeiten unterstellen, erwarten sie bei ihren Töchtern häufig die Wiederholung der eigenen Erfahrungen. Dazu erleben Töchter in ihrer Umgebung und in der Bewertung durch Medien permanent, dass Mädchen und Frauen die Ursachen für erlittenes Unglück, für Missgeschicke und für Unrecht selbst zugeschrieben wird,

Jungen und Männer hingegen im gleichen Fall an ihrem Pech »unschuldig« bleiben.

Wird die Liebe der Vierzehnjährigen nicht erwidert, ist sie eben nicht schön genug, nicht intelligent genug oder zu ungeschickt, zu passiv, zu aktiv, zu laut oder zu leise beim Flirten. Erleidet ihr gleichaltriger Bruder ähnlichen Schiffbruch, war die Angebetete eben nicht in der Lage, seinen Wert zu erkennen. Das Mädchen wird für eine falsche Antwort von anderen Kindern ausgelacht, weil sie eben dumm ist, der Junge lediglich deswegen, weil die anderen die Genialität seines Gedankenganges nicht voll erfassen können.

Solche Erklärungsmuster haben nicht nur Konsequenzen für das Selbstvertrauen der Betreffenden, sondern auch für deren Möglichkeiten, mit Kummer umzugehen. Mütter, deren Töchter glauben, selbst schuld zu sein, wenn ihnen ein Unrecht geschieht, werden oft nicht einmal erfahren, dass im Leben der Tochter ein solches Ereignis stattgefunden hat. Diese Zusammenhänge wurden in den 70er- und 80er-Jahren im Zusammenhang mit der Vergewaltigung von Frauen diskutiert und beklagt. Teilweise hat sich dadurch ein Bewusstseinswandel vollzogen.

Aber hier kam nur die Spitze eines Eisberges ans Tageslicht. Das zugrunde liegende Problem ist, dass Frauen in allen möglichen Situationen, in denen andere ihnen weh tun, die Schuld bei sich suchen. Dadurch jedoch haben sie kaum die Chance, sich gegen Unrecht zu wehren. Die vergleichbare Botschaft für Jungen lautet: »Lass dir nichts gefallen!« Allein durch diese andere Formulierung wird klar, wer an den Verletzungen schuld ist. Söhne werden ermuntert, sich zu wehren, und in ihrer Erziehung erhalten sie das körperliche und psychische Rüstzeug dafür. Mädchen haben diese Chance nicht. Es ist schwer, sich gegen eine Verletzung zu wehren, wenn man die Verantwortung dafür bei sich selbst sieht.

Frauen suchen die Schuld bei sich

Erschwerend kommt hinzu, dass Mädchen sehr oft bemerken, dass die Botschaft »Lass dir nicht wehtun!« von der Mutter selbst nicht befolgt wird. Töchter erleben, dass ihre Mütter betrogen, beschimpft und übergangen werden, dass sie sich ausnutzen und erniedrigen lassen und nichts dagegen tun. Sie erhalten also eine widersprüchliche Information. Wollen sie sich diesen Widerspruch erklären, müssen sie die Überzeugungen der Mütter erforschen. Der Inhalt ihres Glaubenssystems wird für Töchter somit zu einem Lebensfundament.

Je höher du fliegst ...

»Je höher du fliegst, desto tiefer fällst du!« ist eine Überzeugung, die über viele Generationen von Frauen an ihre Töchter weitergegeben wurde. Aufgrund der zuvor gemachten Ausführungen ist diese Warnung leicht verständlich. Wenn Mütter weder wollen, dass ihre Töchter sich wehtun, noch wollen, dass ihnen wehgetan wird, und Frauen gleichzeitig davon überzeugt sind, dass sie die wichtigen Dinge in ihrem Leben nicht selbst beeinflussen können, bleibt nur der Rat, unauffällig und untätig zu sein.

Mütter haben dabei diese Überzeugung nicht ungeprüft weitergegeben, sie ist auch ein Resultat eigener Erfahrungen. Es ist mir an dieser Stelle wichtig, noch einmal zu betonen, dass sich Frauen den äußeren Widerstand, den sie erfahren, wenn sie über bestehende Grenzen hinausgehen wollen, nicht ausdenken. Die Mechanismen der sich selbst erfüllenden Prophezeiung, der selektiven Wahrnehmung und eines typisch weiblichen Mangels an Selbstbewusstsein mögen mächtig und wirksam sein, aber sie allein bewirken nicht die Schwierigkeiten, auf die Frauen stoßen, wenn sie hohe Ziele anpeilen und Grenzen sprengen wollen.

Äußere Widerstände

Es gibt auch Männer mit selbstschädigenden Denkgewohnheiten und pessimistischen Überzeugungen. Es gibt auch Männer, die sich passiv und hilflos verhalten. Nur leben sie nicht in einer Umwelt, die sie in genau diesem Verhalten bestärkt. Sie werden trotzdem Abteilungsleiter, Hausbesitzer und Vorsitzende im Taubenzüchterverein. Entscheidend ist, dass man ihnen Kompetenz unterstellt, ob sie vorhanden ist oder nicht. Denn auch die Menschen in ihrer Umwelt nehmen selektiv war. Sie bemerken bei Männern selbst offensichtliche Unzulänglichkeiten nicht. Wie oft wird über die Sachbearbeiterin, die Verkäuferin geschimpft, die eine Frage nicht beantworten kann. Wer denkt dabei schon an ihren Vorgesetzten, der sie nicht schulen lässt?

Wenn Menschen sehen, was sie erwarten, und dabei selbst ihre eigenen Erwartungen permanent wiederholen, scheint der Ratschlag für Mädchen, nicht zu hoch hinaus zu wollen, leicht nachvollziehbar. Es ist einfacher, immer im gleichen Fahrwasser zu bleiben. Eine Ruderin, die ein Ziel anpeilt, sitzt rückwärts im Boot. Sie sieht also nicht ihr Ziel, sondern nur das Ufer, von dem sie gekommen ist. Bleibt ihr Boot immer im gleichen Winkel zu diesem Orientierungspunkt, erreicht sie ihr Ziel auf direktem Wege. Ihr Woher bestimmt also ihr Wohin unmittelbar. Will sie ihr Ziel verändern, muss sie zunächst das Ruder herumreißen. Das kostet Kraft. Sie muss sich einen neuen Orientierungspunkt suchen. Damit verändert sich auch ihr Blickwinkel.

Die Frauenbewegung hat mit einem riesigen Kraftaufwand das Ruder herumgerissen und damit die Vorbestimmtheit weiblicher Lebensläufe aufgehoben. Seither versuchen Frauen, sich auf die neuen Perspektiven einzustellen. Auch Mütter tun das. Gleichzeitig sind viele Mütter noch mit den alten Werten aufgewachsen. Welche Werte können sie, auch aufgrund der eigenen Geschichte, ihren Töchtern vermitteln? Selbst wenn sie sich entschieden haben, alte Geschlechterrollen abzulehnen, wird ihr Unterbewusstsein in weiten Teilen noch vom eigenen Poesiealbum regiert: »Sei höflich und bescheiden …«

Auch wenn wir begriffen haben, wie lächerlich dieser Satz ist, haben die meisten von uns ein mulmiges Gefühl, wenn sie sich fordernd verhalten. »Es ist schade, dass die Geschichtsschreibung größtenteils nur die Taten von Männern erfasst hat«, hörte ich einmal eine Historikerin bei einer Stadtführung sagen, doch sie fügte sogleich erschrocken an: »Aber ich bin keine Feministin!« Ähnliches erlebte ich wenig später am Telefon, als die Fachbereichsleiterin einer Volkshochschule, mit der ich wegen eines Mutter-Tochter-Seminars verhandelte, mich ermahnte:

»Aber es darf nicht zu feministisch sein!« Hinter solchen Botschaften steckt die Aussage: »Ich habe begriffen, worum es geht, aber ich handele nicht danach. Und wenn, dann natürlich nur ein bisschen!«

Wenn Mütter ähnliche Überzeugungen teilen, werden auch sie Angst haben, in ihren Töchtern zu große Erwartungen zu wecken. Sie werden ihren Töchtern »keine Flausen in den Kopf setzen« wollen. Mit Warnungen nehmen sie Enttäuschungen vorweg und bremsen: »Du kannst Pilotin werden, aber es wird sehr schwer werden!«, »Ja, es gibt Professorinnen, aber es sind wenige. Viele haben es versucht und sind gescheitert.« Gerade Mütter, die in ihrem eigenen Leben in der Entfaltung ihrer Möglichkeiten stark eingeschränkt wurden, wünschen sich oft, dass ihre Töchter stellvertretend verpasste Chancen nutzen. Doch gerade solche Mütter raten den Mädchen gleichzeitig, nicht zu viel zu wollen.

Warnungen nehmen Enttäuschungen vorweg

Eine Tochter erlebt diesen Widerspruch. Sie soll etwas leisten, ihre Bedürfnisse durchsetzen, ihre Wünsche einbringen – und weiß nicht wie. Mit zunehmendem Alter beginnt sie, sich bewusst damit auseinander zu setzen, was ihre Mutter von ihr erwartet. Doch was genau sind die Mitteilungen, die sie erhält, wenn sie sich fragt, was die Mutter wünscht. Und wo kommen diese Wünsche her?

Erwartungen

> Forderungen engen ein, Zuschreibungen verstellen den Blick auf die Realität.

Du bist wie ich!

Wie bereits erwähnt sehen viele Mütter in ihren Töchtern eher als in den Söhnen eine Verlängerung der eigenen Identität in die nächste Generation. Die Tatsache der gleichen Geschlechtszugehörigkeit und die Realität des genetischen Erbes erschweren es, Unterschiede zu erkennen und das neugeborene Wesen als eigenständige Persönlichkeit zu sehen. Gegenwärtig zunehmende Versuche der Naturwissenschaften, nicht nur körperliche, sondern auch charakterliche Eigenschaften von Menschen biologisch zu erklären, verstärken diese Tendenz.

Schon der erste Blick der Angehörigen in die Wiege gibt die Richtung vor, in die das Kind geleitet werden wird. Das krähende Etwas hat Mamas Nase, Opas Denkerstirn und den Charme von Tante Lotte. Es ist kräftig und wird sich im Leben durchboxen, oder es ist zart und wird sicher eine sensible Persönlichkeit. Ohne jede Chance auf Widerspruch wird der kleine Junge oder das kleine Mädchen mit Etikettierungen versehen, die das Kind in seinen ersten Lebensjahren zuverlässig begleiten werden und mit denen es sich immer wieder auseinander setzen muss. Elterliche Zuschreibungen bilden einen wichtigen Baustein der kindlichen Identitätsbildung.

Etikettierungen

Mütter neigen aus den unterschiedlichsten Gründen dazu, Mädchen einen großen Teil jener Eigenschaften zuzuschreiben, über die sie selbst verfügen. Das kann aus dem Wunsch heraus geschehen, in der wesensgleichen Tochter eine Verbündete zu haben, eine Vertraute, mit der die Mutter in vieler Hinsicht einig ist. Manchmal aber ist diese Unterstellung von Ähnlichkeit auch ein Ergebnis der Tatsache, dass es eben vor allem immer noch die Mütter sind, die Kinder erziehen. Gerade in der Lebensphase, in der der Nachwuchs eigene Bedürfnisse noch nicht klar artikulieren und sein Verhalten noch nicht erklären kann, ist eine Mutter darauf angewiesen, die Bedeutung des kindlichen Benehmens zu erraten, um angemessen darauf reagieren zu können.

Dass eine Mutter das Verhalten ihres Sohnes nicht immer restlos nachvollziehen kann, wird sie selbst und ihre Umwelt akzeptieren. Die eigene Tochter nicht zu verstehen und das auch einzuräumen wird hingegen zu einer moralischen Unmöglichkeit stilisiert. So wird die Mutter die Handlungen der Tochter stärker als die des Sohnes anhand der Erinnerungen aus ihrer eigenen Kindheit interpretieren. Was wollte sie, als sie ein kleines Mädchen war? Was versuchte sie auszudrücken, wenn sie wütend auf den Tisch schlug oder sich weinend auf den Boden warf? Welche Gefühle hat sie als Mutter, wenn ihre Tochter Dinge tut, für die sie selbst als Kind bestraft oder belohnt wurde? Oft wird die Mutter Reaktionen ihrer eigenen Eltern einfach aus nostalgischen Gründen wiederholen. Es war so schön, mit Mama zu baden. Meine Tochter wird es auch lieben! Oder die Mutter wird, im Hinblick auf eigene kindliche Frustrationen, entgangene Freuden bei der Tochter stellvertretend wieder gutmachen wollen.

Mütter wiederholen Reaktionen ihrer Eltern

Damit dieser Mechanismus aber funktionieren kann, muss die Grenze zwischen Mutter und Tochter verschwimmen. »Sei wie ich!« wird für das Mädchen zum obersten Gebot. Voraussagen über ihre Entwicklung werden zur selbsterfüllenden Prophezeiung, ihr Handeln wird entsprechend der mütterlichen Erwartungen selektiv wahrgenommen und erinnert. Ute Erhardt schreibt: »Dinge, die man erwartet, werden leichter und deutlicher wahrgenommen. Das, was den eigenen Vorstellungen widerspricht, wird weniger erwartet und schneller wieder vergessen.«[13] Die Tochter, die die Aufmerksamkeit der Mutter ebenso sucht wie ihren Beifall, wird schnell erkennen, dass sie belohnt wird, wenn sie so ist, wie die Mutter sie sieht. Mit der Zeit wird sie lernen, deren Vorstellungen über ihre Person zu verinnerlichen. Das Etikett bestimmt ihr Selbstbild mit.

»Doch wenn eine Lebensanschauung einmal entschieden ist, wird alle Erfahrung ausgewählt nach dem Gesichtspunkt, ob sie die Lebensanschauung untermauert, und dann in diesem Sinne interpretiert«, schreibt der Psychologe Thomas A. Harris über die Mechanismen, die Menschen benutzen, um sich ihr Weltbild zurechtzulegen.[14] Eine eindeutige Standortbestimmung vermittelt Stabilität und Sicherheit. Damit wird sie zur Grundvoraussetzung für ein gutes Lebensgefühl.

Interessen nicht verleugnen

Aber die Tochter ist eben nicht wie ihre Mutter. Etliche lebenslange Konflikte zwischen beiden kreisen um diesen Tatbestand. In der Entwicklung des Mädchens lassen sich die eigenen Interessen, Talente und Bedürfnisse, die im Konflikt mit den Erwartungen der Mutter stehen, nicht verleugnen. Oft verstärkt sich die Auseinandersetzung mit der Mutter in der Pubertät, in der Lebensphase also, die ohnehin dadurch gekennzeichnet ist, dass Kinder beginnen, die Werte der Eltern kritisch zu hinterfragen. Doch ein Mädchen kann diese Abgrenzung in der Regel nicht vollziehen ohne ein Gefühl der Schuld. Anders als bei Jungen wird die Loslösung der Töchter seitens der Mütter nicht akzeptiert. Sie fühlen sich verraten, mit ihren eigenen Werten in Frage gestellt und abgelehnt. Die bis dahin enge harmonische Beziehung wird beiden zum Verhängnis, denn statt eines interessierten Hinsehens, eines neuen Kennenlernens ist der weitere Kontakt geprägt von gegenseitigen Verletzungen. Selten wird dabei angesprochen, worum es wirklich geht. Das entsetzte »Du bist nicht wie ich!« steht als Vorwurf im Raum, wird aber nicht thematisiert, während die Gespräche um die Berufswahl, die Partnerschaft oder die politischen Ansichten der Tochter kreisen.

Da der Wunsch nach Einheit häufig nicht nur aufseiten der Mutter besteht, ordnen sich viele Töchter dem mütterlichen Gebot der Gleichheit unter. In einer derartigen Konstellation kommt es nicht zur Rebellion, nicht einmal zum Streit. Die Mutter bleibt für die Tochter die wichtigste Bezugsperson und umgekehrt. Was als symbiotische Beziehung zwischen Erwachsenen beschrieben wird, ist das genaue Gegenteil davon. Denn während das Wesen der Symbiose eigentlich eine Beziehung zwischen zwei Organismen beschreibt, die zum gegenseitigen Nutzen eingegangen wird, engen sich Mütter und Töchter in einer solchen Situation lediglich gegenseitig ein.

Die Ansprüche aneinander sind hoch, nach außen gilt ihr Verhältnis meistens als ungetrübt. Da beide vermeintlich »gleich« sind, konkurrieren sie notwendigerweise in allem, was sie tun. Beide wollen der Star der Party sein oder das Mauerblümchen. Bei Familienfesten wetteifern sie im Bewirten der Gäste oder im Erzählen von Anekdoten. Aus Konkurrenz wird Rivalität, die Einstellung zur anderen wird ambivalent. Beide wollen sich nah sein, wollen sich begegnen – doch jede Begegnung beinhaltet Frustration. Da Missbilligung nicht gezeigt werden darf, schaukelt der Konflikt sich unter der Oberfläche hoch.

Lebe meine Träume!

Das Problem der mütterlichen Erwartung, nach der die Tochter so sein soll wie sie, verschärft sich auf dramatische Weise, wenn eine Mutter sich bewusst oder unbewusst danach sehnt, dass die Tochter ihre eigenen unbeschrittenen Wege geht. Viele Mütter werden daran gehindert, ihre Träume vom Glück auszuleben, oder sie verzichten darauf. Sie richten all ihre Erwartungen auf die nächste Generation. In unserer Gesellschaft stehen Berufstätigkeit von Frauen und Mutterschaft oft im Widerspruch zueinander. Unzureichende Betreuungsmöglichkeiten für Kinder, die fortdauernde Weigerung von Männern, konsequent Verantwortung für die Erziehung des Nachwuchses zu übernehmen und die weiterhin bestehende Forderung, dass Mütter die Hauptlast der Aufgaben in Haus und Familie zu tragen haben, verleiten Frauen häufig zu einem Selbstbild, das besagt: Ich habe meine Träume für die Zukunft meiner Kinder geopfert.

Frauen sind ehrgeizig. Sie legen wert auf Bildung, studieren, haben kreative Freizeitbeschäftigungen, halten sich fit und engagieren sich in zahlreichen Organisationen – sofern sie glauben, dass das möglich ist. Dieser Glaube wird getragen von der Realität ihres Umfeldes und von den eigenen Überzeugungen. Beide bedingen sich gegenseitig. Da die weibliche Sozialisation Passivität, Selbstzweifel und Anpassungsbereitschaft fördert, verlieren Mädchen im Verlaufe des Erwachsenwerdens das Vertrauen in die eigenen Möglichkeiten, und die Gesellschaft bestärkt sie darin. So ist es kaum verwunderlich, dass nicht wenige von ihnen resigniert kapitulieren und sich ins Privatleben zurückziehen, getreu dem Motto: »Ein jeder wünscht sich treu und still, dass er einst das kriegt, was er will. Bis er dann doch dem Wahn erliegt und schließlich das will, was er kriegt.«

Verlust von Vertrauen in die eigenen Möglichkeiten

Dieses Sprichwort trifft die Situation vieler junger Frauen in besonderem Maße. Denn während Männer mehr oder weniger erfolgreich um eine berufliche Identität kämpfen müssen, da von ihnen finanzielle Unabhängigkeit zwingend erwartet wird, haben Frauen noch immer eine Alternative. Ein verlockendes Angebot für alle, die zuvor wieder und wieder Ablehnung erfahren haben bei dem Versuch, ein Stipendium zu erhalten, bei der Suche nach einem Ausbildungsplatz oder einem Sponsor für das Olympiatraining. Für alle, die in der Familie mit ihrem Ehrgeiz auf wenig Verständnis stießen und deren Freundeskreis sie argwöhnisch beobachtet, wenn sie um die eigene Karriere kämpfen. In einer derartigen Situation kann es für eine Frau durchaus eine Erleichterung sein zu sagen: Das war's! Mit der Zeit wird sie ihre Resignation selbst umdeuten, denn niemand kann auf Dauer mit dem Bewusstsein leben, an der Entfaltung seiner Persönlichkeit gehindert worden zu sein, und dabei gesund bleiben.

Ich will nicht bestreiten, dass es Frauen gibt, die aus tiefstem Herzen und voller Überzeugung Hausfrau und Mutter sind, und die nie etwas anderes wollten. Doch das werden nicht jene Mütter sein, die ihre Träume, ihre verpassten Chancen, ihre unerfüllten Sehnsüchte auf die nächste Generation projizieren. Es sind die Mütter, die etwas Begehrtes selbst nicht erreichen konnten, die sich dieser Projektion bedienen, um auf Umwegen vermeintlich doch noch ans Ziel zu gelangen. »Je enttäuschter eine Frau ist, je eingreifender sie daran gehindert wurde, ihre eigenen Begabungen zu entdecken, auszubilden und auszuüben, desto präziser und dringender werden ihre ehrgeizigen Wünsche für ihre Tochter«, schreibt die Literaturwissenschaftlerin Heidi Gidion, die anhand von Literaturanalysen das Verhältnis von Müttern und Töchtern unter die Lupe nahm.[15]

Damit jedoch lastet die Mutter dem heranwachsenden Mädchen eine hohe Bürde auf. Das »Du bist wie ich« wird zwingend, denn nur so kann das Kind die Begabungen der Mutter nachvollziehen und vervollkommnen. Gleichzeitig besteht die Gefahr, dass andere, bisweilen für die Tochter wesentlich wichtigere Fähigkeiten und Talente übersehen oder ignoriert werden. Ausgehend von den Sehnsüchten der Mutter sieht das Mädchen sich entweder mit zu hohen oder zu niedrigen Ansprüchen an ihre Person, an ihre Leistungsfähigkeit konfrontiert. Viele Mütter untermauern ihr Verhalten in einem solchen Fall mit dem Hinweis darauf, wie gut sie es meinen – und schalten damit jede korrigierende Kritik aus. Aus ihrer Sicht wollen sie nur das Beste für ihr Kind. Doch eigentlich wäre es das Beste für *sie* gewesen, nicht unbedingt für ihre Tochter.

Die Begabungen der Mutter nachvollziehen

Abgesehen von der Bürde, die derartige Erwartungen seitens der Mütter für die Töchter darstellen, ergibt sich ein zusätzlicher Widerspruch. Wie kann ein Mädchen lernen, Dinge zu tun, die die Frau, von der sie lernt, nicht geschafft hat? Wie kann sie plötzlich auf so bedeutsame Weise anders sein als ihre Mutter, der sie doch sonst so ähnlich sein soll?

Lass mich nicht allein!

Die Forderung »Lass mich nicht allein!« beinhaltet mehr als die Angst einer Mutter, ihre Tochter könne sich physisch von ihr entfernen. Das tatsächliche Fortgehen, der Auszug aus der elterlichen Wohnung oder der Umzug in eine andere Stadt, stellen sogar eher einen nebensächlichen Aspekt dar. Gemeint ist an dieser Stelle die Sorge um den Verlust an emotionaler Nähe. Frauen, die ihr Leben stark auf das Wohlergehen ihrer Familie ausgerichtet haben, geraten in eine Sinnkrise, wenn die Kinder erwachsen werden und das Haus verlassen. Sie fühlen sich nicht mehr gebraucht und müssen sich nun mit ihrer eigenen Position im Leben auseinander setzen.

Doch Veränderung macht Angst. In dieser Situation beginnen viele Mütter, ihr gewohntes Terrain zu verteidigen. Der Ehemann und vor allem die nun erwachsenen Kinder werden dann so etwas wie eine emotionale Altersversicherung. Freundschaften wurden in der Vergangenheit zugunsten der Familie vernachlässigt und stehen daher nun nicht zur Verfügung, um die plötzliche Stille im Haus aufzufangen. Alle Pläne, die eine Mutter für die Zeit nach der Kindererziehung gemacht hat, werden plötzlich uninteressant. Da die Familie bisher das Zentrum ihres Lebens darstellte, fühlt sie sich praktisch aus ihrer Mitte gerissen. In der Rolle der Mutter hatte sie Verantwortung und Einfluss. Ihre Anweisungen waren Gesetz, ihre Gespräche mit Nachbarn und entfernten Verwandten kreisten um die Entwicklung der Kinder. All das ist nun vorbei. Zwar fühlen sich die Kinder ihr nach wie vor liebevoll verbunden, doch sie sind unabhängig und brauchen sie nicht mehr.

Gewohntes Terrain wird verteidigt

Viele Mütter erschließen sich jetzt neue Lebensbereiche, werden wieder berufstätig, engagieren sich politisch oder sozial, unternehmen die Reisen, die sie schon immer machen wollten, und lernen neue Menschen kennen. Aber in ihrer gefühlsmäßigen Ausrichtung bleiben nicht wenige von ihnen ausschließlich auf die Kinder fixiert. Wenn der Sohn nicht anruft, die Tochter nicht vorbeischaut, ist alles andere belanglos.

Nun ist die Mutter die Abhängige und sehnt sich nach der Aufmerksamkeit der Kinder. Dabei wird die Abwesenheit eines Sohnes eher hingenommen als die einer Tochter. Der Junge muss sich um seine Karriere kümmern und ansonsten sein Leben führen. Er ist beschäftigt, das ist zu verstehen.

Die eigene jahrelange Lebensrealität verleugnend unterstellt die Mutter der Tochter, über mehr Zeit zu verfügen als ihr Sohn. Als Frau – wie die Mutter auf die Pflege von Beziehungen und insbesondere familiären Kontakten hin erzogen – wird von der Tochter erwartet, für die Mutter da zu sein. Wo ein Sohn nur alles richtig machen kann, wenn er kurz anruft oder zum Muttertag Blumen schickt, ist die Aufmerksamkeit der Tochter selbstverständlich. Pocht sie auf eigene Interessen, hat sie keine Zeit, ist der Konflikt vorprogrammiert.

Neigung, in der Vergangenheit zu leben

Daneben passiert etwas, was für das Zusammensein beider verhängnisvoll sein kann: Da die Gedanken und Gefühle einer Mutter von erwachsenen Kindern, die ihren einzigen und unumstrittenen Lebensmittelpunkt in ihrer Familie sieht, fast ausschließlich um Personen kreisen, die nun die meiste Zeit über nicht mehr physisch anwesend sind, ist die Mutter versucht, in der Vergangenheit zu leben. Der Wunsch ist verständlich. Das Vergangene ist bekannt und macht keine Angst, anders als das ansonsten erforderliche Nachdenken über das eigene Leben. Gleichzeitig ist das Bewusstsein weiterhin eng mit den Kindern verbunden. Doch der Preis für diese Haltung ist das Verlassen der Realität. Die Kinder können nicht länger als die wahrgenommen werden, die sie mittlerweile sind. »Unsere Jüngste, das Baby, hat erst vor wenigen Monaten einen bekannten Bühnen- und Fernsehschauspieler geheiratet …«, zitiert die Journalistin Zenith Henkin Gross eine von ihr interviewte Mutter einer erwachsenen Tochter.[16] Nichts könnte besser das Problem beschreiben.

Da es Söhnen von jeher eher gestattet wurde, auf eigenen Beinen zu stehen und die Welt zu erobern, hat ihr Erwachsen-Werden noch relativ gute Chancen, wahrgenommen zu werden. Die Selbstständigkeit des

Sohnes wird schließlich von der Umwelt wohlwollend kommentiert. Ein »Muttersöhnchen« ist nicht erwünscht. Eine Tochter hingegen bleibt oft »Muttis kleines Mädchen«. Sie kann als Rechtsanwältin schwierige Prozesse gewinnen, acht Stunden täglich im Supermarkt an der Kasse sitzen und manchmal sogar selbst Kinder haben: Die Gespräche mit ihrer Mutter kreisen immer um ein »Weißt du noch?«. Dabei kann die Tochter nicht als die erwachsene Frau gesehen werden, die sie ist. Und nicht selten erlebt sie, dass sie sogar nicht als das Mädchen gesehen wird, das sie wirklich war. Denn die Erinnerungen der Mutter, ihre Art, zurückliegende Geschehnisse zu interpretieren, entsprechen den Gefühlen der Tochter nicht.

Für das Mädchen war es vermutlich gar nicht amüsant, als sie die Zahnspange bekam oder der Lieblingsteddy versehentlich im Urlaubshotel verloren ging. Aber Mütter neigen dazu, im Rückblick auf die »guten alten Zeiten« die Vergangenheit zu romantisieren. Für sie war es – oft auch erst in der Nachbetrachtung – früher schön, denn da waren alle noch zu Hause und sie das Zentrum dieses häuslichen Miteinanders.

Aber diese Art des Umgangs mit der Vergangenheit kann für die Tochter nur belastend sein. Sie sieht sich in ihrer gegenwärtigen Lebensrealität nicht wahrgenommen. Vielleicht wünscht sie sich den Rat der Mutter bei einem aktuellen Problem, doch sie merkt, dass es im Gespräch mit ihr unmöglich ist, ihre momentanen Sorgen anzusprechen. Die Tochter hat sich verändert, aber die Mutter ist nicht bereit, das zu sehen. Stattdessen macht sie ihr einen Kakao »wie früher« und streicht im Vorbeigehen ihre Bluse glatt. Das alte Umsorgen sitzt tief. Viele Töchter fühlen sich nach einem Besuch bei ihrer Mutter klein. Sie werden als kompetente Person nicht erkannt. Eine echte Beziehung, die auch die Tochter sich wünscht, wird so verhindert. Wenn Mütter erwarten, dass alles bleibt, »wie es immer war«, kann der Kontakt nur brüchiger werden in dem Maße, wie erwachsene Töchter sich verändern.

Die alten Formen des Umgangs sollen Vertrautheit garantieren. Die Angst einer Mutter, von ihrer Tochter allein gelassen zu werden, bezieht sich meist auf diesen gefühlsmäßigen Aspekt. Veränderungen der jungen Frau empfindet die Mutter als Bedrohung. Sie fühlt sich verlassen, betrogen. Doch die Tochter muss sich verändern, um den Anforderungen des Lebens gewachsen zu sein. Mit dem Bewusstsein einer Zehnjährigen kann sie keine geschäftlichen Verhandlungen führen, keine Kredite aufnehmen und keine erotischen Abenteuer genießen. Sie ist stolz auf ihr eigenständiges Leben, auf ihre Erfolge und den neuen Mann. Gerade wenn sie sich ihrer Mutter nahe fühlt, wird sie ihr die Früchte ihrer Selbstständigkeit präsentieren und auf Anerkennung hoffen.

Doch viele Mütter sind dazu nicht in der Lage. Ihre Freude über die Entwicklung der Tochter bleibt ambivalent. Der geäußerte Stolz wird von der gezeigten Wehmut über die Unabhängigkeit des »kleinen Mädchens« überlagert. Die Veränderung der Tochter macht Angst. Jeder Hinweis auf ein solches Ausbrechen aus den gewohnten Bahnen löst daher Abwehrreaktionen aus. Nach einer von Murray Bowen entwickelten Theorie über Beziehungsmuster in Familien treten in allen Familien machtvolle Widerstände auf, »wenn ein Familienmitglied unabhängiger wird und sich stärker abgrenzt«.[17]

Gleichzeitig beobachten Mütter die Entwicklung ihrer Töchter im Hinblick auf die zuvor angesprochenen Erwartungen »Du bist wie ich!« und »Lebe meine Träume!«. Wird die Tochter beiden Ansprüchen nicht mehr gerecht, kann selbst eine glückliche, aber eben unabhängige Entwicklung Spannungen zwischen ihr und der Mutter hervorrufen. Ein offenes Gespräch könnte an dieser Stelle hilfreich sein. Aber dazu kommt es nicht, denn einen möglichen Streit wollen beide vermeiden, weil aufgrund der emotionalen Nähe beider zueinander offene Zwietracht zu bedrohlich erscheint. Welche Folgen hat es aber für die Mutter-Tochter-Beziehung, wenn Trauer, Schmerz und Wut verboten sind?

Möglichen Streit vermeiden

Mach mir keinen Kummer!

In der Forderung »Mach mir keinen Kummer!« steckt die Botschaft, dass eine Tochter alles richtig machen muss. Sie wird mit ihrem Handeln verantwortlich für die Befindlichkeit der Mutter. Ich sehe in dieser mütterlichen Erwartung einen der wesentlichen Gründe für den bei Frauen stärker als bei Männern ausgeprägten Hang zum Perfektionismus. Schon Mädchen lernen, ihr eigenes Verhalten zu kontrollieren, damit Mutter keinen »Ärger« hat. Sie werden artig und hilfsbereit nicht nur, weil sie dafür belohnt werden, sondern auch, weil es der Mutter dann gut geht.

Schon die Dreijährige erlebt, wie nicht nur sie selbst, sondern auch ihre Mutter von Verwandten, FreundInnen und Nachbarn gelobt wird, wenn die süße Kleine alles richtig macht. Die Fehler des Mädchens fallen auf die Mutter als Erziehungsverantwortliche zurück.

Mütter kontrollieren sich gegenseitig

Es sind die Frauen, die andere Frauen, andere Mütter argwöhnisch beobachten. Unter ihnen herrscht eine Konkurrenz, wer es am besten macht. Die Kinder werden dabei zur Messlatte, wobei bei Mädchen die Anpassung an die Wünsche anderer, bei Jungen eher der Widerstand und das Zurechtbiegen der Regeln als erfolgreiche Erziehung gilt. Dem Sohn wird eher der eigene Wille zugestanden, während die Tochter bei den Nachbarn die Suppe aufessen muss, der Lehrerin keine frechen Antworten geben darf und im Zeltlager freiwillig das Abwaschen übernehmen soll. Hält sie sich an diese Gebote, ist sie Mamas Stolz. Hält sie sich nicht daran, wird sie zwar häufig nicht direkt bestraft, muss jedoch die Missbilligung der Mutter durch das soziale Umfeld erleben. Dagegen aufzubegehren ist wesentlich schwerer, als aus der Rolle zu fallen und dafür persönlich eine Strafe zu riskieren.

Ein Mädchen muss daher stets aufpassen, »was die anderen sagen«. Die Mutter würde vielleicht noch zu überzeugen sein, dass sie bei der Freundin übernachtet, aber was wohl die Nachbarin denkt, wenn sie erst morgens nach Hause kommt? Und zwar nicht über die Tochter, sondern über die Mutter! In früheren Generationen bestimmte die Angst vor einer vorehelichen Schwangerschaft sämtliche Verbote der Eltern, doch auch wenn Aufklärung, Verhütung und der gesellschaftliche Wertewandel die Lebensbedingungen Heranwachsender in den letzten Jahrzehnten verändert haben, fürchten viele noch immer die »Schande«, die eine Tochter durch »ungebührliches Verhalten« über die Familie bringen kann. Die daraus entstehenden Maßregelungen werden dem Mädchen in erster Linie durch die Mutter vermittelt. Nicht selten wird damit in der Pubertät das Vertrauensverhältnis zwischen Tochter und Mutter gestört.

Gleichzeitig bedeutet das Aufgehen in der Mutterrolle für viele Frauen ein Stück gesellschaftlicher Macht. Das Gedeihen der Sprösslinge betrachten sie ungeachtet der Einflüsse von Schule, Freundeskreis und Medien als ihr ureigenstes Werk. In der Erziehung können sie Einfluss nehmen, für ihre kleinen Kinder sind sie der Mittelpunkt der Welt. Diesen Stellenwert beanspruchen sie auch noch, wenn der Nachwuchs längst erwachsen ist. Die Mütter, die die Journalistin Gross befragt hat, sehen sich selbst überwiegend als mütterliche Bodenstation, um die die Kinder wie Satelliten kreisen.[18] Gleichzeitig wird dieses Symbol romantisch verklärt. Sie kontrollieren, ob die Kinder »auf Kurs« sind und empfinden Erleichterung, wenn es so ist. Denn: »All die Knochenarbeit und unablässige Mühe hatte sich gelohnt! (...) Wenn die Kinder auf ›Kurs‹ sind, da, wo sie im Leben sein sollten, beweist das, Mutter hat die Prüfung bestanden und die richtige Methode angewandt.«[19]

Diese Allmachtsfantasien werden verständlich, wenn Frauen für Familie und Mutterschaft jeden anderen gesellschaftlichen Einfluss aufgeben. Und obwohl sich grundsätzlich Kinder beiderlei Geschlechts mit den mütterlichen Vorgaben auseinander setzen müssen, wird Söhnen dabei noch eher die Entfaltung der eigenen Persönlichkeit zugestanden. Mädchen jedoch, die sich insgesamt stärker an den Wünschen anderer orientieren sollen, bleibt unter diesen Bedingungen kaum Raum, sich selbstständig zu entwickeln. In der Regel tun sie es dennoch, denn im Gegensatz zum mütterlichen Selbstbild hat die Tochter nicht nur eigene

Wünsche und Träume, sondern erhält auch zahlreiche Anregungen durch FreundInnen, Vorbilder und die allseits präsenten Medien.

Es kann nicht im Interesse der Tochter sein, ein Leben lang um den Heimatplaneten zu kreisen. Sie will – zurecht – hinaus ins All. Um bei dem Bild zu bleiben, tritt in dieser Situation eine Funkstille zwischen Mutter und Tochter ein. Beide befinden sich nicht mehr auf der gleichen Frequenz. Die Jugendforscherinnen Burger und Seidenspinner schreiben: »Was die Mutter-Tochter-Beziehung so anstrengend macht, sind die hohen Erwartungen, die beide aneinander haben und die allzu leicht enttäuscht werden.«[20]

Zwang zur Harmonie

Meistens sind es die Töchter, die es unterlassen, ihren Müttern wichtige Veränderungen in ihrem Leben, von denen sie wissen, dass die Mutter sie ablehnen würde, mitzuteilen. Töchter wollen ihr Leben führen, ihren Müttern aber »keinen Kummer machen«. Daher sehen sie im Schweigen die einzige Möglichkeit, den eigenen Bedürfnissen zu folgen und das Glück der Mutter nicht zu riskieren. Sie wollen Streit vermeiden. Beide Seiten empfinden einen Zwang zur Harmonie, denn wie bereits erläutert, erleben beide Übereinstimmung als Geborgenheit. Dissonanzen sind dabei nicht erwünscht und werden unterdrückt. Das kostet Kraft. Es entsteht eine Kluft zwischen Anspruch und Wirklichkeit, die besonders bei Familienfesten, die auf ein harmonisches Miteinander ausgerichtet sind, deutlich wird.

Die Journalistin Gross hat festgestellt: »Viele Frauen leiden bei Familientreffen unter emotioneller und körperlicher Erschöpfung.«[21] In einer derart verfahrenen Situation wird es für Töchter schwierig, sich Rat, Hilfe und Unterstützung bei ihren Müttern zu holen. Wenn sie diesen »keinen Kummer machen« wollen oder dürfen, können sie eigene Sorgen ihnen gegenüber nicht äußern. Werden die Gespräche dann oberflächlich, reagieren Mütter oft gekränkt, denn sie fühlen sich aus dem Leben ihrer Töchter ausgeschlossen. Die Missverständnisse schaukeln sich gegenseitig hoch. Die stumme Frustration auf beiden Seiten begleitet das Miteinander nicht selten dauerhaft. Ein Ausweg scheint nicht in Sicht.

Vorleben

Taten sagen mehr als Worte. Mädchen lernen aus dem, was sie sehen, mehr als aus jedem gut gemeinten Rat.

Körperlichkeit

In vielen Untersuchungen wurde nachgewiesen, dass Körpersprache, Mimik und Gestik die Kommunikation von Menschen nachhaltiger beeinflussen als das gesprochene Wort. Gleichzeitig betonen Amy Bjork und Thomas A. Harris unter Berufung auf den Psychologen Carl Rogers, dass Gefühle, Gedanken und Körpersprache zu Kongruenz tendieren[22], d.h., sie neigen zu Übereinstimmung. Jede von uns kann das leicht ausprobieren. Wer eine bestimmte Haltung einnimmt, verändert gleichzeitig seine emotionale Befindlichkeit. Rollen Sie sich zusammen oder richten Sie sich auf, und beobachten Sie, was geschieht. Auch die Geste eines Gegenübers im Gespräch ist leichter zu verstehen, wenn man die Geste nachahmt. Jeder Mensch hat seinen eigenen körpersprachlichen Ausdruck. Gang, Haltung und Beweglichkeit, aber auch Stimme und Tonfall sind individuell sehr verschieden und werden von anderen wahrgenommen.

Kinder erfassen solche Eigenschaften genau. Je kleiner sie sind, desto mehr sind sie auf die nonverbale Kommunikation angewiesen. So registrieren sie auch die Bewegungen ihrer Mütter und machen sich darauf aufbauend ein Bild von ihnen. Für Mädchen ist das in der Regel das erste Bild in Bezug auf Weiblichkeit, ihr erstes Vorbild einer Frau.

Nun, wie sehen Sie sich? Welche Überzeugungen über den Wert der eigenen Persönlichkeit und des eigenen Körpers sind für Frauen typisch? Frauen von heute haben in unzähligen Zeitschriften, Büchern und Seminaren erzählt bekommen bzw. erfahren, welchen hohen Stellenwert die Äußerungen ihres Körpers haben. Sie haben trainiert, mit festen Schritten zu laufen, akzentuiert zu sprechen und ausladend zu gestikulieren. Dennoch: An ihren grundsätzlichen Einstellungen zu sich selbst hat sich dadurch wenig verändert. Frauenzeitungen mit den Schwerpunktthemen Diät, Mode und Kosmetik machen Umsätze wie eh und je. Der Einfluss der Medien wird von Jahr zu Jahr größer. Von früh bis spät attackieren sie unser Selbstbewusstsein. Vieles von dem, was unseren Sinnen da geboten wird, wird uns nicht einmal bewusst – weil wir so sehr daran gewöhnt sind.

Untergrabenes weibliches Selbstbewusstsein

Nehmen wir z.B. die Mode. Noch immer sind die Kleidungsstücke für Frauen mit Rüschen, Herzen, süßen Tierchen, Spitzen und anderem Spielzeug versehen. Häufig kann man Kleidung für Kinder und Kleidung für Frauen allein durch den Blick auf die Größenangabe unterscheiden. Doch Kleidung ist ein Symbol. Mit dem, was wir tragen, erzählen wir unserem Gegenüber, wer wir sind und wie wir wollen, dass andere mit uns umgehen. Eine betont feminin gekleidete Frau wird oft Anerkennung und Komplimente von Frauen und Männern erhalten. Diese sind zufrieden, denn die Frau drückt mit ihrem Äußeren aus: Ich bin artig und tue niemandem weh. Ob sie allerdings ernst genommen wird und ihre Rechte durchsetzen kann, steht dabei auf einem anderen Blatt.

Und es hat mit dem eigenen Selbstbewusstsein zu tun, wer zu welchem Kleidungsstück greift. Nach einer amerikanischen Studie machen nur die sehr jungen, die sehr geselligen und die sehr ängstlichen Frauen jede Mode mit.[23] All das sind Menschen, deren Selbstwertgefühl davon abhängt, wie andere sie sehen. Welche Symbolkraft Kleidung hat, kann nicht besser verdeutlicht werden als durch folgende Szene in dem von Kindern geliebten Filmklassiker »E.T.«: Da wird der knubbelige Außerirdische von einem kleinen Mädchen in Frauenkleidung gesteckt und mit Schmuck versehen, worauf der Bruder des Mädchens sie ermahnt: »Du solltest ihm nicht seine Würde nehmen.« Damit ist alles gesagt.

In unserer Gesellschaft gilt der männliche Körper als Norm. Selbst Studien über Gesundheit und neue Medikamente werden oft nur an männlichen Versuchsgruppen getestet – mit bisweilen verhängnisvollen Folgen für Frauen. Bei einer Sportveranstaltung erhalten Männer die Startnummern 1-1000, die Frauen laufen mit F1-F1000 herum. Sie bilden den Sonderfall, wenn es um körperliche Tätigkeiten geht. Es gibt Fußball und Frauenfußball, Fitness und Frauenfitness, Tennis und Damentennis. Dabei hat der Sonderfall stets den geringeren Stellenwert. Er ist die Abweichung von der Norm und daher defizitär.

Männlichkeit als Norm

Auch die nach wie vor unvermindert stattfindende sexuelle Gewalt gegen Frauen und Mädchen trägt zu den Ambivalenzen bei, die Frauen in Bezug auf ihren Körper haben und die Mütter an ihre Töchter weitergeben. Noch immer gilt es, Weiblichkeit zu verstecken. Es gibt keine Tampon- oder Bindenautomaten im öffentlichen Raum, für entsprechende Artikel wird noch immer verschämt geworben und das Baden »oben ohne« ist wieder aus der Mode gekommen. Weibliche Brüste auf Zeitschriften und Plakatwänden sind eines der sichtbarsten Zeichen männlicher Macht über Frauen, doch die Freizügigkeit im eigenen, im weiblichen Interesse ist nicht erwünscht.

Zur Rivalität um männliche Gunst erzogen, sehen die meisten Mütter in anderen Frauen vor allem die Konkurrentin und nicht die Verbündete. Das gilt besonders hinsichtlich der Körperlichkeit. Der Blick einer heterosexuellen Frau auf den Körper einer anderen ist in erster Linie vergleichend. Entspricht die andere ihrer Meinung nach dem Schönheitsideal weniger als sie selbst, ist sie erleichtert und wertet den Körper der anderen ab. Nicht selten wird sie sich zu Bemerkungen wie »fette Kuh«, »hässliche Schlampe« oder ähnlich Charmantem hinreißen lassen. Die Äußerungen fallen auf sie selbst zurück, wenn sie dem Vergleich scheinbar nicht standhalten kann. Nun ist sie selbst »nicht gut genug« – und leidet.

Rivalität unter Frauen

Töchter sehen ihre Mütter und bemerken, dass diese sich nicht wohl fühlen in ihrer Haut. Nur in Ausnahmefällen, wenn alles perfekt ist, der Blick in den Spiegel keinen Makel verrät, erlaubt die Stimme aus dem Off auf die Forderung »Ich will so bleiben wie ich bin!« ein zustimmendes »Du darfst!«. Wenn aber Frauen mit ihrem Äußeren nicht einverstanden sind – was die Regel ist – können sie keine selbstbewusste Körpersprache haben. So können auch Mädchen von ihren Müttern nicht lernen, mit sich selbst im Einklang zu leben. Oder haben Sie je eine Frau gesehen, auf deren T-Shirt stand: »Bier formte diesen wunderschönen Bauch«?

Zum Thema Körperlichkeit gehört auch das Bewusstsein von Frauen um die eigene Gesundheit. Oberflächlich betrachtet scheinen Frauen sehr darum besorgt zu sein. Sie gehen bei gesundheitlichen Störungen früher zur Ärztin oder zum Arzt und achten mehr auf ihre Ernährung als Männer. Gleichzeitig vernachlässigen sie jedoch ihre körperlichen Bedürfnisse, wenn es um Bewegung geht. Frauen verlassen Sportvereine nach der Pubertät; endet der Schulsport, endet für viele auch das regelmäßige Training von Kreislauf und Muskeln. Gleichzeitig arbeiten Frauen auch heute noch durchschnittlich weniger in körperlich anstrengenden Berufen. Bewegung heißt für Frauen über zwanzig oft nur noch Schwangerschaftsgymnastik oder das Bearbeiten lästiger »Problemzonen«. Die Muskeln bilden sich zurück, das Knochengerüst wird dadurch überlastet, Gelenkschmerzen und Rückenbeschwerden stellen sich ein. Nun tut Bewegung auch noch weh und wird erst recht vermieden. Sport kommt dann nur noch vor, wenn er ärztlich verschrieben wird.

Oft Mangel an Bewegung

Mütter und Großmütter können mit dem Schritt ihrer Töchter nicht mehr mithalten. Wenn sie die Mädchen an der Hand halten, müssen auch diese sich zurücknehmen. Zu den hausgemachten gesundheitlichen Störungen von Frauen gesellen sich nicht selten psychosomatische Erkrankungen, deren Ursache für ein Mädchen nicht ersichtlich ist. Töchter erleben ihre Mütter daher über lange Jahre hinweg als körperlich wenig belastbar. Wenn sie ähnliche Erfahrungen mit anderen

Frauen machen, werden sie zu der Überzeugung gelangen, Weiblichkeit und mangelnde körperliche Leistungsfähigkeit gingen Hand in Hand. So lernen Mädchen, auch von ihrem eigenen Körper wenig zu erwarten. Damit schließt sich der Kreis.

Beziehungen

Menschen sind durch verschiedene Formen von Beziehungen miteinander verbunden. Liebe, Verwandtschaft, Freundschaft, Beruf, Hobbys und jegliches gesellschaftliche Engagement bilden das soziale Netz, in dem wir uns bewegen. Doch wir unterscheiden uns darin, welchen Stellenwert wir welchen Personen in unserem Leben einräumen, welche Rollen wir dabei spielen und welche Formen des Umgangs wir pflegen.

Für die meisten Mütter steht die Familie an erster Stelle. Ehen und Partnerschaften sind heute nicht mehr zwangsläufig so dauerhaft wie in früheren Generationen, doch die Kinder bleiben für eine Mutter in der Regel ein Leben lang bedeutungsvoll, egal wie sich der Kontakt zu ihnen gestaltet. Daneben sind es die jeweils aktuelle Liebesbeziehung und die Herkunftsfamilie, also die eigenen Eltern und Geschwister, manchmal noch die »beste Freundin«, die für Frauen wichtig sind. Dabei erhoffen und erwarten sie von diesen nahe stehenden Menschen in erster Linie emotionale Zuwendung.

Liebe und Geborgenheit sind für alle Menschen wertvolle Güter, aber viele Frauen haben den Glauben, dass sie einen hohen Preis zahlen müssen, um glückliche Beziehungen leben zu können, fest verinnerlicht. So sind in ihrem Umgang mit anderen das Geben und Nehmen selten auch nur einigermaßen gleichmäßig verteilt. Diese Tatsachen sind nicht neu. Seit mindestens dreißig Jahren debattieren Frauen über die gerechte Verteilung der Hausarbeit, über Respekt für ihre eigenen Bedürfnisse und über ihr Recht auf mehr eigene Zeit. Theoretisch. Viele können das Thema schon nicht mehr hören. Überholt ist es deshalb

Geben und Nehmen sind ungleich verteilt

noch lange nicht. Wenn ein Verhalten sich in einer Beziehung erst einmal etabliert hat, ist es nicht mehr so leicht zu ändern. Gewohnheit ist eine starke Macht. Fährt eine Frau nach drei Jahren Erziehungsarbeit morgens wieder ins Büro, kann sie nach Feierabend ihrem Liebsten nicht den Besen in die Hand drücken und die Beine hochlegen. Er würde ihn wohl auch nicht widerstandslos nehmen, und im Ausfechten von Widerständen hat er meist die Nase vorn. Das Problem bei der Sache ist, dass es hierbei nicht nur um eine ungleiche Verteilung von Arbeit geht, sondern auch – und das ist meines Erachtens schwerwiegender –, um die ungleiche Verteilung von Achtung und Respekt, die man füreinander empfindet.

Die meisten Frauen spüren dieses Ungleichgewicht mit der Zeit nicht einmal mehr. »Weil wir soviel Mühe darauf verwenden, die Reaktionen anderer zu deuten und sicherzustellen, dass nichts in Unordnung gerät, nimmt unsere Fähigkeit, unsere eigenen Gedanken, Gefühle und Bedürfnisse zu erkennen, immer mehr ab«, schreibt die Psychologin Harriet Goldhor Lerner.[24] Wie Recht sie hat, verdeutlicht ein kleines Wortspiel: Die meisten Frauen glauben, dass sie geliebt werden, weil sie immer die Betten machen, das Essen kochen, anderen geduldig zuhören und keine Ansprüche stellen. Sollte man nicht umgekehrt viel eher die Frage stellen: Wie können Frauen glauben, dass sie geliebt werden, obwohl sie es sind, die jeden Tag die Betten machen, das Essen kochen, geduldig zuhören und keine Ansprüche stellen? Würde man nicht annehmen, dass jemand, der einen anderen Menschen liebt, einen natürlichen Widerwillen dagegen hegt, ihn bzw. sie auszubeuten?

Töchter werden zum Dienen ermuntert

Aber Frauen stellen sich diese Frage scheinbar nicht. In ihrem Ausgerichtetsein auf andere ist es schließlich nicht nur der eigene Partner, sondern sind es auch noch der Großvater, die Schwiegermutter, die erwachsenen Kinder und die kranke Nachbarin, die nach Feierabend klaglos versorgt werden. Töchter können dieses Verhalten nicht nur bei ihren Müttern sehen, sie werden auch dazu angehalten, ihre Interessen aufzugeben, um anderen zu dienen. Bei der Arbeit in einer Freizeiteinrichtung für Mädchen konnte ich wiederholt beobachten, wie Töchter von ihren Müttern immer dann zur Hausarbeit herangezogen wurden, als diese gerade mit Dingen beschäftigt waren, die ihnen viel bedeuteten.

Mädchen erleben also bei ihren Müttern, dass Frauen in Beziehungen anderen nützlich sind. Mit dieser Realität müssen sie sich auseinander setzen. Dabei geraten sie in eine Falle, die PsychologInnen als Double-bind-Situation beschreiben: Es ist unmöglich, es richtig zu machen. Denn passen sie sich den Forderungen nach Unterordnung an, kommen sie oft zeitlebens aus der dienenden Rolle nicht mehr heraus. Verweigern sie sich dagegen, stoßen sie auf die Ablehnung ihrer Umgebung, auf deren Zuspruch sie aber angewiesen sind. Ihr Verhalten stellt eine Abweichung zur gesellschaftlichen Norm dar und wird daher negativ bewertet.

Der Pädagoge Wolfgang Keckeisen hat darauf hingewiesen, dass eine Abweichung niemals einen Zustand oder ein Merkmal eines Individuums darstellt, sondern »vielmehr als gesellschaftliche Kategorie die besondere Qualität einer sozialen Beziehung« bezeichnet.[25] Anders ausgedrückt: Wenn zwei das Gleiche tun, ist es immer noch nicht dasselbe. Die Forderungen von Müttern, sich in Beziehungen zurückzunehmen, sei es durch dienende Tätigkeiten, sei es durch Verschweigen der eigenen Ansichten, existiert gegenüber Söhnen in dieser Form nicht.

Frauen pflegen Beziehungen, indem sie sich nützlich machen. Anders als Männer haben sie dagegen kaum Kontakte, die ihnen nutzen. Netzwerke gleich welcher Art, sei es im Beruf oder im Privatleben, sind Frauen fremd. Etwas mit Hilfe anderer zu erreichen, ist ihnen sogar peinlich. So lernen Töchter von ihren Müttern nicht, aus einer Position der Stärke und ausgehend von einem gegenseitigen Ausgleich, andere um etwas zu bitten. Was eine Tochter sieht, ist allenfalls ein untertäniges Betteln, weil Mutter etwas selbst nicht kann oder zu können glaubt. Während Ersteres bedeutet, sich selbst als eine Person zu begreifen, die es wert ist, in ihren Plänen unterstützt zu werden, ist Letzteres ein Eingeständnis der eigenen Unzulänglichkeit, mit dem Frauen sich kleiner

Keine nutzbringenden Kontakte

machen, als sie sind. Dabei entsteht ein Gefühl der Abhängigkeit, was bewirkt, dass Frauen diese Form der Hilfe meist damit bezahlen, indem sie ihrem »Retter« schmeicheln, ihn unentwegt loben, seine außerordentlichen Fähigkeiten preisen und ihm ihre unbeschreibliche Dankbarkeit beweisen. Und das alles für einen winzigen Nagel in der Wand. Auf diese Weise lernen Frauen in den seltensten Fällen, sich aus einer gefestigten Position heraus unterstützen zu lassen.

Zwischen Müttern und Töchtern entstehen nicht selten Konflikte, die im Grunde um dieses Thema kreisen, wie folgendes Beispiel verdeutlichen soll: Die Mutter sagt nicht zu ihrer Tochter: »Ich verreise eine Woche, kannst du bitte meine Blumen ein- bis zweimal gießen, während ich weg bin?«, sondern: »Ich fahre morgen für eine Woche weg. Wenn es nicht zu heiß wird, brauchst du nicht zum Blumengießen zu kommen.« Die Tochter hört: »Wenn es zu heiß wird, musst du meine Blumen gießen!« und ist verärgert, weil die Mutter einfach über ihre Zeit verfügt.

Während der fraglichen Woche liegt die Durchschnittstemperatur bei 28,7°C. Da die Tochter sauer ist, beschließt sie, dass »zu heiß« erst bei 30,2°C beginnt. Natürlich sind die Blumen nach einer Woche nur noch Stroh. Und die Mutter kocht vor Wut. Was hat sie nur für ein undankbares Kind! Dabei hatte sie sogar noch Zugeständnisse gemacht, um das Mädchen nicht zu überfordern! Eine Aussprache bleibt aus. Stattdessen verkündet die Mutter nach einer weiteren Woche, dass sie mit der Tochter nicht ins Kino gehen kann. Sie hat nämlich kein Geld dafür, weil sie neue Blumen kaufen musste. Jetzt haben beide ein Problem.

Leistung

Frauen leisten viel, aber sie bemerken es nicht. Seit mindestens dreißig Jahren kreisen unzählige Debatten um die Doppelbelastung von Müttern, die Unterbezahlung weiblicher Arbeit und die mangelnde Wertschätzung der Kreativität von Frauen, doch die Zweifel am eigenen Können und Leistungsvermögen sind tief verankert. In Gruppen zur beruflichen Neuorientierung von Frauen bat ich die Teilnehmerinnen in Vorbereitung auf Vorstellungsgespräche und zur Steigerung des eigenen Selbstwertgefühls, vor den anderen eine Lobrede auf sich selbst zu halten. Das Ergebnis war immer wieder desolat: massive Ablehnung der Übung, verschämtes, ungläubiges Lachen und eine Körpersprache, die heftige innere Widerstände verriet. Selbst wenn ich die Gruppenteilnehmerinnen bat, die Fähigkeiten einer neben ihr sitzenden Frau zu loben, war dies der Betreffenden sichtlich unbehaglich.

Eigenlob ist Frauen peinlich

Eine andere Erfahrung verdeutlichte mir, dass Frauen nicht nur ihr persönliches Können gering schätzen, sondern auch die Leistungsfähigkeit und Kreativität der weiblichen Welt allgemein. Die Herausgeberin eines Buches mit Kurzgeschichten von Frauen bemühte sich aufrichtig, das Werk zu vermarkten, und pries die Beiträge im Vorwort und dann immer wieder in Lesungen an. Doch ihre Wortwahl verriet die eigenen Zweifel. So zeigte sie sich von tiefer Dankbarkeit erfüllt, überhaupt einen Verlag für die Veröffentlichung gefunden zu haben, und fand alles an diesen Geschichten überhaupt »erstaunlich« und »überraschend«. Überraschend kreativ, erstaunlich professionell, überraschend vielfältig, kurzum: erstaunlich gekonnt. Wenn wir aber betonen, wie sehr uns der Wert einer Arbeit erstaunt und überrascht, sagen wir nichts anderes, als dass wir es nicht erwartet haben. Kaum überraschen dürfte, das dieses Buch nicht erfolgreich vermarktet wurde und der Verlag bald seine Zusammenarbeit aufkündigte.

Auch Mütter von Töchtern glauben nicht an die Qualität der eigenen Leistungen, selbst wenn sie das Gegenteil behaupten. Da sie bei sich selbst und ihren Töchtern Erfolg als Ergebnis einer glücklichen Fügung oder puren Zufalls betrachten, ermuntern sie die Mädchen auch nicht zu aktivem Handeln. Dadurch unterlassen sie es jedoch auch, ihre Töchter zum Erlernen erfolgversprechender Fähigkeiten zu motivieren. Burger und Seidenspinner haben in einer empirischen Untersuchung herausgefunden,

Erfolg als glücklicher Zufall

dass sich beruflich erfolgreiche Frauen und soziale Aufsteigerinnen stärker am Vater orientieren.[26] Offensichtlich fehlen für den Glauben an die persönlichen Möglichkeiten noch immer die weiblichen Vorbilder. Die beiden Autorinnen stellten gleichzeitig fest, dass es Töchtern gut geht, »wenn die Mütter in der Lage sind, sich mit ihnen zu freuen, wenn dazu Anlass ist, z.B. über eine Lehrstelle, über eine gute Note, über ein gelungenes Fest ...«[27].

Doch Mütter scheinen die Geringschätzung eigener Leistungen auf ihre Töchter zu übertragen. Bei Lob winken sie verlegen ab und betonen die Hilfe, die sie von anderen bekommen haben. Die Erklärungen, die sie ihren Töchtern für ihre offensichtlichen Fähigkeiten geben, schmälern dabei in der Regel die Leistung. So betrachten sie leicht errungene Erfolge als Ergebnis eines von Gott gegebenen Talentes oder als pures Glück, während Männer Gleiches wie selbstverständlich als Beweis ihrer Genialität betrachten. Müssen Frauen sich einen Erfolg hart erarbeiten, sehen sie darin einen Beleg, wie unbegabt und töricht sie sind, während Männer stolz auf ihr Durchhaltevermögen und ihre Willenskraft sind. Aber das Denken bestimmt das Handeln, und wie bereits erläutert, reagieren Mütter manchmal deshalb zurückhaltend, weil sie ihre Töchter schützen wollen. Sie möchten den Mädchen Enttäuschungen ersparen und wollen daher, dass diese »auf dem Teppich bleiben« und keine zu großen Erwartungen hegen. Damit beurteilen sie die Geschehnisse im Leben der Töchter aufbauend auf eigenen Erfahrungen.

Gleichzeitig sehen Mütter es als ihre Aufgabe an, ihre Töchter zur Weiblichkeit zu erziehen. Und dieses oberste Gebot steht im Widerspruch zum Leistungswillen. »Frauen können sich beruflichen Ehrgeiz und das Gefühl, sich über ihre Arbeit verwirklichen zu wollen, kaum leisten, ohne von anderen als ›unweiblich‹ betrachtet zu werden«, schrieben die Sozialwissenschaftlerinnen Gipser und Stein-Hilbers in den 80er-Jahren.[28] Seither haben sich die Verhältnisse nur wenig geändert. Noch immer gibt es diese Widersprüche im Leben von Frauen, die als Verursacher all der Probleme zu sehen sind, die auch Mütter haben, wenn sie ihren eigenen Standort bestimmen.

Widersprüche

Da es in diesem Kapitel um das geht, was Mütter ihren Töchtern vorleben, wollen wir einmal die Perspektive eines kleinen Mädchens einnehmen, das einen großen Teil des Tages mit ihrer Mutter zusammen ist und diese erlebt.

Die Mutter fährt ihre Tochter morgens mit dem Auto in den Kindergarten. Die Straßen sind überfüllt, der Verkehr hektisch, aber die Mama meistert alles voller Gelassenheit, summt dabei zur Musik im Radio und ruht in sich selbst. Sie bringt das Mädchen noch bis zur Tür, ermahnt sie bestimmt, ihre Brote aufzuessen und nicht wieder mit dem Peter zu raufen. Die Mutter ist selbstsicher und hat Macht. In diesem Moment kommt Peters Vater um die Ecke. Die Mutter lächelt ihn von unten her an. Er plaudert fröhlich mit ihr. Sie nickt unentwegt, hin und wieder kichert sie und blickt zu ihm auf. Nun wirkt die Mutter selbst klein. Peters Vater verabschiedet sich und geht weg. In diesem Augenblick kommt ein älterer Junge aus dem Kindergarten und schubst die Tochter zur Seite. Die Mutter baut sich auf. Sie schimpft dem fremden Kind hinterher, wie er dazu komme, sich so rüpelhaft aufzuführen und dass er ihre Tochter ja nicht noch einmal ärgern solle, sonst bekäme er es mit ihr zu tun. Nun ist sie wieder die starke Beschützerin. Ein Erzieher geht auf die Mutter zu und erklärt, das andere Kind mache gerade eine schwierige Phase durch, sie solle Verständnis zeigen. Wieder beginnt die Mutter zu lächeln. Sie trippelt von einem Bein auf das andere, nickt und entschuldigt sich schließlich dafür, dass sie so laut geworden ist.

Häufige Rollenwechsel

Diese Szene, vielleicht etwas überspitzt dargestellt, soll verdeutlichen, wie eine Tochter ihre Mutter Tag für Tag in der Öffentlichkeit und im Privatleben erlebt. Andauernde Rollenwechsel irritieren das Kind. Sie erlebt die Mutter als mächtig und ohnmächtig, sicher und unsicher, kompetent und hilflos. Mit zunehmendem Alter wird sie erkennen, dass diese Eigenschaften in direktem Zusammenhang mit der

Rolle stehen, die ihre Mutter gerade spielt. Gleichzeitig ist ihre jeweilige Rolle daran gekoppelt, mit wem sie es zu tun hat.

Die Ansprüche, die an Frauen gestellt werden, zwingen zu diesem permanenten Spagat. Frauen sollen sich anpassen, zurückhaltend sein, Freundlichkeit und Hilfsbereitschaft sowie Bescheidenheit zeigen. Wollen sie aber ihren Alltag meistern, dann stehen ihnen eben genau diese Anforderungen im Weg, denn nun benötigen sie Kompetenz, die Fähigkeit, ihre Wünsche durchzusetzen und eine gesunde Portion Eigensinn.

Frauen müssen nicht nur ständig zwischen diesen Verhaltensweisen hin und her springen, sondern haben dabei in der Regel auch noch ein schlechtes Gefühl. Da das eine stets im Widerspruch zum anderen steht, empfinden Frauen beinahe jegliches Tun als »irgendwie nicht richtig«. Sie haben ein schlechtes Gewissen, wenn sie Schwächen zeigen, denn sie sollen ja alles alleine meistern, und sie haben ein schlechtes Gewissen, wenn sie alles alleine meistern, denn sie sollen ja »ganz Frau«, sprich: abhängig sein.

Verlust des Identitätsgefühls

Nicht wenige verlieren über diesem permanenten Perspektivenwechsel das Gefühl für die eigene Identität. Die Psychologin Roswitha Burgard schreibt: »Wir sind in dem hoffnungslosen Bemühen, unser von der Gesellschaft vorgeschriebenes Ich zu verwirklichen, ständig widersprüchlichen Forderungen ausgesetzt. Wir werden z.B. zerrissen zwischen dem Bemühen, schön und begehrenswert und trotzdem keusch und zurückhaltend zu sein, rührende weibliche Schwäche zu zeigen und trotzdem zäh und belastbar zu sein und so weiter und so weiter.«[29] Aus dieser Unklarheit über den eigenen Standort in der Welt sollen nun Mütter ihren Töchtern dabei helfen, eine stabile Identität aufzubauen. Dieses Unterfangen ist nahezu unmöglich. Vielleicht noch stärker als in früheren Jahren stehen die Aussagen von Müttern darüber, was ein Mädchen tun und was aus einer Frau einmal werden soll, in eklatantem Widerspruch zu dem, was die Töchter bei ihren Müttern sehen und auch als Werte über Weiblichkeit vermittelt bekommen.

Die meisten, vor allem die jüngeren Frauen haben ein Bewusstsein darüber entwickelt, welche gesellschaftlichen Ungerechtigkeiten zwischen den Geschlechtern nach wie vor bestehen. Sie haben zahlreiche Bücher gelesen, in denen erläutert wird, was sie tun können, um daran etwas zu ändern. Doch in der Regel sprechen ihre Gefühle eine andere Sprache, denn die Veränderung verunsichert. So können Mütter in dem, was sie ihren Töchtern vermitteln wollen, nicht auf eigene Erfahrungen zurückgreifen. Wie sagt man einem Mädchen überzeugend, dass es furchtlos die Welt erobern soll, wenn man sich selbst nicht einmal alleine zu einer Veranstaltung getraut?

Nicht wenige Mütter lösen das Problem, indem sie auf die alten Werte zurückgreifen. Der Hang zur für Töchter verheerenden geschlechtsspezifischen Erziehung verstärkt sich erneut. Mütter kaufen den Mädchen die Kinderküche und sagen ihnen, dass sie auch Astronautin werden können. Sie nennen die Töchter »kleine Ballerina« und lassen sie Gewichtheben der Frauen gucken. Sie spornen die Mädchen zu intellektuellen Höchstleistungen an und gehen gleichzeitig zum Weihnachtsbasteln in den Frauentreff. Hinterher präsentieren sie in der Familie all die bunten Sternchen, bemalten Kerzchen und niedlichen Tüchlein. Die Publizistin und Schriftstellerin Signe Hammer schrieb plakativ: »Es ist ein Teufelskreis entstanden, in dem Frauen, die nicht erwachsen werden sollten, Töchter aufziehen, die ebenfalls nicht dazu angehalten werden, erwachsen zu werden.«[30] Das war die Situation in den 70er-Jahren. Heute hat sich die Ausgangslage dahingehend geändert, dass Frauen, die nicht erwachsen werden sollten, Töchter aufziehen, die erwachsen werden sollen, ohne bei der Mutter ein erwachsenes Vorbild zu sehen. Was dabei gegenwärtig herauskommt, sind die Girlies, die den Zwiespalt auf die Spitze treiben, wenn sie mit Schnuller im Mund ihre Abiturklausur schreiben. Sie unternehmen auf beinahe tragische Weise den Versuch, selbstbewusst niedlich zu sein.

Rückgriff auf alte Werte

Es sind nicht zuletzt die Widersprüche im weiblichen Lebenslauf, die das Verhältnis von Müttern und Töchtern immer wieder belasten. Doch auch die Unsicherheiten in Bezug auf die eigene Identität kommen selten direkt zur Sprache, sie sind lediglich zwischen den Zeilen zu ahnen und in dem Verhalten, das Töchter bei ihren Müttern wahrnehmen. Aus allem, was eine Tochter sieht, gewinnt sie mit dem Älterwerden eine eigene Haltung, die sie zu ihrer Mutter und deren Leben entwickelt. Auch diese Einstellung bestimmt die Qualität der Beziehung, die beide zueinander haben, entscheidend mit.

Bestandsaufnahme: Die Tochter

»Mit drei Jahren bereits wusste ich, dass ich nicht eine gewöhnliche Mutter hatte, sondern einer Königin gehörte. Nachdem ich dies einmal begriffen hatte, war ich mit meinem Schicksal ganz zufrieden. Erst viel später sehnte ich mich nach einer richtigen Mutter, einer Mutter, wie andere Kinder sie hatten.«

MARIA RIVA ÜBER IHRE MUTTER MARLENE DIETRICH[31]

Im Leben von Mädchen und Frauen spielt die Beziehung zur Mutter eine wichtige Rolle. Diese Beziehung ist starken Veränderungen unterworfen. In dem Maße, in dem sich Töchter aus der totalen Abhängigkeit des Babys über alle Stadien der Kindheit und Jugend zur erwachsenen Frau entwickeln, variieren auch die Einstellungen zur Mutter und die Form des gegenseitigen Umgangs. Auf der einen Seite müssen die heranwachsenden Mädchen sich mit den Informationen auseinander setzen, die sie von ihren Müttern erhalten und die um die bereits ausgeführten Themen kreisen. Zu den Werten, zur Realität des Frauseins, zu den Hoffnungen, Wünschen, Ängsten und der Persönlichkeit der Mutter müssen Töchter eine eigene Haltung finden. Auf der anderen Seite haben auch die Töchter ganz eigene Vorstellungen davon, wie das Verhältnis zur Mutter beschaffen sein soll. Auch diese sind Veränderungen unterworfen. Wünscht sich das kleine Mädchen vor allem Nähe, Geborgenheit und Unterstützung, wird sie mit zunehmendem Alter mehr und mehr Freiräume für sich beanspruchen, oft jedoch ohne die alten und vertrauten Umgangsweisen aufgeben zu wollen.

Meist mit Beginn der Pubertät stellen Töchter die Anschauungen und die Lebensweise ihrer Mütter in Frage. Dabei sind sie oft wenig tolerant, wenn sie für sich das Akzeptieren des angepeilten Weges und der eigenen Meinungen einfordern, aber kaum in der Lage sind, der Mutter dasselbe zuzugestehen. Überhaupt wird die Haltung von Töchtern gegenüber ihren Müttern mit dem Erwachsenwerden zunehmend widersprüchlicher. Haben sie sich über die vielen Jahre der Kindheit an ihren Müttern orientieren müssen, beanspruchen sie nun selbst, die Richtung vorzugeben. Nun soll es die Mutter sein, die sich ihren Vorstellungen fügt. Nicht selten konfrontieren Töchter ihre Mütter dabei mit ihren eigenen Wünschen, Forderungen und Widersprüchen zu einem Zeitpunkt, in dem sich diese nach dem Auszug des nun erwachsenen Mädchens erst neu zurechtfinden müssen. Unter derartigen Bedingungen kommt es zu Konflikten, die beide als sehr schmerzlich erleben.

Geringe Toleranz

Auch wenn Töchter mit zunehmendem Alter mehr und mehr ihre Unabhängigkeit demonstrieren wollen, empfinden sie die alte mütterliche Macht unverändert deutlich. Es war die Mutter, die viele ihrer Werte prägte, mit der sie über Jahre hinweg auf das Engste verbunden war und deren Liebe ihr die Fähigkeit gab, zu wachsen und zu gedeihen. Egal, ob eine Tochter nun weiterhin eine harmonische Beziehung zur Mutter hat oder ob das Verhältnis von Kämpfen und Konfrontationen geprägt ist, es ist nie bedeutungslos. Mutters Wort ist noch immer Gesetz in dem Sinne, dass die Tochter es befolgt oder sich – unter Aufbietung immenser Energie – dagegen wehrt.

Die alte Sehnsucht nach Nähe und der neue Wunsch nach Selbstbestimmung scheinen sich nicht miteinander zu vertragen. Daher ergeben sich auch auf Seiten der Töchter eine ganze Reihe widersprüchlicher Hoffnungen, Erwartungen und Ansprüche, die sie an ihre Mütter richten. Werden diese nicht auf die verlangte Weise erfüllt, reagieren sie mit Vorwürfen, mit Enttäuschung und Widerstand. Oder sie ordnen sich unter und passen sich den mütterlichen Idealen an, um die Harmonie nicht zu gefährden. Selbst diese Entscheidung birgt viel Potenzial für allerhand Spannungen.

Mädchen und junge Frauen leben nicht im luftleeren Raum. Die Haltung, die sie gegenüber ihren Müttern einnehmen, wird ebenso durch ihre Umgebung geprägt wie wir es umgekehrt bereits gesehen haben. Obwohl die meisten Töchter das alte Ideal der aufopfernden Mutter heute ablehnen, rührt doch ein großer Teil ihrer eigenen Ansprüche an das weibliche Elternteil aus der Vorstellung, das Zentrum in Mutters Leben zu sein. Diese Meinung finden sie bestätigt, wenn sie Romane lesen, die Fernsehwerbung verfolgen oder Kinofilme sehen. Die Mutter, die sofort herbeispringt, wenn etwas schief läuft, die zu jeder Tages- und Nachtzeit angerufen werden kann, die ihre Termine nach den Wünschen der Kinder gestaltet, hat die erwachsene Tochter überall vor Augen und nicht selten auch in Erinnerung.

Zentrum in Mutters Leben

Frauen reden mit ihren PartnerInnen, FreundInnen und KollegInnen darüber, wie es ihnen mit ihrer Mutter ergeht. Sie backen einen Kuchen nach Mutters Rezept, können Geranien nicht ausstehen, weil Mutter sie immer kaufte, oder finden es unmöglich, dass die Mutter keine Zeit zum Babysitten hat (schließlich wollte sie doch Enkelkinder!). Selten gestehen sich Frauen dabei ihre eigene Abhängigkeit ein.

Als ich ein Seminar für Mütter durchführte, die das Verhältnis zu ihren Töchtern klären wollten, stellte sich schon sehr bald heraus, dass die meisten von ihnen im Grunde selbst in erster Linie als Töchter vor mir saßen. Sie verwiesen immer wieder auf das Verhältnis zu ihren eigenen Müttern, beklagten deren Lieblosigkeit oder lobten deren Fürsorglichkeit. Oft war der Vorsatz zu hören, dass sie in der Erziehung alles anders machen wollten. Dabei stellte sich interessanterweise heraus, dass es überhaupt keine Rolle spielte, wie die Mutter sich verhalten hatte; irgendwo schien es immer ein Defizit zu geben, irgendetwas war immer falsch. Die Frauen empfanden ihre Mütter als zu wenig liebevoll oder zu erdrückend, als gedankenlos oder zu besorgt, als zu gluckenhaft oder zu unabhängig. Das Verhältnis dieser Frauen zu ihren Müttern hatte viel mit dem zu tun, wie sie mit ihren Töchtern umgingen.

Diese Form der Kritik an der Mutter ist Teil des Ablösungsprozesses, den ein Mädchen vollzieht. Die Töchter fühlen sich allerdings schuldig dabei, und deshalb kritisieren sie ihre Mütter selten direkt. Die Ambivalenz von Liebe und Frustration belastet das Verhältnis in solchen Momenten zusätzlich. Gleichzeitig bleiben die alten Rollen bestehen. Erwachsene Töchter fühlen sich in Gegenwart ihrer Mütter wieder klein. In dem Bedürfnis, gegen dieses alte Gefühl der Machtlosigkeit anzukämpfen, lehnen sie sich auf oder ziehen sich zurück. Beides ist keine reife Form des Umgangs, beides kein Zeichen von Unabhängigkeit. Oft ist es gerade die demonstrative Ablehnung der alten Verhältnisse, die diese erhält. Auf wundersame Weise bleibt die symbiotische Beziehung bestehen. Die Mädchen bleiben ihren Müttern treu. Um aber einen für beide Seiten befriedigenden Kontakt zu finden, der dem Verlangen nach Freiraum entgegenkommt und dennoch nicht zu Entfremdung führt, müssen zunächst auch die Mechanismen, die bei den Töchtern eine Rolle spielen, genauer betrachtet werden.

Vieles bleibt ungesagt

Hoffnungen und Wünsche

Auch mit zunehmender Unabhängigkeit bringen Töchter ein umfangreiches Paket voller Bedürfnisse in ihren Kontakt mit der Mutter ein.

Liebe mich!

Töchter möchten von ihren Müttern geliebt werden. Für Säuglinge und kleine Mädchen ist die liebevolle Zuwendung der Mutter eine Grundbedingung für seelisches Wohlergehen und eine gesunde Entwicklung, jedenfalls wenn die Mutter die wichtigste Bezugsperson des Kindes ist. Das Diktat der Mutterliebe soll Neugeborenen zwar bedingungslose Akzeptanz garantieren, doch in der Realität lernen diese schnell, dass Zuwendung oder auch Ablehnung durchaus mit dem eigenen Verhalten beeinflussbar sind. So passen sich grundsätzlich zunächst alle Kinder mehr oder weniger an Mutters Gebote an, um an die lebensnotwendigen Streicheleinheiten zu gelangen.

Mit dem Älterwerden und dem daran gekoppelten wachsenden Grad an Unabhängigkeit beginnen Kinder und vor allem Jugendliche, sich gegen mütterliche Gebote abzugrenzen. Doch das Verlangen, von der Mutter geliebt zu werden, bleibt. Dabei wird die Mutter vom Kind nur selten als eigenständige Frau mit einer individuellen Geschichte und einer einzigartigen Persönlichkeit wahrgenommen, sondern eben in erster Linie in ihrer Rolle als Mutter. So wie ein Kind nicht wirklich versteht, dass seine Mutter bereits existierte, bevor es selbst auf die Welt kam, wehrt es sich auch gegen deren Eigenleben, wenn es die mütterliche Aufmerksamkeit haben möchte. Diese narzisstische Haltung gilt für Söhne und Töchter gleichermaßen.

Für Mädchen ist es in unserer Gesellschaft schwer, sich nicht mehr der Mutter anzupassen. Wie bereits eingangs erwähnt, haben sie ihre ganze Kindheit hindurch im Kontakt mit der Mutter die Erfahrung gemacht, dass Geborgenheit und Harmonie an Einigkeit und Gleichheit gekoppelt sind. Meinungsverschiedenheiten und Zwietracht erscheinen Töchtern daher wesentlich bedrohlicher als Söhnen, von denen stets verlangt wurde, ihre Interessen auch gegen Widerstände durchzusetzen. Mädchen und Frauen empfinden eine diffuse Verlustangst, wenn Streit entsteht. Sie glauben, nicht länger geliebt zu werden, wenn sie jemanden verärgern oder enttäuschen.

Im Kontakt mit der Mutter selbst wirkt sich dieses Verhaltensmuster am stärksten aus. Viele Töchter wagen es nicht, ihre Mütter zu kritisieren. Der Zwang zur Harmonie ist in den meisten Familien mächtiger als das Verlangen nach einer Aussprache. Auch Lillian E. Troll betont: »Die starke Anziehungskraft des Familiengefühls hat die sorgfältige Vermeidung von schwierigen Themen zur Folge, die einen Konflikt auslösen könnten.«[32] Dieses Vermeiden konfliktträchtiger Themen lässt sich insbesondere in der Beziehung von Müttern und Töchtern verstärkt beobachten. Zwar streiten beide gelegentlich heftig und mit dramatischen Szenen, doch diese Auseinandersetzungen verdeutlichen nur das Vorhandensein einer Frustration auf beiden Seiten. Die eigentlich »gefährlichen« Themen, die die Grundfeste der Beziehung erschüttern könnten, werden tunlichst vermieden.

Vermeiden konfliktträchtiger Themen

Aus der Sicht der erwachsenen Tochter liegt der größte Sprengstoff in dem Verlangen, der Mutter zu sagen und zu zeigen, dass sie nicht so ist, wie die Mutter sie sich wünscht. Hier schlägt die Angst, die mütterliche Liebe zu verlieren, am stärksten durch. Doch der unausgesprochene Widerspruch zwischen dem, was die Tochter ist, und dem, wie sie sich von der Mutter gesehen fühlt, belastet fortan jede Begegnung, jedes Gespräch. Das Thema wird auf Nebenschauplätze verlegt. Beliebte Streitfragen sind beispielsweise Ernährung, Kleidung, die Art zu reisen, die Wohnungseinrichtung oder die Wahl des Partners. Mit ihrem Symbolgehalt eignen sie sich vortrefflich, den Kern der Dinge, nämlich eine in vielen Punkten unterschiedliche Lebenseinstellung, zu umgehen.

Jedes dieser Themen ist zu banal, um das Gefühl grundsätzlichen Einvernehmens in Frage zu stellen, aber dennoch wird leidenschaftlich darüber debattiert. In diesen Situationen ist selbst ein heftiger Streit nicht bedrohlich, denn da sich das Muster wiederholt, bleiben Nähe und Vertrautheit erhalten. Trotzdem sind am Ende beide erschöpft. Aber der Gedanke, die Mutter mit der grundsätzlichen Unterschiedlichkeit zu konfrontieren, macht erwachsenen Töchtern Angst. Sie wollen die Mutter nicht enttäuschen, und so haben sie nicht den Mut, den Status quo zu verändern.

Sei stolz auf mich!

Kinder werden in ihrem Selbstbewusstsein gestärkt, wenn ihre Eltern stolz auf sie sind. Dabei ist es zunächst wichtig, dass dieser Stolz nicht an ein bestimmtes Verhalten oder eine konkrete Leistung gebunden ist, damit ein Kind die Erfahrung macht, grundsätzlich akzeptiert und gewollt zu sein. Darüber hinaus wird die Motivation von Kindern zu lernen, durch den Zuspruch, die Aufmerksamkeit und den Beifall ihrer Umgebung erhöht. Dabei spielen die Reaktionen der Eltern in den frühen Lebensjahren eine ausschlaggebende Rolle. Obwohl dies für Kinder beiderlei Geschlechts gilt, haben unzählige Abhandlungen zur geschlechtsspezifischen Sozialisation belegt, dass die Mädchen in ihren Bestrebungen, Kompetenzen zu erwerben, eher behindert als bestärkt werden. In der Regel ernten sie Beifall in erster Linie für soziales Handeln, das sich an den Bedürfnissen anderer orientiert.

Beifall für soziales Handeln

Um den Stolz der Mutter zu spüren, muss eine Tochter zunächst ein Erfolgserlebnis haben und dieses der Mutter obendrein vermitteln können. Gerade Letzteres ist nicht immer leicht. Wie ich bereits anhand eines Beispiels beschrieben habe, tun sich Frauen sehr schwer damit, die eigenen Fähigkeiten anzupreisen. Einen Erfolg nehmen sie oft nicht als Ergebnis des eigenen Handelns wahr, sondern als Resultat des Zufalls oder einer glücklichen Wendung. Martin Seligman, der Begründer der Theorie der erlernten Hilflosigkeit, hat darauf hingewiesen, dass dieser Zustand zu einer Einstellung führt, »die den Menschen glauben lässt, dass Erfolg und Misserfolg unabhängig von seinem eigenen Können sind«[33]. Doch wenn Erfolg eher als Zufall oder glückliche Wendung gesehen wird, können die Töchter ihn der Mutter nicht als eigene Leistung »verkaufen«.

Aber auch wenn die Bedingungen günstiger sind, wenn sowohl die Mutter als auch die Tochter sich bewusst darüber sind, welchen Einfluss sie auf das Gewinnen und Verlieren in ihrem Leben nehmen können, bleibt für die Tochter die Frage, womit sie es erreichen kann, dass die Mutter stolz auf sie ist. Hierbei sind auch die Töchter nicht in der Lage, eine objektive Perspektive einzunehmen, sondern haben ein bestimmtes Bild von ihren Müttern, das sich im Laufe der Jahre aufgebaut hat und – wie jede vorgefasste Meinung – nun relativ resistent gegen Veränderungen ist. Erwachsene Töchter sehen ihre Mütter oft noch so, wie diese in den Kinderjahren des Mädchens waren. Damals nahmen die Töchter jede Bewegung, jede Ansicht und jede Verhaltensweise der Mutter tief in sich auf. Die Jugendforscherinnen Burger und Seidenspinner schreiben: »Töchter machen sich ein Bild von ihren Müttern; dieses Bild ist jedoch nicht ›die Wahrheit‹ über Mütter. Es sagt vielmehr etwas darüber aus, wie Töchter ihre Mütter sehen.«[34]

Dieses »Sehen« ergibt sich nicht nur aus dem Verhalten der Mütter, sondern auch daraus, wie Töchter dieses Verhalten interpretieren. Nicht immer werden die Schlüsse, die Mädchen aus dem ziehen, was ihre Mütter tun, die richtigen sein. Die Gefahr einer Fehlinterpretation ist umso größer, je kleiner das Mädchen ist. Daher sind auch die Annahmen der Töchter darüber, was ihre Mütter stolz machen würde, nicht immer zutreffend. Dennoch richten Mädchen und Frauen ihr Verhalten ihren Vermutungen entsprechend aus. Sie berichten über die Ereignisse in ihrem Leben, von denen sie glauben, dass ihre Mütter sie erfreut und stolz kommentieren werden. Lagen sie mit ihrer Vermutung richtig, stellt sich die gewünschte Reaktion ein. Andere wichtige Lebenserfahrungen jedoch teilen Töchter ihren Müttern nicht mit. Häufig glauben sie, gerade jene Ereignisse, die für sie selbst große Bedeutung haben, ihren Müttern nicht klarmachen zu können. Wie soll ein Mädchen ihr Glück über den dritten Platz bei den Judomeisterschaften der Mutter begreiflich machen, wenn diese sie lieber im Tennisdress gesehen hätte? Wie soll die junge Architektin mit der Mutter ihren Sieg bei einem Wettbewerb feiern, wenn diese immer wollte, dass sie Ärztin wird? Wie soll die lesbische Tochter der Mutter die Partnerin vorstellen, wenn die Mutter schon seit Jahren auf den Schwiegersohn wartet? In solchen Situationen wünscht sich eine Tochter sicher auch den Stolz der Mutter und die Anteilnahme am eigenen Glück, sie wird beides aber kaum erwarten.

Mutmaßungen über mütterliches Verhalten

Manchmal wird sie dabei richtig liegen, manchmal jedoch auch nicht. Entscheidend ist, dass sie die Bereiche ihres Lebens, für die sie keinen Zuspruch erwartet, nicht mit der Mutter teilt. Anstatt Anerkennung zu fordern, hält sie sich zurück. »Das muss meine Mutter ja nicht wissen«, denkt sie sich und unterlässt die Überprüfung der eigenen Annahmen. Dabei sind viele Mütter nicht mehr die, die sie waren, als ihre Töchter ihr Mutterbild formten. Da Menschen nur wahrnehmen, was sie erwarten, hat die Tochter vielleicht überhört, dass die Mutter Tennis schon seit zehn Jahren höchst langweilig findet, über die Schulmedizin nur noch schimpft und jeden Dienstag mit ihrem netten schwulen Kollegen mittags essen geht. Erwachsene Töchter bestehen nicht selten auf dem alten Mutterbild, denn mitunter ist es für sie selbst beruhigender, die alten Zustände zu konservieren, als die Veränderung einer engen Bezugsperson wahrzunehmen.

Unterstütze mich!

Töchter wünschen sich bei dem, was sie tun, die Unterstützung ihrer Mütter. Damit ist weniger eine direkte Hilfe gemeint, sondern vielmehr ein ideeller Zuspruch, ein Rückhalt, der dem Mädchen und später der erwachsenen Frau das Gefühl gibt, mit den eigenen Plänen ernst genommen zu werden. Das Bedürfnis ist verständlich, aber im alltäglichen Leben ist es nicht selten der Ausgangspunkt für Konflikte und Enttäuschungen. Denn um der Tochter Unterstützung geben zu können, muss die Mutter auch tatsächlich gutheißen, was diese denkt und tut. Das aber ist nicht immer der Fall. Gerade erwachsene Töchter haben ihre eigenen Werte entwickelt und ihren Lebensweg darauf aufgebaut. Steht beides im Widerspruch zu den Einstellungen der Mütter, ist eine echte Unterstützung nur bedingt möglich.

Doch eine Tochter sieht ihre Mutter in erster Linie in ihrer Rolle als Gebende, als diejenige, die immer für ihr Kind da ist und Rückhalt gibt. Gerade weil das Verhältnis zwischen beiden über die Kindheit hinaus so eng geblieben ist, kann die erwachsene Tochter ihre Mutter nicht als unabhängige Frau mit eigenen Vorstellungen und Interessen erkennen. Durch die mangelnde Abgrenzung kommt es zwischen ihnen nicht zum Anerkennen des Andersseins, zur Akzeptanz der Verschiedenheit.

Auch die gesellschaftlichen Rahmenbedingungen, mit denen beide leben, beeinträchtigen die Möglichkeiten der Mutter, ihrer Tochter den Rücken zu stärken. Schon die Mutter hat in ihrem Leben nur selten Rückhalt erfahren und baut ihr eigenes Handeln auf ihrer Lebensgeschichte auf. Burger und Seidenspinner geben zu bedenken, dass »die Erfahrung zeigt, dass Mütter nicht so leicht über ihren eigenen Schatten springen können, d.h., sie können ihrer Tochter nur soviel an Freiraum, Mut und Unterstützung geben, wie sie selbst erfahren haben. Nur wenn sie sich bewusst mit ihren eigenen Verletzungen und unerfüllten Wünschen auseinander setzen, die sie in der Beziehung mit der eigenen

Fehlen unterstützender Beziehungen

Mutter erlebt haben, können sie über diesen Rahmen hinausgehen.«[35] Ich möchte diese Sichtweise dahingehend erweitern, dass es für die Mütter wichtig ist, in welchem Maße sie überhaupt Unterstützung in Beziehungen erfahren haben.

Diese Fragen stellen sich Töchter in der Regel jedoch nicht. Sie nehmen ihr legitimes Bedürfnis wahr und fragen selten danach, aus welcher Quelle ihre Mütter denn schöpfen sollen, wenn sie die guten Gaben verteilen. Selbst wenn die Tochter bereits erwachsen ist, bleibt sie mit dieser Kurzsichtigkeit das vereinnahmende Kind. Aus ihrer Sicht ist es nicht viel, was sie verlangt. Sie will, dass ihre Mutter die neue Arbeitsstelle mit ihr feiert, ihren Stolz über den Sportpokal zeigt und ihrer Begeisterung über den auserwählten Partner Ausdruck verleiht.

Angst vor Schiffbruch

Was aber, wenn die Mutter eben diese Begeisterung nicht zeigen kann? Vielleicht ähnelt der Angebetete einem alten Verehrer, der sie auf unfeine Weise sitzen gelassen hat. Vielleicht hält sie nichts von Sport, sondern hätte »ihr Mädchen« lieber im Klavierunterricht gesehen. Oder sie zweifelt insgeheim, ob ihre Tochter die neue Arbeit bewältigen kann. Viele Mütter haben kein ausgeprägtes berufliches Selbstbewusstsein, und so können sie die Leistungen ihrer Töchter auf diesem Gebiet nicht entsprechend würdigen, da sie sich insgeheim mit der Sorge plagen, diese könnten Schiffbruch erleiden. Wenn eine Mutter über Jahre hinaus darauf bedacht war, ihre Tochter vor den Widrigkeiten des Lebens zu bewahren, wie kann sie diese nun hinausschicken in die raue See?

Leider fallen derartige Zweifel und Bedenken bei den Töchtern häufig auf fruchtbaren Boden. Manchmal sind sie sich selbst ihrer Sache nicht ganz sicher, wenn sie Neues beginnen oder ein Risiko eingehen. Suchen sie jedoch in einem solchen Fall die Unterstützung der Mutter und sehen in deren Augen auch nur die geringsten Anzeichen von Besorgnis, bricht unter ihnen der Boden weg. Töchter übersehen, dass Mütter ihre Stärke und auch ihre Aufgabe in der Regel eher im »bemuttern«, d.h. also im Beschützen und Umsorgen sehen. Die selbstbewusste Zuversicht, die Väter ihren Söhnen gern vermitteln, kennen sie nicht. Ebenso fehlt ihnen die Überzeugung, dass sich jede Tür schon irgendwie von selbst öffnen wird, wenn die Tochter nur energisch genug daran klopft. Diese Erfahrung haben sie selbst nicht gemacht, sie ist bis heute ein männliches Privileg.

Hat die Tochter aufgrund ihrer Erziehung und ihrer Lebenserfahrung Zweifel am Gelingen eines wie auch immer gearteten Planes, überträgt sie diese oft auf die Mutter, mit der es dann deswegen zur Auseinandersetzung kommt. Vielleicht gibt sie auch der Mutter die Schuld daran, dass ihr Selbstvertrauen und Durchsetzungsvermögen fehlen. Wieder sieht die Tochter hier nur sich selbst. Und ihr Ansatz, die Dinge zu erklären, bleibt defizitär. Ihr fehlt etwas, und die Mutter hat es ihr nicht gegeben. Alle Erfolgsratgeber bestärken sie darin. Wenn sie es nicht schafft, ist die Mutter schuld. Sie ist nicht gut genug, und das hat die Mutter zu verantworten. Die Verhältnisse, die den Mangel an Unterstützung für Töchter und Mütter bedingen, werden nicht in Frage gestellt. Eine Solidarisierung mit der älteren Frau findet nicht statt.

Zweifel werden übertragen

Verstehe mich!

Eine der wichtigsten Voraussetzungen für ein gutes Verhältnis zweier Menschen zueinander ist die Bereitschaft und die Fähigkeit, einander zu verstehen. Frauen scheinen allgemein hier alle Trümpfe in der Hand zu haben, gilt doch das weibliche Einfühlungsvermögen als sprichwörtlich. Dennoch ist es nicht gerade wenig, was eine Tochter verlangt, wenn sie von ihrer Mutter Verständnis erwartet. Eine Mutter muss viel Toleranz und Geduld an den Tag legen, um zu begreifen, was im Denken und Handeln ihrer Tochter gerade von Bedeutung ist. Da ist zunächst die gesamte Kindheit, die allein durch den Entwicklungsprozess des Mädchens eine enorme Anpassungsleistung von der Mutter verlangt, um auf dem neuesten Stand zu sein. War bis gestern noch die Lieblingspuppe das absolut Größte für die Tochter, liegt sie schon heute in der Ecke, achtlos fortgeworfen zugunsten des Tennisschlägers. Morgen wird auch der keine Rolle mehr spielen, denn da ist es wichtiger, stundenlang mit der Freundin durchs Viertel zu schlendern, um vielleicht dem aktuellen Schwarm zu begegnen, der bloß drei Straßen weiter wohnt.

Überhaupt die Pubertät: Namen kommen und gehen, die Gefühle wechseln so schnell, dass selbst die Heranwachsende nicht mehr begreift, was mit ihr geschieht. Was hier die Forderung nach Verständnis für die Mutter bedeutet, kann das Mädchen nicht ermessen. »Während es die Tochter immer mit einer Erwachsenen zu tun hat, muss die Mutter eine ungeheure Leistung an Flexibilität, an Veränderungsbereitschaft aufbringen«, bemerkt die Literaturwissenschaftlerin Heidi Gidion und sieht in dieser Asymmetrie im Verhältnis von Mutter und Tochter die Ursache für mancherlei Leid.[36] Denn gleichzeitig ringt die Mutter um ihre eigene emotionale Stabilität, schließlich muss sie sich auf die Veränderungen einstellen, die sich in ihrem Leben durch die zunehmende Selbstständigkeit der Tochter ergeben. In dieser Situation ist sie überfordert, nun auch noch dem Wechselbad der Gefühle der Pubertierenden zu folgen. »Den Müttern kann leicht schwindlig werden, wenn sie auf das Gefühlskarussell der Töchter miteinsteigen, weil sie sie gerne ernst nehmen möchten: Heute ist alles grässlich – morgen alles wunderbar«, schreiben Burger und Seidenspinner und bringen damit das Dilemma auf den Punkt.[37] Denn genau dieses Ernst-genommen-Werden ist es, worum es den Töchtern geht. Sie werden erwachsen, und sie wollen auch so gesehen werden.

Wirren der Pubertät

Gleichzeitig ist es Teil dieses Prozesses, sich stärker als bisher von der Mutter abzugrenzen. Mit Gleichaltrigen und Freundinnen gewinnen neue GesprächspartnerInnen an Bedeutung. In dieser Zeit erscheint es der Heranwachsenden nicht angemessen, in der Mutter eine Vertraute zu sehen. Sie verschließt sich, schreibt die Aufregungen des Alltags und die Gefühle, die sie damit verbindet, in ihr Tagebuch oder tauscht sich mit anderen darüber aus. Doch von der Mutter erwartet sie, dass diese versteht, was in ihrem Leben gerade passiert. Aus der Welt ihrer Tochter ausgeschlossen zu sein erlebt die Mutter als Ablehnung ihrer Person und reagiert gekränkt. Aus diesem Gefühl heraus wird sie wenig Bereitschaft zeigen, ihrer Tochter Verständnis entgegenzubringen.

Vielleicht wird die Mutter versuchen, die alte Nähe zum Mädchen zurückzugewinnen. Wenn das der Fall ist, wird sie auf all das Neue, das im Leben ihrer Tochter passiert, mit Eifersucht und Ablehnung reagieren. Und genau an diesem Punkt fühlt sich die Heranwachsende unverstanden. Sie ist damit beschäftigt, sich in ihrem Leben neu zu orientieren, erste sexuelle Erfahrungen zu machen, konkreter über ihre Berufswünsche nachzudenken und die eigene Unsicherheit bei all dem zu verdrängen. Daher kann sie nicht erkennen, dass auch ihre Mutter emotionale Höhen und Tiefen durchlebt. Auf der einen Seite möchte diese voller Stolz Anteil daran nehmen, wie ihre Tochter erwachsen wird, doch auf der anderen Seite wehrt sich alles in ihr, die »Kleine« von der Leine zu lassen.

Ambivalenz der Gefühle

Im Streit um Verständnis auf der einen und größere Freiräume auf der anderen Seite entsteht zwischen Müttern und ihren heranwachsenden Töchtern häufig eine Kluft, die auch in späteren Jahren nicht mehr geschlossen werden kann. Wenn die Verletzungen schwer wiegen, kommt tiefes Misstrauen auf. In dieser Situation ist es auch für erwachsene Töchter und ihre Mütter nicht leicht, aufeinander zuzugehen. Wie bereits erwähnt, nehmen Menschen ihre Umgebung selektiv in einer Weise wahr, die ihre Erwartungen bestätigt. Haben Töchter einmal ihr Urteil über die verständnislose Mutter gefällt, haben Mütter sich erst einmal damit arrangiert, in der erwachsenen Tochter ein egoistisches und rücksichtsloses Geschöpf zu sehen, werden sie im gegenseitigen Umgang immer wieder nach Beweisen für ihre Annahmen suchen. Die Aufgeschlossenheit, die vonnöten wäre, um alte Wunden heilen zu lassen, fehlt.

Durch die gesellschaftlichen Veränderungen, die die Frauenbewegung in den letzten dreißig Jahren errungen hat, ist im Leben der Töchtergeneration heute vieles anders, als es ihre Mütter sich je vorstellen konnten. Das gegenseitige Verstehen wird dadurch zusätzlich erschwert. Denn Töchter wünschen sich die Akzeptanz ihrer Lebensweise durch ihre Mütter. Vielfach erwarten sie jedoch darüber hinaus, dass die Mutter selbst sich verändert, der Tochter quasi entgegenkommt. Nur unter dieser Voraussetzung fühlen sie sich verstanden. Die alte Sehnsucht nach Gleichheit schlägt hier durch. Eine bloße Akzeptanz, bei der die Mutter zwar die Entwicklungen ihrer Tochter interessiert verfolgt, jedoch ihre eigenen, von der jüngeren Frau als »altmodisch« etikettierten Ansichten beibehält, reicht da nicht aus.

Rasantes Tempo der Veränderungen

Das Unbehagen auf beiden Seiten ist leicht nachzuvollziehen, denn wenn schon die Veränderungen der Lebensbedingungen in den letzten Jahrzehnten ganz allgemein rasant waren, gilt dies für Frauen in doppeltem Maße. Neue Technologien, Mobilität, Wertewandel. Die Mutter-Tochter-Beziehung sieht sich heute der Situation gegenüber, dass beide nicht länger in derselben Erfahrungswelt leben. Und es sind nicht immer die Töchter, die für sich den progressiveren Ansatz beanspruchen können. Für Konfliktstoff ist reichlich gesorgt. Während Mütter für den Frieden Straßen blockierten, erstreiten ihre Töchter den Dienst an der Waffe bei der Bundeswehr. Während es in den 70er-Jahren galt, den totalen Überwachungsstaat abzuwehren, ist heute »Big Brother« der Quotenrenner. Und während in den 80er-Jahren Debatten über Ökologie und Gleichberechtigung die Nachrichten bestimmten, zählen gegenwärtig nur Wirtschaftswandel und Aktienkurse. Keine idealen Voraussetzungen, um einander zu verstehen.

Ansprüche

Töchter verlangen heute von ihren Müttern, eigenwillig und doch selbstlos, Neuem gegenüber aufgeschlossen und doch beständig, modern und dabei »wie früher« zu sein.

Sei immer für mich da!

Die Mutter, die alles für ihre Kinder tut und stets bereit steht, wenn diese sie brauchen, ist ein Klischee, ein Mythos, der nur schwer aus den Köpfen der Menschen zu bekommen ist. Wir begegnen diesem Mutterbild überall, in der Werbung, im Film, in Büchern, Zeitschriften und versteckt in so mancher Diskussion. Viele Mütter nehmen diese Rolle an, und die Kinder verfügen mit größter Selbstverständlichkeit über das Leben ihrer Mütter, so als sei es ihr natürliches Recht. Nicht nur in der Kindheit, auch durch ihr gesamtes Erwachsenenleben hindurch betrachten Kinder ihre Mütter als Wesen, die ihr eigenes Leben zurückzustellen haben, wenn sie sie brauchen.

Mütter akzeptieren dieses stetige Verfügbarsein und werden darin von außen immer wieder bestärkt. Ihre Ausrichtung auf die eigenen Kinder wird völlig unkritisch als »normal« angesehen. In einer endlosen Lobeshymne auf die mütterlichen Leistungen bewundert beispielsweise Zenith Henkin Gross die von ihr befragten Frauen mit folgendem Resümee: »*Natürlich* versagen viele Mütter schrecklich bei der Schaffung einer warmen, positiven Familie. *Natürlich* gibt es Tausende, vielleicht sogar Millionen von Frauen, die niemals hätten Kinder bekommen sollen, so schlecht füllen sie diese Rolle aus. (...) Doch für die normale Frau, die erfolgreich die Mitte ihres Lebens erreichte und immer noch eine einigermaßen gute Verbindung mit ihren Kindern hält, war es ein langer, besorgter Weg. Während sie bei dem Jüngsten die Hausaufgaben beaufsichtigte, den Studenten zum Fußballtraining fuhr, wieder anfing zu arbeiten, um das Schulgeld aufzubringen, leistete sie in zwanzig Jahren aktiver Mutterschaft Erstaunliches an Geduld, Liebe und Unterstützung, denen vielleicht ein weiteres halbes Jahrhundert der zweiten Phase folgt. Beständigkeit und Effektivität dabei sind einfach überwältigend.«[38]

Töchter, die derartige Werte bezogen auf ihre eigenen Mütter übernehmen, begeben sich in eine tückische Falle. Denn wenn ihre Mütter sich tatsächlich dementsprechend verhalten, ist die mangelnde Abgrenzung vorprogrammiert. Die Tochter bleibt dann auch im Erwachsenenalter stets Mamas kleines Mädchen, läuft mit jedem Problem zu ihr und verlangt der Mutter immer wieder Dienstleistungen ab, um zu prüfen, ob die alten Regeln noch gelten. Eigenständige Bestrebungen seitens der Mutter, die als Vorbild für die Tochter von großer Bedeutung sind, werden dagegen negativ gesehen. Da ist die Rede von der »Rabenmutter«, wenn die Frau Mama darauf besteht, ihr eigenes Leben zu leben. Was die Tochter für sich selbst beansprucht, gesteht sie der Mutter nicht zu.

Wie selbstverständlich wird die Mutter in Beschlag genommen und hat zur Verfügung zu stehen bei Geldknappheit, Beziehungskrisen, Fragen der Haushaltsführung oder Betreuung der Enkelkinder. Bekommt die Tochter die gewünschte Unterstützung, zeigt Mutter sich tatsächlich als die selbstlose Dienerin, zu der eine ganze Gesellschaft sie täglich aufs Neue degradiert, verliert die Tochter ein Stück ihrer Fähigkeit, Probleme zu lösen, und gibt ihre eigene Kompetenz dadurch bereitwillig auf. Um die alte Nähe scheinbar aufrechtzuerhalten, büßen beide ein Stück ihrer Handlungsfähigkeit ein. Für die Tochter ist es verlockender, sich von der Mutter trösten zu lassen, als die Schwierigkeiten anzugehen. Vielleicht hört sie sogar, dass die Mutter in ihrem Alter ähnliche Sorgen hatte. Dann ist die Harmonie perfekt – die Probleme aber bleiben.

Die Mütter werden bei diesen an sie gerichteten Ansprüchen in die Passivität gedrängt, denn sie können nicht mehr frei über ihre Zeit verfügen. Welche Mutter würde noch ins Theater gehen und sich den Sorgen von Effi Briest widmen, wenn die eigene Tochter mit verweinten Augen plötzlich im Türrahmen steht? Welche Mutter würde noch die seit langem geplante Kurzreise machen, wenn die Tochter die überraschend notwendig gewordene Autoreparatur nicht bezahlen kann? Selbst wenn Mütter sich in diesen Situationen für ihre eigenen Interessen entscheiden, können sie dies in der Regel nicht mehr genießen, denn sie verhalten sich dem Verständnis der Allgemeinheit nach abweichend. Sie verlassen den Rahmen der Norm und werden dafür verurteilt. Auch Töchter haben diese gesellschaftlichen Normen verinnerlicht und reagieren irritiert und wütend, wenn die eigene Mutter diese nicht befolgt. Sie fühlen sich abgewertet und ungeliebt. Wie sonst wäre es zu erklären, dass die eigene Mutter sich derart egoistisch und rücksichtslos verhält?

Moralischer Druck

An dieser Stelle möchte ich nochmals betonen, dass ich es durchaus für begrüßenswert halte, wenn Mütter ihren Töchtern Rückhalt und Unterstützung geben. Wie in allen menschlichen Beziehungen sollte auch die Mutter-Tochter-Beziehung dazu beitragen, sich gegenseitig zu stärken und sich zu helfen. Nachteilig wirkt es sich jedoch für beide aus, wenn dieses Füreinander-da-Sein nicht mehr auf Freiwilligkeit beruht und keine Grenzen kennt. Ein Kind verliert den Respekt vor der Mutter, wenn es Beistand und Dienstleistungen nicht mehr erbittet, sondern einfordert. Konflikte sind damit vorprogrammiert, und sie verschärfen sich noch, wenn es sich bei dem fordernden Kind um ein Mädchen handelt. Denn die Tochter erwartet in diesem Fall von ihrer Mutter, was sie selbst für ihr Leben – zu Recht – ablehnen würde. Obwohl sie den mütterlichen Beistand beansprucht, pocht sie auf ihre Eigenständigkeit. Obwohl sie selbst Rat suchend zur Mutter läuft, verbittet sie sich die Einmischung in ihre Angelegenheiten.

Misch dich nicht ein!

Es ist offensichtlich, dass die Forderung einer Frau, die Mutter solle sich aus ihren Entscheidungen heraushalten, im Widerspruch zum vorher Gesagten steht. Dennoch existiert bei erwachsenen Töchtern häufig beides einträchtig nebeneinander. Spätestens ab der Pubertät wollen Mädchen sich abgrenzen, ihre eigenen Erfahrungen machen und selbstständig sein. Da sowohl ihre Erziehung als auch die gesellschaftlichen Erwartungen sie jedoch in eine Rolle drängen, in der sie sich an Beziehungen orientieren und die Harmonie ihrer Umgebung suchen, bleiben Töchter in ihrem Abgrenzungsbestreben unsicher. Ist es erlaubt, so unabhängig zu sein?

Junge Frauen haben das Gefühl, ihre Mütter zu verraten, wenn sie ihre Selbstständigkeit demonstrieren. Sie erleben häufig, dass sie der Mittelpunkt im Leben der Mutter waren und sind. Nun lassen sie die Mutter scheinbar doppelt im Stich. Sie verlassen die enge Vertrautheit, indem sie eigene Wege gehen. Gleichzeitig haben sie das Gefühl, mit ihrer Eigenständigkeit die Lebensweise der Mutter in Frage zu stellen. Als Kind waren sie mit den Ge- und Verboten der Mutter konfrontiert und haben sich diesen gegenüber machtlos erlebt. Als Erwachsene empfinden sie erneut dieses bedrückende Gefühl, wenn sie die Kommentare und Beurteilungen der Mutter vernehmen. »Töchter möchten gerne eigene Erfahrungen machen können, ohne dass die Mütter diese gleich einschätzen und bewerten«, fanden die Jugendforscherinnen Burger und Seidenspinner heraus.[39] Unter dem Eindruck der Befürchtung, von den Ansichten der Mütter vereinnahmt zu werden, grenzen sich viele Töchter extrem ab. Es fällt ihnen schwer, überhaupt etwas von ihren Müttern anzunehmen.

Gefühl von Verrat

Wenn ein Mädchen seine ganze Kindheit hindurch auf die Gleichheit mit der Mutter festgelegt wurde, ist die Verunsicherung im Erwachsenenalter umso größer. Die junge Frau spürt, dass sie eigene Bedürfnisse hat, eigene Meinungen, die mit den Werten der Mutter nichts gemeinsam haben. Doch gleichzeitig hat sie die Ansichten der Mutter tief verinnerlicht. Die Forderung an die Mutter, sich nicht in ihre Angelegenheiten einzumischen, entspricht dann dem verzweifelten Wunsch, die Werte der älteren Frau aus dem eigenen Kopf zu vertreiben. Je weniger die Tochter von ihren Ansichten und ihrem Handeln überzeugt ist, desto entschiedener wird sie die Einmischung der Mutter zurückweisen. Ein echter Erfahrungsaustausch auf gleichberechtigter Ebene kann dabei nicht entstehen.

Stattdessen verlagern sich die inneren Kämpfe der Tochter nach außen. Angesichts der noch immer vorhandenen Geschlechterrollen ist es für ein Mädchen schwer, innerlich so gefestigt und selbstsicher zu werden, dass sie die eigenen Ansichten souverän und auch gegen Widerstände vertreten kann. Sie hat gelernt, Konflikte zu meiden und Harmonie als oberstes Ziel anzusehen. Eine Auseinandersetzung muss um jeden Preis vermieden werden. Die Einmischung der Mutter ins Leben der Tochter wird daher vor allem dann zum Problem, wenn die Tochter es nicht schafft, Ratschläge gelassen zurückzuweisen.

Zwischen Mutter und Tochter entsteht ein von beiden Seiten energisch geführter Kampf um die Aufrechterhaltung oder Veränderung alter Verhaltensweisen. Die Themen sind dabei scheinbar oberflächlich und belanglos. Charakteristisch ist dagegen die Verbissenheit, mit der beide ihre Position vertreten. In der Regel wird die Mutter darauf bestehen, dass ihre Meinung – wie früher – zählt. Die Tochter wird ihr unterschwellig genau das auszureden versuchen. Immer geht es um Werte. »Fahr nicht so schnell!«, »Schrei deine Kinder nicht so an!«, »Trag doch nicht immer diese dunklen Pullover!«, »Trink nicht so viel!« sind die typischen Sätze, die das alte Muster der mütterlichen Anweisungen ein Leben lang wiederholen. Die Tochter, die sich nicht als Erwachsene gesehen fühlt, reagiert mit Trotz. Sie möchte keine Maßregelungen mehr hören.

Aber es gibt noch einen weiteren Grund, warum Töchter sich die Einmischung ihrer Mütter verbitten. Heranwachsende Mädchen und junge Frauen wissen, dass sie Fehler machen werden im Laufe ihrer Entwicklung, dass sie Leid durchleben und Leid verursachen werden, wenn sie sich selbst ausprobieren und dabei unerfahren sind. Mit der Zurückweisung mütterlicher Ratschläge versuchen sie auch, einen Abstand zu schaffen, der es Müttern ermöglicht, sich von den Sorgen der Töchter zu distanzieren. Wenn junge Frauen Erfolg haben wollen, müssen sie Risiken eingehen und Rückschläge in Kauf nehmen. Sie müssen hartnäckig ihre Pläne verfolgen, sich auf ihre Stärken besinnen und dürfen sich nicht beirren lassen. Aus Erfahrung wissen sie, dass die mütterlichen Anweisungen in der Regel der Sorge um ihr Kind entstammen. Die Mütter warnen vor dem Risiko, das sie oft selbst nicht bereit sind einzugehen. Sie orakeln Unheil, wenn die jungen Frauen die Grenzen weiblicher Genügsamkeit zu sprengen versuchen. Die gut gemeinte mütterliche Anteilnahme bereitet den Boden für genau jenes Maß an Verunsicherung, das Töchter bei der selbstbewussten Verwirklichung ihrer Ziele nicht gebrauchen können.

Mut, Risiken einzugehen

Verändere dich!

So wie Mütter sich bestimmte Vorstellungen darüber machen, wie ihre Töchter sein und werden sollen, damit sich beide gut miteinander verstehen, so entwickeln auch Töchter ein Wunschbild ihrer Mütter – das sie nicht selten als Forderung zum Ausdruck bringen. Während das kleine Mädchen die Zuverlässigkeit und Einschätzbarkeit des immer Gleichen braucht, wünscht sich die Jugendliche und die erwachsene Frau häufig die Veränderung ihrer Mutter.

Dieser Wunsch hat viele Ursachen, wobei die Tochter vor allem ihr eigenes Interesse im Auge hat, selbst wenn sie das Gegenteil behauptet. Denn in dem Moment, in dem eine Tochter beginnt, ihre eigenen Wege zu gehen, versucht sie zwar einerseits, sich von der Mutter und deren Vorstellungen abzugrenzen, andererseits aber sehnt sie sich nach deren Akzeptanz. Die Tochter möchte, dass ihre Mutter ihre Entscheidungen versteht und anerkennt. Häufig jedoch stehen die Entscheidungen der

Tochter im Widerspruch zu dem, was die Mutter ihr vorgelebt und an Einstellungen vermittelt hat. So muss das heranwachsende Mädchen glauben, dass nur die Veränderung aufseiten der Mutter es ermöglicht, dass beide ohne Streit miteinander zurechtkommen können.

Wie bereits erwähnt, neigen Frauen dazu, die Auseinandersetzung, den offenen Streit in Beziehungen zu vermeiden. Eine Tochter, die erlebt, dass ihre Mutter noch immer »die Alte« ist, sieht sich im Austausch mit ihr ständig mit den Werten konfrontiert, die sie durch ihre ganze Kindheit hindurch begleitet haben und die sie – selbst wenn sie sie ablehnt – verinnerlicht hat. Problematisch sind die mütterlichen Normen insbesondere, wenn sie das Mädchen und die junge Frau eher hemmen als fördern. Die Enge der Mutter-Tochter-Beziehung führt nun dazu, dass sich die Tochter im Laufe ihrer Ablösung von der Mutter zwar von deren Werten, nicht jedoch von ihr als Person distanzieren möchte. Auch sie will die alte Einheit nicht aufgeben und fordert die Mutter daher auf, die eigenen Entwicklungen nachzuvollziehen. Jetzt ist es die jüngere der beiden Frauen, die verlangt: »Sei wie ich!« Dabei geht es ihr nicht darum, dass die Mutter das Gleiche tut wie sie selbst – diese Vorstellung ist besonders der Heranwachsenden, die auf der Suche nach Identität ihre Einzigartigkeit betont, sogar eher ein Graus. Die junge Frau wünscht sich vielmehr, die Mutter möge ihre Überzeugungen jenen der Tochter anpassen. Nur so bliebe die vertraute Einigkeit bestehen.

Mütter sollen sich anpassen

In anderen Beziehungen, in denen das Mutter-Tochter-Verhältnis bereits die Kindheit hindurch angespannt war, drückt die Forderung nach Veränderung der Mutter die Sehnsucht der Tochter aus, endlich zu einem harmonischen Umgang miteinander zu kommen. Dabei geht es auch darum, Versäumtes nachzuholen.

Nicht wenige Mädchen sind mit ihrer Rolle in der Familie unzufrieden. Sie fühlten sich gegenüber anderen Familienmitgliedern benachteiligt oder aufgrund ihrer Position in der Geschwisterfolge zu wenig geliebt. Manchmal verhinderte auch die Lebenssituation der Mütter, dass die Töchter von ihnen die Aufmerksamkeit erhalten konnten, die sie verdient und gebraucht hätten. Besonders in diesen Fällen bleibt der Wunsch, Anerkennung, Zuwendung und Liebe doch noch zu erhalten, in dem heranwachsenden Mädchen lebendig und verhindert sogar eine Ablösung. Auch hier wäre die Veränderung aufseiten der Mutter die Bedingung für die Erfüllung dieses Wunsches.

Doch die Hoffnung, die Mutter möge sich ändern, ihre Ansichten und ihr Verhalten gegenüber der Tochter überdenken, und zwar in dem Sinne, wie es die Tochter gerne möchte, bleibt in der Regel eine Illusion. Zwar entwickeln sich selbstverständlich auch Mütter im Laufe ihres Lebens, doch ebenso selbstverständlich findet diese Entwicklung normalerweise im Hinblick auf die eigenen Interessen und nicht auf die Vorstellungen ihrer Töchter statt.

Eigene Zukunftserwartungen aufgeben

Eine Veränderung ist ein schwieriger und langwieriger Prozess. Sie beginnt im Denken und erfordert die Bereitschaft, alte Gewissheiten über Bord zu werfen und sich auf ungewohntes Terrain zu begeben. »Der Mensch ist ein Geschöpf, dessen Gegenwart ständig von der Rücksichtnahme auf eine nicht wirkliche, aber dennoch wirksame Zukunft beherrscht wird«, erkannte Elton Trueblood und erfasste damit treffend die Voraussetzungen für jegliches Handeln.[40] Veränderung setzt also die Bereitschaft voraus, die bislang gehegten Zukunftserwartungen aufzugeben. Ute Erhardt hat den Mechanismus der selbsterfüllenden Prophezeiung als ein System bezeichnet, »mit dem Menschen ihr ›Schicksal‹ aufrechterhalten«[41]. Damit wird im Zuge einer Veränderung nicht nur die eigene Zukunftserwartung, sondern auch das eigene Identitätsgefühl, die Annahme darüber, wer man ist, erschüttert. All das verlangt nach Mut und Kraft. Niemand wird ohne schwerwiegende Gründe zu größeren Veränderungen bereit sein. Oft sind Menschen nur aufgrund eines unerträglichen Leidensdrucks zu einschneidenden Entwicklungen fähig. Ganz sicher jedoch brauchen sie ein ureigenes Interesse. All das wird von den fordernden Töchtern in der Regel übersehen.

Sei wie immer!

Scheinbar im Gegensatz zum soeben Gesagten steht der Anspruch einer Tochter an ihre Mutter, dass sie sich *nicht* verändern soll. Beide Aufforderungen haben allerdings eines gemeinsam: Sie haben ihren Ursprung einzig in den Interessen und Gefühlen des Mädchens bzw. der heranwachsenden oder auch bereits erwachsenen Frau.

Dem Wunsch nach Kontinuität liegt in erster Linie das Bedürfnis nach Sicherheit zugrunde. Die Mutter als konstante Größe, als Fels in der Brandung, immer gleich, immer zuverlässig, vermittelt ein beruhigendes Gefühl. Was eine Momentaufnahme aus der Kindheit war, prägt das Mutterbild der Tochter ein Leben lang. Gerade in Zeiten eigener Schwäche und Verunsicherung sehnt sich die Tochter danach, in der Mutter einen Fixpunkt, einen Ruhepol zu haben, auf den sie sich zurückziehen kann. Hier sind es die jungen Frauen, die die Unsicherheiten und Ängste nicht wollen, die eine Veränderung mit sich bringt. Da wird der neue Partner der Mutter nicht akzeptiert, da werden unbekannte Verhaltensweisen kritisch beäugt, vom Umzug abgeraten oder die Weiterbildung belächelt. Auch Töchter haben eine klischeehafte Vorstellung von ihrer Mutter, auch Töchter haben bestimmte Erwartungen an die Zukunft. Diese enthalten Annahmen darüber, wie die Mutter sein, wie das Verhältnis beider zueinander sich gestalten wird. Brechen nun die Mütter aus diesem Schema aus, fühlen die Töchter sich verraten, vielleicht sogar bedroht. Nun werden sie es sein, die auf der Einhaltung alter Standards bestehen.

Bedürfnis nach Sicherheit

Im Beisammensein von Mutter und Tochter wird dabei selten das eigentliche Thema angesprochen. Der Konflikt offenbart sich im Detail. Wird Mutter den Weihnachtsbaum »wie immer« schmücken? Fährt sie in das gleiche Ferienappartement »wie jedes Jahr«? Hat sie »immer noch« Interesse am Klavierunterricht? Die Tochter möchte ihre Wurzeln nicht verlieren. Egal, ob diese sich für ihr Gedeihen als günstig oder hinderlich erweisen, es sind die einzigen, die sie kennt. Sie möchte sich selbstbestimmt zu ihnen verhalten, sie annehmen oder ablehnen, aber sie möchte nicht, dass sie gekappt werden.

Gleichzeitig wird die Forderung der Töchter »Sei wie immer!« durch die Sorge um die Zukunft bestimmt. Viele fragen sich: Was wird später sein? Was wird sein, wenn die Mutter einmal nicht mehr die ist, die sie ihr ganzes Leben lang war? Hier drückt sich auch die Sorge um das Älterwerden der Mutter aus. Unmittelbarer als Söhne übernehmen Frauen für das Wohlergehen ihrer Eltern im Alter die Verantwortung. Was wird sein, wenn die Mutter krank wird? Was, wenn sie sich selbst nicht mehr versorgen kann?

Bis vor wenigen Jahren war die pflegerische Zuständigkeit weiblicher Angehöriger in unserer Gesellschaft beinahe eine Selbstverständlichkeit. Die unbezahlte Arbeit von Frauen, »aus Liebe« geleistet, ist einer der Eckpfeiler des Wohlstandes westlicher Demokratien, ohne die das ganze Sozialsystem zusammenbrechen würde. Dabei geht es nicht allein um Pflege, sondern überhaupt um die Sorge um menschliches Wohlergehen. Was diesen Punkt betrifft, sind Männer bis heute ungebrochen und ohne Widerspruch ausschließlich auf der Seite der Konsumenten, jedenfalls im Privatbereich. Sie sind nach wie vor diejenigen, die im eigenen Interesse die Regeln bestimmen – doch eingehalten und akzeptiert werden sie auch von Frauen. »Frauen übernehmen häufig distanzlos die Normen und Definitionen von Männern, leiten sie an Frauen weiter und kontrollieren sogar ihre Einhaltung. So zum Beispiel und besonders in der Familie«, stellt Gudrun Reinke fest.[42]

Widerstand gegen Emanzipation

Während Töchter die Veränderungen, die das Älterwerden der Mutter mit sich bringt, mit Sorge beobachten, stehen sie Veränderungen in Bezug auf mehr Selbstverwirklichung kritisch gegenüber. Aufseiten der Töchter regiert nicht selten die Bequemlichkeit. Sie möchten die vertrauten Bahnen nicht verlassen, sie möchten sicher sein, dass ihre Mütter da sind, wann immer sie sie brauchen. Und sie sehen die Mutter im Gesamtgefüge der Familie. Hat eine Tochter die patriarchalische Wertestruktur verinnerlicht, wird sie nicht selten selbst Widerstände entwickeln, wenn sich die Mutter emanzipiert. Da wird sie zur Verbündeten des Vaters, der seine Position gefährdet sieht. Es sind die Töchter, die sich aufregen, wenn Mama nicht mehr täglich Papas Essen kocht. Es sind die Töchter, die ihn verteidigen, wenn er sein kostspieliges Hobby pflegt. Das hat er doch immer getan, das müsse Mama ihm lassen, auch wenn sie deshalb auf ein neues Auto verzichten muss.

Ein häufiger Irrglaube besteht in der Annahme, es seien immer nur die Mütter, die ihren Töchtern Grenzen setzen. Gerade wenn die Töchter eigenständig sind und die Mütter älter werden, kommt der Bumerang zurück. Nun haben sich die Abhängigkeiten verschoben. Es sind die ehemals »kleinen Mädchen«, die auf der Einhaltung der alten Regeln bestehen. Sie geben, ohne es hinterfragt zu haben, an die Mütter zurück, was sie einst von ihnen lernten. Dabei bleiben beide in den verstaubten Mustern gefangen.

Anpassung

> Der Versuch, durch Anpassung Konflikte zu vermeiden, lässt viele Töchter ihr Gefühl für die eigenen Interessen verlieren.

Wie du willst!

In diesem und im folgenden Kapitel beziehe ich mich erneut in erster Linie auf die Verhaltensweisen erwachsener Töchter im Umgang mit ihren Müttern. Zwar orientieren sich auch kleine Mädchen an deren Wünschen, unter dem Druck der Abhängigkeit bleiben Unterordnung oder Trotz jedoch in der Regel situationsgebunden und finden in ähnlicher Weise auch bei Jungen statt. Brisant werden die hier behandelten Themen erst zu einer Zeit, in der die erwachsen gewordenen Töchter ihre Haltung gegenüber der Mutter neu überdenken müssen. Formal sind sie nun unabhängig, aber fühlen sie sich auch so?

Von erwachsenen Töchtern wird die Mutter nach wie vor als machtvolle Person betrachtet. Die Umgangsformen, die über Jahre eingeübt sind, lassen sich nicht so ohne weiteres ablegen wie ein zu eng gewordenes Kleidungsstück. In der Gegenwart der Mutter fühlen die Töchter sich noch immer klein, denn anders als bei den Söhnen wurde ihre Unabhängigkeit nicht gefeiert. Reagieren Eltern auf die zunehmende Autonomie ihrer Söhne mit Stolz, so sehen sie den Reifungsprozess der Töchter eher mit Sorge. Werden sie fähig sein, die Höhen und Tiefen des Lebens zu meistern? Mädchen erleben derartige Zweifel an ihrer Eigenständigkeit als mangelndes Vertrauen in ihre Person. Statt des »Der-macht-das-schon!«, das den Söhnen entgegenschallt, erhalten die Töchter gute Ratschläge und warnende Worte. Auf diese Weise verunsichert, nimmt ihre Bereitschaft, sich anzupassen, zu.

Töchter fühlen sich in Gegenwart der Mutter klein

Anpassung heißt für die Töchter auch, eigene Bedürfnisse den Wünschen der Mutter unterzuordnen. Die erwachsene Frau versucht noch immer, als liebes Mädchen Mamas Beifall zu finden. Dabei richtet sie ihre Sensoren auf die Worte und Handlungen der Mutter aus, wie sie es ein Leben lang gelernt und getan hat. Es geht hier nicht immer um weltbewegende Fragen, sondern weit häufiger um die kleinen Dinge des Alltags, bei denen die Tochter sich zurücknimmt. Sie verzichtet beispielsweise darauf, die Themen des Gesprächs mit der Mutter mitzubestimmen und denkt sich stattdessen: »Lass die nur reden!« Sie kleidet sich anders als sonst, wenn Mama sie besucht, um Unstimmigkeiten zu vermeiden. Sie verheimlicht den neuen Freund, weil er gerade arbeitslos ist, oder verschweigt ihre Probleme am Arbeitsplatz, um die Mutter nicht zu beunruhigen. Um Konflikte zu vermeiden, verzichtet die Tochter darauf, authentisch zu sein.

Selbstverständlich leidet das Verhältnis beider zueinander darunter. Für die Tochter wird jede Begegnung frustrierend, denn sie fühlt sich vereinnahmt und falsch verstanden. Manchmal unternimmt sie zaghafte Versuche, der Mutter etwas von ihrem Leben zu vermitteln, doch dann erlebt sie die Verunsicherung aufseiten der Mutter, die darauf natürlich nicht vorbereitet war. Diese Situation ist für beide unbehaglich. Schnell kehrt man in gewohnte Bahnen zurück. Die Tochter resigniert.

Nicht selten empfinden Frauen den Kontakt mit ihren Müttern als deprimierend. Sie beklagen sich – in der Regel bei anderen –, dass sie von ihren Müttern nicht so gesehen werden, wie sie sind. In einem Seminar für Mütter von Töchtern bat ich die anwesenden Frauen in der ersten Sitzung, sich nicht mit den eigenen, sondern mit den Worten ihrer Mütter vorzustellen. Mir war daran gelegen, ihnen auf diese für sie sehr direkt erfahrbare Art von Anfang an zu vermitteln, dass das Bild, das sie von ihren eigenen Töchtern hatten, auch nicht unbedingt realistisch war. Mein Vorschlag stieß auf heftigen Widerstand. Die Frauen waren davon überzeugt, auf diese Weise würde ein falscher Eindruck über ihre Person entstehen. Erst als ich ihnen klarmachte, dass sie selbstverständlich anschließend zu dem entstandenen Bild Stellung nehmen und es korrigieren könnten, waren sie bereit, der Gruppe mitzuteilen, wie die eigene Mutter sie charakterisieren würde. Auf meine Frage, warum sie ihren Müttern nicht vermittelten, wie sie wirklich sind, winkten die meisten ab. Einige lachten, andere wirkten eher resigniert. »Das hat doch keinen Sinn!«, war die einhellige Überzeugung.

Töchter fühlen sich nicht gesehen

Die Frauen glaubten nicht daran, dass sie ihre Mütter dazu bewegen könnten, hinzusehen. Der emotionale Aufwand, der Kampf, der nötig wäre, das zu bewirken, war ihnen die Sache nicht wert. Welche befreiende Wirkung es für sie selbst haben könnte, die eigene Persönlichkeit im gegenseitigen Austausch herauszustellen, erwogen sie nicht.

»Wir tragen nur für unser eigenes Verhalten die Verantwortung, nicht für die Reaktionen anderer. Frauen lernen in ihrer Erziehung sehr früh, diese Ordnung der Dinge umzukehren. Wir wenden viel Energie auf, um uns für die Empfindungen, die Ansichten und das Verhalten anderer zuständig zu fühlen und anderen die Verantwortung für unsere Empfindungen zuzuschreiben.«[43] Mit diesen Worten beschreibt die Psychologin Lerner verallgemeinert, was auch zwischen Töchtern und Müttern geschieht. Die Töchter versuchen, durch Anpassung ihren Müttern Unannehmlichkeiten zu ersparen – damit übernehmen sie die Verantwortung für deren Befinden. Gleichzeitig sind Töchter bezüglich des Verhaltens ihrer Mütter ihnen gegenüber frustriert – hier schieben sie den Müttern die »Schuld« für den eigenen Ärger zu, anstatt sich selbst zu behaupten.

Eine andere Variante, sich der Mutter anzupassen, besteht darin, in allem für sie da zu sein. Dazu erzogen, das Wohlergehen aller, besonders aber der eigenen Familienmitglieder im Auge zu haben, versuchen Töchter oft, die Wünsche ihrer Mütter zu erfüllen. Auch hier geht manches schief, wie ich an einem Beispiel verdeutlichen möchte:

Jedes Mal, wenn Tochter und Mutter gemeinsam einen Einkaufsbummel machen, kommen sie an einem schicken, aber sündhaft teuren italienischen Restaurant vorbei. Immer wieder wirft die Mutter sehnsuchtsvolle Blicke durch die getönten Scheiben und schwärmt. Einmal nur möchte sie hier essen gehen, so richtig nach Herzenslust schlemmen und sich verwöhnen lassen. Aber leider ... Das Einkommen reicht für derlei Luxus nicht, es wäre Verschwendung, und eigentlich hat sie auch nichts Passendes anzuziehen. Dann kommt der Tag, an dem die Tochter erstmals gut verdient, und sie will ihr Glück mit der Mutter teilen. Da ist ein Besuch in besagtem Restaurant genau das Richtige. Die junge Frau bestellt einen Tisch für zwei Personen, holt die Mutter ab und los geht's.

Aber die Frau Mama scheint sich nicht wirklich zu freuen. Sie bemängelt den Wein, krittelt an der Tischdecke herum und schüttet schließlich so viel Salz auf ihr Lammfilet, dass dieses fast ungenießbar wird. Was geschieht hier? Während die Tochter voller Stolz ihr selbstverdientes Essen genießt, wirkt die Mutter seltsam abwesend und redet kaum. Diese hat schwer daran zu schlucken, dass die alte Vertrautheit plötzlich abhanden gekommen ist. Immer war sie es gewesen, die für die Tochter da war, sich für sie aufopferte. Nun bestellt ihr kleines Mädchen einen Gang nach dem anderen und holt zum Bezahlen die Kreditkarte aus der Tasche. Die Positionen sind gründlich verschoben. Das Selbstbild der Mutter erhält einen Knacks. Sie fühlt sich in ihrer Rolle bedroht und zieht alle Register, um dagegen zu protestieren. Sie ignoriert die gediegene Atmosphäre, sabotiert das Essen und verweigert jedes Anzeichen von Freude, das die enttäuschte Tochter in ihrer Miene vergeblich sucht. Völlig irritiert verlassen schließlich beide das Lokal.

Irritation über vertauschte Rollen

Während Frauen noch immer wahre Meisterinnen sind, andere zu verwöhnen, können sie es nach wie vor nicht aushalten, Geschenke und Zuwendung anzunehmen. Zwar akzeptieren sie, wenn der Mann das Essen bezahlt, doch dabei handelt es sich eher um eine traditionelle Übereinkunft, die auf der Annahme materieller Abhängigkeit von Frauen basiert. Andere Formen der Aufmerksamkeit, die einzig dadurch motiviert sind, ihnen eine Freude zu bereiten, sind Frauen peinlich. Je geringer ihr eigenes Selbstwertgefühl ist, desto weniger können sie es aushalten, »Umstände« zu machen. Sie fühlen sich nur dann sicher, wenn sie gebraucht werden, wenn sie selbst die Gebenden sind.

Auf diese Weise lösen erwachsene Töchter, die ihrer Mutter »etwas Gutes tun« wollen, nicht selten ein jahrelanges Ringen darüber aus, wer mehr zu geben in der Lage ist. Da bemühen sich beide bei Familienfeiern darum, als Erste in der Küche beim Abwasch zu sein, da wird ein Geschenk mit einem Gegengeschenk abgegolten, und keine von beiden kann sich darüber freuen, denn jetzt ist ja sie wieder am Zug – und soll möglichst das Erhaltene noch übertrumpfen.

Was würde Mama dazu sagen?

Wenn die Ablösung der Töchter von ihren Müttern nicht vollständig funktioniert, bleiben diese in ihrem Handeln daran gebunden, was ihre

Mütter von ihnen erwarten. Statt erwachsen zu werden und das Gefühl für die individuelle Einzigartigkeit zu vertiefen, bleiben die jungen Frauen in ihrer Bezogenheit auf andere gefangen. »Die Rollen der Frau, wie wir sie in unserer Gesellschaft kennen, verhindern das Entstehen eines gefestigten Bewusstseins von persönlicher und sexueller Identität, und diese Unsicherheit führt dazu, dass man sich an Rollen klammert, um sich überhaupt definieren zu können«, schreibt die Publizistin und Schriftstellerin Signe Hammer und erfasst dabei die sozialen Wurzeln des Problems.[44]

Statt einer stabilen Ich-Identität, von der aus es sich auf bodenständige Weise agieren ließe, verhalten sich Frauen als Töchter, Partnerinnen, Berufstätige, Mütter usw.. Handlungsleitend ist dabei stets die Frage, was die anderen wollen, was die anderen denken – und sie haben das vermutete Urteil ihrer Mütter im Hinterkopf. Weil sie sich selbst in der Abhängigkeit ihrer Beziehungen sehen, ist es Töchtern wichtiger als Söhnen, die Schritte im eigenen Leben im Einklang mit den Erwartungen ihrer Mütter zu vermuten. War die Beziehung zur Mutter in der Kindheit gespannt, so versucht die erwachsene Tochter häufig noch nachdrücklicher, es Mama recht zu machen, um endlich die ersehnte Zuneigung zu bekommen. Hat die Mutter über Jahre hinweg betont, sich »der Kinder wegen« aufgeopfert zu haben, erschweren Schuldgefühle es der Tochter, sich gegen mütterliche Wünsche zu behaupten.

Das Urteil der Mutter im Kopf

Selbst wenn die Erwachsene versteht und begreift, dass sie ihrer Mutter nichts »schuldig« ist, spielen die Gefühle des kleinen Mädchens, das sie einmal war, ihr einen Streich. Das Kind versucht noch immer, der Mutter zu gefallen. Der Sohn kann sich von der mütterlichen Macht emanzipieren, denn er erhält bereits früh die Botschaft, dass Mama seinen »eigenen Kopf« bewundert. Das Mädchen erfährt diesen Aufruf zur Freiheit nicht.

Erwachsene Töchter werden es in der Regel nicht vermeiden können, dass in ihrem Leben Dinge geschehen, die ihre Mütter missbilligen würden. Vielleicht machen sie Schulden, entscheiden sich für einen

Schwangerschaftsabbruch oder konsumieren Drogen. Fürchten die jungen Frauen allerdings das Urteil ihrer Mütter, werden sie derartige Ereignisse verschweigen. Wieder gerät der gegenseitige Austausch ins Stocken. Dabei sind die verschwiegenen Geschehnisse oft von herausragender Bedeutung für das Leben der Töchter, und damit entgehen den Müttern wichtige Informationen, um sie zu verstehen. Doch schlimmer als das wirkt sich aus, wenn Töchter aus Rücksicht auf die Gefühle der Mutter oder aus Furcht vor Auseinandersetzungen Dinge tun oder lassen, die ihre Lebensqualität beeinträchtigen.

Das kann ich ihr nicht antun!

Die mangelnde Ablösung erwachsener Töchter bewirkt häufig, dass diese die Verantwortung für die Gefühle und die Befindlichkeiten ihrer Mütter übernehmen. Ohne es zu hinterfragen gehen sie davon aus, dass die Geschehnisse in ihrem Leben zumindest teilweise das Wohl der Mütter bestimmen – was bei Müttern, bei denen die Kinder den Lebensmittelpunkt darstellen, sicherlich zutrifft. Obwohl Frauen im Grunde wissen, dass sie das Recht haben, bedeutsame Entscheidungen so zu treffen, wie es zu ihrem eigenen Besten ist, kalkulieren sie immer auch die Reaktionen anderer auf ihr Handeln ein. Bezogen auf die Mutter tragen sie zudem die Erinnerungen an Zeiten in sich, in denen es dem Kind höchst bedrohlich erschien, wenn der Mensch, von dem das eigene Leben abhing, verärgert oder niedergeschlagen war.

Die Unterordnung der eigenen Bedürfnisse unter die Wünsche der Mutter stellt somit nicht nur ein moralisches Gebot dar. Auf der emotionalen Ebene ist sie für die Tochter auch eine Notwendigkeit, die das eigene Sicherheitsgefühl erhöht. Die Literaturwissenschaftlerin Heidi Gidion fand in ihrer Analyse der Mutter-Tochter-Beziehungen ein charakteristisches Muster wiederholt vor, das die Erfahrungswelt der Mädchen bestimmt: »Gehorchen und Geliebtwerden ist eins; und es empfiehlt sich nicht

Die Mutter schonen

nur, es ist sogar dringlich ratsam, die ohnehin vom Leben nicht geschonte Mutter nicht noch weiter zu belasten mit Gedanken, Gefühlen und Erfahrungen, die ihr Sorgen machen und Aufregungen verursachen müssten.«[45] Unter dieser Voraussetzung werden jedoch die Wahlmöglichkeiten der Tochter, was die eigene Lebensgestaltung betrifft, erheblich eingeschränkt.

Wenn eine junge Frau bestimmte Wege der Mutter zuliebe ausschließt, gibt sie ihre eigenen Ziele und damit auch ein Stück ihrer Persönlichkeit auf. Depression und Verzweiflung sind dann beinahe zwangsläufig die Folge, denn durch das moralische Tabu begibt die Tochter sich selbst in eine Position, die von Hilflosigkeit gekennzeichnet ist. Die Kontrolle über das eigene Leben geht damit verloren, persönliche Wünsche werden verdrängt, um die Situation aushalten zu können. Da wird eine Scheidung nicht erwogen, weil die Mutter glaubt, ihre Tochter sei glücklich verheiratet. Vielleicht würde die Tochter gerne ihren Beruf aufgeben, um sich ihrer großen Leidenschaft, der Malerei, zu widmen. Aber ihre Mutter hält das für zu unsicher, lobt stattdessen in der Nachbarschaft die Tüchtigkeit »ihres Mädchens« im Büro. Der Umzug in eine andere Stadt, ein anderes Land oder gar einen anderen Kontinent wird verworfen, weil es der Mutter das Herz brechen würde.

Die Absolutheit eines derartigen Urteils schränkt die Möglichkeiten der Veränderung erheblich ein. Manche Töchter behelfen sich mit einem Trick: Sie verschieben ihre Pläne auf ein unbestimmtes Später, um sie nicht ganz verwerfen zu müssen. Sie machen sich vor, den günstigen Zeitpunkt abzuwarten, um dann endlich das Ersehnte in Angriff zu nehmen. In der Regel kommt immer etwas dazwischen. Jetzt geht es nicht, wo Vater so krank ist. Im Moment ist es nicht günstig, wo doch schon der Bruder der Mutter so viel Kummer macht. Nicht, solange die Enkelin klein, der Ehemann arbeitslos oder das Auto noch nicht abbezahlt ist ... Der richtige Zeitpunkt kommt nie. Im Extremfall sagt sich die Tochter, die ihrer Mutter keine Unannehmlichkeiten zumuten will: »Nicht, solange Mutter noch lebt!« Diese scheinbar altruistische Hal-

Warten auf den »richtigen Zeitpunkt«

tung ist besonders makaber, denn sie bedeutet im Umkehrschluss, dass die Tochter sich den Tod der Mutter wünschen müsste, um sich endlich erlauben zu können, glücklich zu sein. Davon abgesehen wirkt ein einmal akzeptiertes Verbot auch über den Tod hinaus – der Ausspruch »Sie würde sich im Grabe umdrehen!« kommt nicht von ungefähr.

Erwachsene Töchter, die wegen ihren Müttern eigene Pläne verwerfen, geben nicht selten den Müttern die Schuld an der verfahrenen Situation. Sie sind wütend, weil diese mit ihren Ansichten und Wünschen ihnen scheinbar nicht erlauben, zu sein, wie sie sein wollen. »Wir nehmen grundsätzlich den anderen als denjenigen wahr, der es uns unmöglich macht zu reden und der eine Veränderung der Beziehung verhindert. Wir verleugnen unseren Anteil an dem Konflikt, unter dem wir leiden; damit verleugnen wir unsere eigene Kraft, Veränderungen zu bewirken«, schreibt Harriet Goldhor Lerner[46] und verweist damit gleichzeitig auf das Problem und auf die Lösung: Menschen sind in der Lage, sich aus Abhängigkeiten zu lösen und eigene Wege zu gehen.

Oft verbergen sich hinter dem scheinbar selbstlosen Verzicht lediglich eigene Ängste und Widerstände. Es scheint bequemer, der Mutter, dem Schicksal und den allgemein ungünstigen Umständen die Schuld am untätigen Ausharren zu geben, als sich selbstkritisch zu hinterfragen. Eine Frau hat keine Veranlassung, ihr Leben den Interessen anderer zu opfern. Die Mutter zu schonen heißt auch, sie nicht ernst zu nehmen. Auf der einen Seite wird die lebenslange Bezugsperson als so machtvoll erlebt, dass es unmöglich erscheint, ihrem Willen zu trotzen, auf der anderen Seite ist sie angeblich zu schwach, Unannehmlichkeiten, vielleicht auch Enttäuschungen, auszuhalten. Der Widerspruch ist nicht zu übersehen.

Das hab ich von dir!

»Der Apfel fällt nicht weit vom Stamm« heißt das Sprichwort, mit dem die Zusammengehörigkeit von Familien beschworen wird. Es besagt ganz allgemein, dass sich Kinder in ihrem Charakter und in ihren Möglichkeiten nicht weit von dem entfernen, was ihre Eltern waren und sind.

Dabei werden Mädchen und Jungen gleichermaßen auf schicksalhaft vorbestimmte Lebensläufe festgelegt. Zeitlebens hören sie von den Erwachsenen, an denen sie sich orientieren, wie sehr sie dem Vater oder der Mutter gleichen. Dabei entsprechen diese Botschaften seltener der Realität als dem Wunschdenken der Umwelt mit ihrem Bedürfnis, in Schubladen zu denken und die Übersicht zu behalten. Die Merkmale, die dem Nachwuchs dabei zugeschrieben werden, produzieren aber gerade die Wahrheit, die sie angeblich nur beschreiben. Kinder sind in dem Bestreben, sich ein Bild von sich selbst zu machen, gerne bereit, die angebotenen Etikettierungen anzunehmen. Auch sie brauchen Klarheit darüber, wer sie sind und wer nicht. Dass dabei auf wundersame Weise überdurchschnittlich oft die Ähnlichkeit zum geschlechtsgleichen Elternteil beobachtet wird, entspringt vor allem einem Wahrnehmungsfehler.

Schicksalhafte Lebensläufe

Das Verhalten eines Kindes wird von seiner Umgebung mit besonderer Aufmerksamkeit bedacht, wenn es den Erwartungen entspricht. Welcher Erwachsene würde darüber frohlocken, dass das kleine Mädchen in der Nase bohrt, genau wie die Mutter? Oder betonen, dass der Sohn des Hauses dem Vater gleicht in der Art, wie er auf allen Vieren durch das Zimmer krabbelt. Das Nasebohren und Krabbeln sind jedoch die Dinge, die tatsächlich geschehen. Kommentiert wird dagegen eine von den Erwachsenen vorgenommene Interpretation. Die Kleine hat schon genau Mutters verträumten Blick, während sie in der Nase bohrt, der krabbelnde »kleine Mann« den Sportsgeist des Vaters. Die krabbelnde Tochter hingegen hat noch nicht den Mut, sich auf zwei Beine zu stellen. Kein Wunder, ihre Mutter braucht auch immer sehr lange, um sich Neues zuzutrauen. Erstaunlich, mit welchem Wissensdurst der popelnde Sohn seinen Körper erforscht.

Die Liste möglicher Kommentare auf derartig banale Begebenheiten im Leben kleiner Kinder ließe sich endlos fortsetzen. Die Kinder richten sich danach auf der Suche nach der eigenen Identität. So wird die Tochter verträumt und zögerlich, der Sohn zum sportlichen Gelehrten. In der Regel bieten die Zuschreibungen, die Jungen erhalten, ihnen mehr Freiheiten im Lebenslauf, denn ein Teil dieser Etikettierung sagt auch: Seht, er hat seinen eigenen Kopf. Seht, wie unabhängig er ist. Seht nur, was für einen starken Willen, welche Ausdauer, welche Hartnäckigkeit er hat. Und selbst, wenn der Sohn des Hauses das Pech haben sollte, in Rollen gedrängt zu werden, die er nicht will, bleibt ihm immer noch der Hinweis auf den »Self-made-Man«, der er werden kann. Eine weibliche Entsprechung dafür gibt es nicht.

In Familien, in denen die emotionale Bindung zwischen Mutter und Tochter darauf aufgebaut ist, die Einheit zu betonen, bleibt das Gebot der Gleichheit des heranwachsenden Mädchens mit den Eigenschaften ihrer Mutter auch über die Pubertät hinaus bestehen. Angepasste Töchter nehmen diese Rolle an. Sie beginnen nun selbst, ihr Denken und Handeln danach auszurichten und zu interpretieren, dass sie »vieles von der Mutter haben«. Eine manchmal bestehende körperliche Ähnlichkeit begünstigt es, den ganzen Menschen als Abbild der Ahnin zu sehen. Eine unbestrittene und täglich millionenfach zu beobachtende Tatsache aber ist hingegen, dass Menschen sich verändern können, dass sie mit Ausnahme genetisch bedingter körperlicher Eigenheiten nicht auf ein bestimmtes Schicksal festgelegt sind. Die unkritische Übernahme von Etikettierungen aus der eigenen Kinderzeit begünstigt im Gegensatz dazu ein Denken in Dauerhaftigkeit.

Denken in Dauerhaftigkeit

In Krisensituationen schränkt eine derartige Bewusstseinshaltung die Chancen ein, das persönliche Schicksal selbst zu bestimmen. Wenn Töchter »so sind«, weil schon Mütter »so waren«, fehlt ihnen der Glaube an mögliche Alternativen. Doch gerade in schwierigen Zeiten brauchen Menschen das Vertrauen, dass nicht alles stets so bleiben wird, wie es schon immer war. »Die ›Praxis der Verzweiflung‹ besteht darin, dauerhafte und globale Gründe für unser Unglück zu finden«, schreibt der Psychologe Martin Seligman.[47] Er sieht eine der Grundbedingungen für Hoffnung in der Überzeugung, dass ein eingetretenes Unheil nicht alle Lebensbereiche betrifft und zeitlich begrenzt ist.[48]

Wenn eine Tochter glaubt, bestimmte Charaktereigenschaften von ihrer Mutter geerbt zu haben, kann sie genau dieser Glaube in scheinbar ausweglose Situationen bringen: Sie wird hilflos, wenn sie ihre Chancen, Einfluss zu nehmen, nicht erkennt, weil sie glaubt, dass ihr die dazu notwendigen Fähigkeiten fehlen. Wenn eine Tochter glaubt, sie sei genauso schüchtern, kränklich, ängstlich oder ungeschickt in technischen Dingen wie ihre Mutter, führt das unweigerlich in Abhängigkeit und Depression. Und eine Tochter, deren Mutter sich keine ruhige Minute gönnt, sieht sich ebenso tatkräftig, zupackend, belastbar und energisch wie ihr Vorbild.

Eingeschränktes Repertoire an Möglichkeiten

Die hier gegenübergestellten Eigenschaften stellen die Extreme einiger möglicher Verhaltensalternativen dar, die betroffenen Töchter haben dabei dennoch eines gemeinsam: Sie können sich in der einzelnen Situation nicht frei für die eine oder andere Handlungsalternative entscheiden, sondern bleiben im Repertoire ihrer Möglichkeiten daran gebunden, was die Mutter tun würde. Erleiden sie Schiffbruch auf dem eingefahrenen Weg, geben sie nicht selten den Müttern die Schuld. Schließlich waren sie es, die ihnen diese charakterliche Mitgift mitgegeben haben. Auf diese Weise bleiben erwachsene Frauen ein Leben lang Töchter, wenn es um ihr Verhalten geht. Selbst im hohen Alter, selbst wenn die Mutter längst verstorben ist, bleiben sie ihrem Erbe treu. Dabei übersehen sie all die Einflüsse, die andere Menschen und gesellschaftliche Gegebenheiten der jeweiligen Zeit auf ihr Leben hatten. Sie übersehen häufig sogar, dass die Mutter selbst nicht ihr Leben lang »die Alte« geblieben ist. Und nicht zuletzt übersehen sie all die anderen Begabungen, Möglichkeiten und Interessen, die sie zugunsten einiger weniger angenommener Zuschreibungen vernachlässigen. Damit sind sie weder unabhängig noch frei.

Widerstand

> In der Auflehnung gegen alte Beschränkungen übersehen wir oft, dass wir die Freiheit haben, diese aufzugeben.

Vorwürfe

Wer kennt sie nicht, die Klagen über die Rabenmütter, das Gerede von der Mütterlichkeit als glückverheißendem Ideal und das Erschrecken über die Frauen, die sich diesem Rollenbild verweigern. Unsere Gesellschaft ist noch immer von einem kollektiven Bemuttern durchdrungen, ja sie kann in ihrer heutigen Form nur existieren, solange Frauen aller Altersstufen, sozialen Schichten und Konfessionen bereit sind, sich mütterlich zu verhalten.

Dabei geht es nicht um tatsächliche Mutterschaft, sondern um das Einverständnis mit all den Zuschreibungen, die gemeinhin mit mütterlichem Verhalten in Verbindung gebracht werden: die Akzeptanz unbezahlter Arbeit, die Verantwortung für das emotionale Wohlergehen des eigenen Umfeldes und die Bereitschaft, zu dienen. Frauen folgen dem Ideal der Mütterlichkeit, wenn sie ihre Leistungen schmälern oder gar nicht erkennen und weder Dank noch Gegenleistung oder Ausgleich erwarten.

Frauen verhalten sich mütterlich, wenn sie dem Kollegen den Kaffee bringen (»Ich mache das schnell!«, »Das macht mir nichts aus!«, »Nicht der Rede wert!«), wenn sie im Beruf schlechte Bezahlung akzeptieren (»Die Arbeit ist ja auch nicht so schwer!«, »Was ich tue, kann ja jeder!«, »Der Branche geht es sowieso nicht gut!«), wenn sie sich von der Familie in Bezug auf die Hausarbeit ausnutzen lassen (»Mein Mann ist total geschafft, wenn er von der Arbeit kommt!«, »Bevor es Streit gibt, mache ich es lieber selbst, das geht ruck-zuck!«, »Die Kinder müssen sowieso schon in der Schule so viel lernen!«) und wenn sie bei ehrenamtlicher Arbeit die wenig Ehre bringenden Tätigkeiten übernehmen (Brote für die Vereinsfeier schmieren; sich die Sorgen der Bewohner des Altersheimes anhören; die Aufsicht im autonomen Kinderladen übernehmen; nach der Vorstandssitzung die Aschenbecher leeren – Vorstandsvorsitzende sind sie in der Regel nicht, oft fühlen sie sich schon »geehrt«, wenn der Vorstandsvorsitzende ihnen dankt, weil sie auch in diesem Jahr wieder großzügig auf die Erstattung der Auslagen verzichtet haben).

»Ist doch nicht der Rede wert!«

Die Macht der Medien legt Frauen noch immer oder sogar wieder verstärkt auf diese Rollen fest. Die ebenso häufigen wie lästigen Werbesendungen, die Darstellung von Frauen im Film und die Themen von Frauenzeitschriften belegen dies nachhaltig. Dabei werden sogar vermeintliche Trends konstruiert, um Frauen an diese traditionellen Rollen zu binden. »Der Trendjournalismus bezieht seine Autorität nicht aus aktueller Berichterstattung, sondern aus der Macht der Wiederholung«, schreibt die Journalistin Susan Faludi und belegt, dass durch permanentes Herunterbeten erwünschter Entwicklungen gesellschaftliche Wahrheiten künstlich geschaffen werden, die jeglicher realen Grundlage entbehren.[49]

Heranwachsende Mädchen müssen eine eigene Position zu ihrer Umwelt finden. Auf der Suche nach ihrer Haltung zur Frauenrolle, die sie einmal einnehmen wollen oder sollen, findet auch eine Auseinandersetzung mit den Werten statt, die sie bei ihren Müttern sehen. Dabei wird die notwendige Kritik an den gesellschaftlichen Verhältnissen, die für Frauen kaum attraktive Rollenangebote vorsehen, der Einfachheit halber auf die eigenen Mütter gerichtet. Es ist leichter, sich an einer realen Person zu reiben und sich mit einem konkreten Gegenüber zu streiten, als gegen einen diffusen Mythos anzugehen, der zwar allgegenwärtig, aber kaum fassbar ist. Die Mütter jedoch sind in der Regel präsent. In der Zeit, wo Töchter unabhängiger werden, beginnen diese, die Person, die die eigene Kindheit prägte, am gesellschaftlichen Ideal der Mütterlichkeit zu messen. Dabei ist es ganz gleich, wie die Mütter sich tatsächlich verhalten haben, was sie denken und wie sie leben. Die double-bind-Struktur der Mutterrolle bedingt, dass jede mögliche Verhaltensalternative von den Töchtern negativ gesehen werden muss.

Da ist die selbstständige Mutter, die so gar nicht dem Bild entspricht, das man gemeinhin mit Mütterlichkeit verbindet. Sie hat eigene Interessen, einen gesunden Egoismus, pocht auf ihre Rechte und sieht ihre Kinder als Teil, aber nicht als Zentrum ihres Lebens. Ihr Beispiel ist zwar geeignet, für die Tochter ein befreiendes Vorbild zu geben, doch gleichzeitig wird das Mädchen das Gefühl entwickeln, in ihrer Familie stimme etwas nicht. Es hinterlässt immer eine gewisse Verunsicherung, abseits der Norm zu stehen. Das gilt im Besonderen, wenn diese außergewöhnliche Position nicht selbst gewählt wurde. Töchter solcher Mütter empfinden häufig Wut. Als Kinder fühlen sie sich ungeliebt, denn wie ließe sich sonst erklären, dass die Mütter nicht jederzeit und überall alles für sie tun – so wie die Mutter der besten Freundin, die Mutter der Heldin im Lieblingsbuch und all die Frauen aus der Sonntagsserie?

Werden diese Töchter erwachsen, realisieren sie zwar die Freiheiten, die sie durch das Vorleben ihrer Mütter erhalten haben, doch die alten Frustrationen tragen sie noch immer mit sich herum. Der Vorwurf geht schließlich an die Mütter: Nie hast du mir eine Gute-Nacht-Geschichte vorgelesen! Nie hast du dich um meine Hausaufgaben gekümmert! Immer musste ich meine Schulbrote selbst schmieren! Der Ansatz solcher Vorwürfe ist in der Regel defizitär und verallgemeinernd. Das Positive, das die Mütter gegeben haben, wird dabei genauso wenig gesehen wie die Motive, sich auf diese Weise zu verhalten. Die negativen Gefühle der Töchter rühren nicht daher, dass die Mütter sich falsch, sondern dass sie sich anders verhalten haben, als die Mädchen sich das gewünscht hatten. Dabei können selbst liebevolle Gesten der Mütter von den Töchtern abgelehnt werden. Die Riesen-Geburtstags-Überraschungsparty mit engagiertem Clown und Tortenschlacht ist ihnen vielleicht eher peinlich, wenn alle eingeladenen Kinder lieber im kleinen Kreis bei selbstgebackenem Kuchen feiern. Doch der Fehler liegt nicht bei den Müttern, sondern im Konformitätsdruck, unter dem Kinder aufwachsen.

Was geschieht dagegen, wenn ein Mädchen nun mit einer Mutter groß wird, die dem klassischen Mutterideal im Wesentlichen unkritisch gegenübersteht? Die tatsächlich die Wäsche der Kinder wegräumt, zu Weihnachten bunte Kekse backt und »die Kleine« zweimal pro Woche zum Turnen fährt, selbst wenn diese schon siebzehn Jahre alt ist?

Auch in diesen Fällen ist das Mutter-Tochter-Verhältnis nicht selten angespannt, denn in dem Augenblick, wo die Tochter erwachsen wird, verwahrt sie sich dagegen, »begluckt« zu werden, und kritisiert ihre Mutter als zu anhänglich, interesselos und unselbstständig. Ein gutes Verhältnis kann sich nicht einstellen, wenn die Tochter die Befürchtung hegt, vereinnahmt zu werden. Gleichzeitig möchte die junge Frau vielleicht Wege gehen, die im Widerspruch zur traditionellen Frauenrolle stehen, und beginnt, Mutters Leben in Frage zu stellen. Dann ist die Mutter irritiert, denn sie hat über Jahre hinweg von allen Seiten Anerkennung für ihr Verhalten bekommen, und auch von ihrer Tochter wurde sie früher vorbehaltlos akzeptiert. Sie versteht die Welt nicht mehr und fühlt sich ungerecht behandelt. Der Konflikt bleibt ungelöst, denn er äußert sich lediglich durch gegenseitige Krittelei bei Kleinigkeiten, wo es um grundsätzliche Werte geht.

Natürlich gibt es Familienkonstellationen und Lebensumstände, die dazu führen, dass eine Tochter ihrer Mutter zu Recht Vorwürfe macht. Auch in Zeiten der Geburtenkontrolle sind nicht alle Kinder wirklich erwünscht, und nicht alle Mütter sind zu jeder Zeit ihres Lebens in der Lage, ihren Kindern die Aufmerksamkeit, Förderung und liebevolle Zuwendung zu geben, die sie verdienen. Anders als es uns sämtliche Institutionen, vom Bundestag über die Kulturszene bis hin zur Boulevardpresse, immer wieder klar machen wollen, ist die Familie eben nicht der Hort fortwährender Glückseligkeit. Kinder erleiden Vernachlässigung, Misshandlung, sexuellen Missbrauch und seelische Grausamkeit. Dabei sind es entgegen der vorherrschenden Meinung gerade die traditionel-

Abhängigkeiten begünstigen Gewalt

len Familienkonstellationen, die derartig unhaltbare Zustände über Jahre hinaus manifestieren, denn hier sind die Abhängigkeiten und Zwänge vor allem auf der Seite der Frauen am größten, wodurch die Befreiung aus belastenden Verhältnissen erschwert wird.

Manche Kinder wachsen mit Müttern auf, die drogenabhängig sind oder unter psychischen Problemen leiden. In beiden Fällen können sie kein Sicherheitsgefühl entwickeln, denn ihre nächste Umgebung bleibt instabil. Launen wechseln sprunghaft, Katastrophen treten unvorhersehbar für die Kinder ein, und die Mütter sind nicht in der Lage, sich um diese zu kümmern. Erwachsene Kinder, die unter derartigen Bedingungen groß geworden sind, machen ihren Müttern häufig erbitterte Vorwürfe. Diese Kinder haben ein Recht, enttäuscht, wütend, traurig und verletzt zu sein, doch selbst wenn ihre Mütter diejenigen waren, die ihr Leid verursachten, sind nicht sie allein verantwortlich.

Es ist ein Problem unserer Gesellschaft, dass es immer die Mütter sind, die für das Wohlergehen der Kinder in erster Linie zuständig sein sollen. Besonders, wenn etwas schief geht, zeigen alle mit dem Finger auf sie. Natürlich haben sie die Verantwortung dafür, wenn sie alkoholabhängig sind oder ihre Kinder schlagen. Natürlich wäre es angezeigt, dass sie einen Partner verlassen, der gewalttätig ist. Natürlich ist es ihre Aufgabe, wenn sie sich beispielsweise aufgrund einer Depression nicht um die Kinder kümmern können, dafür zu sorgen, dass jemand anderes dies übernimmt. Aber was ist mit all den Menschen um sie herum? Was ist mit den prügelnden Vätern, den Verwandten, die von den Drogenproblemen wissen, den LehrerInnen, den NachbarInnen, den Jugendämtern, die wegsehen? Viel kindliches Leid gäbe es nicht ohne den gesellschaftlichen Konsens, der den Müttern die alleinige Verantwortlichkeit für das Wohlergehen der Kinder zuschreibt, selbst wenn es offensichtlich ist, dass einige aus den unterschiedlichsten Gründen nicht in der Lage sind, Verantwortung zu übernehmen.

Alleinverantwortung der Mütter

Im Gegensatz zu erwachsenen Söhnen aus belastenden Familienverhältnissen, die sich von ihren Müttern entschiedener abgrenzen, sich ganz zurückziehen oder erlittene Gewalt nun als Täter zurückgeben, verstricken sich erwachsene Töchter in ihren Vorwürfen, die sie – so verständlich sie auch sind – letztlich in der Abhängigkeit zu genau der Person gefangen halten, die ihr Leid (mit-)verursachte. Dabei können sie unter dem Eindruck ihrer kindlichen Verzweiflung weder Veränderungen im Leben der Mutter erkennen noch Rechtfertigungen akzeptieren. Stattdessen verstricken sich beide in quälende Auseinandersetzungen, die selten geeignet sind, alte Wunden zu heilen.

Provokation

Die Provokation ist ein gern gewähltes Mittel, mit dem sich Kinder den Ansprüchen und Erwartungen ihrer Eltern verweigern. Sie ist das Kennzeichen der Pubertät. Kinder zeigen auf unübersehbare Weise, dass sie nicht länger die kleinen und abhängigen Wesen sein wollen, die tun, was Mama und Papa sagen. Auf der Suche nach der eigenen Identität ist es wichtig, zunächst einmal alles in Frage zu stellen, was bis dahin so vorbehaltlos übernommen wurde. Damit ist die Provokation ein Schritt auf dem Weg zum Erwachsen-Werden, nicht aber Erwachsen-Sein. Letzteres ist nämlich gerade dadurch gekennzeichnet, die Provokation zu beenden. Man ist sich seiner Sache sicher und kann loslassen. Die elterlichen Wertvorstellungen wurden allesamt betrachtet und überprüft, Brauchbares übernommen und Überholtes verworfen. Das erwachsene Kind kann mit der so gefestigten Persönlichkeit sich gegenüber seiner Umwelt behaupten und die anderen in ihrer Eigenart akzeptieren.

Die beschriebene Entwicklung im Reifungsprozess entspricht einem Ideal, das viele Kinder nicht erreichen. Sie bleiben aufgrund verleugneter kindlicher Gefühle irgendwo im Prozess stecken, die Ablösung misslingt. Dabei verhalten sie sich aus unterschiedlichen Gründen dauerhaft provozierend gegen Mütter oder Väter. Im Folgenden beziehe ich mich ausschließlich auf die Bedingungen, die die Provokation als Form des Widerstands von Töchtern gegen ihre Mütter hervorrufen.

Wie bereits erläutert, bedingt die gleiche Geschlechtszugehörigkeit von Müttern und Töchtern, dass sich beide stark aneinander beziehen. Die ursprünglich symbiotische Bindung beider aneinander wird mit dem Erwachsenwerden der Tochter durch die mütterlichen Erwartungen belastet. Anders als dem Jungen gesteht die Mutter dem Mädchen weit weniger Unabhängigkeit von der Herkunftsfamilie zu. Allein schon aus diesem Grund wird die Tochter sich provozierend verhalten, um ihre Selbstständigkeit zu demonstrieren. Dabei wehrt sie sich nicht allein gegen die Einschränkung durch die Bedürfnisse der Mutter, sondern gleichzeitig gegen die Frauenrolle, die sie in ihr verkörpert sieht. Um sich zu behaupten, verleugnet die Tochter die Gefühle, die sie für die Mutter hegt, und mit ihrer Bereitschaft zu streiten will sie beweisen, wie unabhängig sie von ihr ist. Jetzt wird die Mutter, die sich verlassen fühlt, zur Abhängigen. Doch je mehr sie die Nähe der Tochter ersehnt, desto mehr zieht diese sich zurück.

Die eigene Unabhängigkeit beweisen

Die entstehenden Konflikte zwischen Mutter und Tochter tasten die ursprüngliche Nähe nicht an. Die Psychologin Lerner betont, dass das »Streiten die altvertrauten Verhaltensmuster in unseren Beziehungen ebenso unfehlbar [schützt] wie das Schweigen und das Harmoniestreben der ›netten Frau‹«.[50] Von Ablösung kann da keine Rede sein. Wer kennt sie nicht, die emotionale Brisanz einer dramatischen Auseinandersetzung, eines erbitterten Kampfes. Das Denken der provozierenden Tochter dreht sich in diesem Fall nicht mehr um die Frage, wie sie ihr Leben den eigenen Interessen folgend sinnvoll gestalten will, sondern konzentriert sich vielmehr darauf, womit die Frau Mama wohl zu schockieren wäre.

Selbstverständlich sind es nicht nur die behüteten Mädchen, die auf diese Weise rebellieren. Gerade junge Frauen, die sich mehr Aufmerksamkeit von ihren Müttern wünschen, ziehen nun alle Register, um – wenn sie schon keine Anerkennung bekommen – nun zwar negative, aber wenigstens heftige Reaktionen auszulösen. Bedauerlicherweise greifen sie dabei auch zu selbstschädigendem Verhalten. Die Provokation hat dabei die Funktion, mit dem Holzhammer auf Mängel und Missstände hinzuweisen.

Die Ursachen des selbstzerstörerischen Verhaltens sind dabei häufig sehr konkret, was gerne übersehen wird. So werden Essstörungen, Drogenmissbrauch und Prostitution im Allgemeinen als Zeichen weiblicher Rebellion gegen die Frauenrolle und damit sehr abstrakt gesehen. Wieder verschleiert die vorherrschende Meinung, worum es in vielen Fällen wirklich geht. Denn für eine junge Frau gehört schon ein großes Maß unmittelbarer Verzweiflung dazu, sich selbst auf so gravierende Weise zu schädigen. Häufig versuchen Heranwachsende, auf erlittene seelische und körperliche Misshandlung hinzuweisen. Was der Umwelt als Provokation erscheint, ist in diesem Fall nichts anderes als ein Hilferuf. Die Auseinandersetzung der Töchter findet dabei in erster Linie mit den Müttern statt, denn – dem alten Bild folgend – von ihnen erwarten sie Verständnis und Schutz.

Provokation als Hilferuf

Bloß nicht so sein wie sie

Im Verlauf der Ablösung von der Mutter gehen heranwachsende Töchter dazu über, die Denkgewohnheiten und die Lebensweise ihrer Mütter abzulehnen. Die gesellschaftlichen Erwartungen werden Frauen aber über ihre Mütter vermittelt. Als erste und in den allermeisten Fällen bedeutendste Bezugspersonen sind sie es, die ihren Töchtern die Regeln vorleben. So richtet sich der Zorn der Heranwachsenden nicht gegen eine abstrakte gesellschaftliche Norm, sondern gegen die Frauen, die sie verkörpern. Darüber hinaus erleben Töchter bei ihren Müttern die Folgen der angepassten Weiblichkeit. Sie sehen die Passivität, die sie in unglücklichen Beziehungen und materieller Abhängigkeit gefangen hält. Nicht selten hören sie die Klagen der Mutter, erleben aber gleichzeitig, dass diese es nicht schafft, ihrem Schicksal aus eigener Kraft eine Wende zu geben.

Die erwachsene Tochter fühlt mit, wenn ihre Mutter unglücklich ist. Gleichzeitig sieht sie sich mit der stillschweigenden Erwartung konfrontiert, die Verantwortung für das Wohlergehen der Mutter zu übernehmen. Sie soll der Lichtblick sein, der Lohn für die Entbehrungen, die diese zeitlebens auf sich nahm. Diese Position lehnt die Tochter ab. Sie will nicht wie ihre Mutter leben, also will sie nicht wie ihre Mutter sein.

Diese Entscheidung ist allerdings nicht auf rationale Weise zustande gekommen. Sie ist nicht das Ergebnis eines nüchternen Prozesses, in dem Für und Wider erwogen und verworfen werden. Die ablehnende Haltung der mütterlichen Lebensweise ist vielmehr das Resultat erlittener Verletzungen und Frustrationen. Die darauf aufbauende Ablehnung ist daher auf eine unreflektierte Weise absolut. Sie ist Ausdruck von Trotz und somit überzogen. Denn der Widerspruch, das Anders-Sein im Vergleich zur Mutter wird zum bestimmenden Handlungsmotiv. Die Tochter schneidet sich damit jedoch von ihren Wurzeln ab. Die Mutter verlangt z.B., vor dem Schlafengehen immer das Zimmer aufzuräumen und die Zähne zu putzen. Lehnt die Tochter alle mütterlichen Ratschläge rundweg ab, wird sie nicht nur das Chaos in ihrer Wohnung lieben, sondern vielleicht auch die Zahnpflege vernachlässigen. Während das eine vielleicht noch als individuelle Eigenart gelten mag, wird das andere die Anzahl zahnärztlicher Behandlungen erheblich ansteigen lassen.

Überzogener Trotz

So simpel dieses Beispiel ist, so sehr verdeutlicht es das Problem. Die Tochter schränkt sich in ihren Handlungsmöglichkeiten immens ein, wenn sie die mütterlichen Gebote durchgehend ablehnt. Sie bringt sich damit selbst um die Chance, die wertvollen Anteile ihrer Erziehung für das eigene Leben nutzbar zu machen. Gleichzeitig erwirkt diese Form des Widerspruchs zwar Abgrenzung, Unabhängigkeit allerdings bewirkt sie nicht. Die Tochter muss sich ja stets an der Mutter orientieren, wenn sie das Gegenteil tun will, und damit bleibt sie auf die Mutter fixiert.

Die Abgrenzung der Tochter von den Werten der Mutter geht letztlich auf Erfahrungen aus der eigenen Kinderzeit zurück. Nur wenn das

Mädchen irgendwann die Nachteile der mütterlichen Ansichten zu spüren bekam, wird sie dazu übergehen, den Lebensstil der Mutter rundweg abzulehnen. Dies bewirkt jedoch, dass sie nicht erkennen kann, dass auch die Mutter sich verändert hat, und unter Umständen Bastionen einrennt, die schon längst gefallen sind. Daran lässt sich erkennen, dass sie sich von der Mutter nicht wirklich emanzipiert hat. Die Literaturwissenschaftlerin Heidi Gidion bezeichnet »das Loslassen als Grundbedingung für das Erkennen der anderen in ihrer Wandelbarkeit in der Zeit«[51]. Loslassen aber heißt, das Denken in Kategorien wie Schwarz und Weiß, Gut und Böse, Immer und Nie zu beenden. Es heißt, das Vorbild der Mutter als Repertoire von Möglichkeiten zu sehen, die im Einzelfall erwogen oder verworfen werden können und die zusammen mit dem Vorbild anderer den persönlichen Handlungsspielraum erweitern.

Flucht

Es gibt vielfältige Wege, die Flucht anzutreten und sich zurückzuziehen. Menschen können eine Beziehung verlassen, indem sie sich verschließen, sich räumlich entfernen oder den Kontakt beenden. Allen drei Formen der Trennung liegt in der Regel, vor allem wenn es um das Verhältnis zwischen Müttern und Töchtern geht, ein langwieriger Prozess quälender Auseinandersetzungen zugrunde. Die Flucht erscheint der Tochter als der letzte Ausweg, denn die gegenseitigen Verletzungen werden als zu belastend erlebt, um die Beziehung in gewohnter Weise weiterführen zu können.

Die passive Form des Rückzugs ist die Flucht nach innen. Sie bleibt häufig unbemerkt oder zumindest unkommentiert. Die Tochter gibt es auf, den Kontakt zur Mutter positiv gestalten zu wollen. Sie erlebt diese als dominierend und glaubt, die eigenen Interessen und die eigene Persönlichkeit nicht in die Gespräche einbringen zu können. Gleichzeitig hat sie nicht den Mut, die Kraft oder den Willen, ihrer Unzufriedenheit

Ausdruck zu verleihen, da sie nur weitere, endlose und »nutzlose« Diskussionen befürchtet. Stattdessen vollzieht sie das, was man im Berufsleben »innere Kündigung« nennt. Sie setzt zwar die Beziehung in unveränderter Form fort, ist aber innerlich nicht mehr beteiligt. Was die Mutter sagt – oft sind es Ratschläge und Bewertungen –, wird nicht mehr wirklich gehört. Die Tochter hat ein unsichtbares Schild um den Hals, auf dem steht: »Keiner zu Hause!«

Flucht nach innen

Während sich die Seele der jungen Frau in die letzte Ecke verkrochen hat, funktioniert das rituelle Miteinander zwischen Tochter und Mutter einwandfrei. Die Tochter ist fröhlich, reagiert auf die Äußerungen der Mutter und tut, was von ihr erwartet wird. Zwar versucht sie, den Kontakt zur Mutter, der sie ermüdet und erschöpft, einzuschränken, aber zwischen beiden kommt nie zur Sprache, dass etwas Grundsätzliches nicht stimmt. Die junge Frau bleibt das kleine Mädchen, das versucht zu tun, was Mama sagt. Tief innen drin geht sie andere Wege.

Diese Form des Widerstands gegen die alte mütterliche Macht findet ihr Extrem, wenn die Flucht nach innen zur Flucht in die Krankheit wird. Es ist eine ebenso hilf- wie ausweglose Form der Auflehnung, da sie keine Chance auf Besserung der Situation in sich birgt. Töchter, die sich auf diese Weise abzugrenzen versuchen, haben die Forderung verinnerlicht, die Mutter tunlichst nicht zu kritisieren. Sie passen sich diesem Gebot ebenso wie vielen anderen Normen an und werden dabei zwischen den häufig widersprüchlichen Erwartungen ihres sozialen Umfeldes zerrieben.

Anders als bei der Flucht nach innen verändert sich die Form des Umgangs zwischen Tochter und Mutter notwendigerweise, wenn die junge Frau sich räumlich distanziert. Ein Umzug in eine andere Stadt oder gar ein anderes Land muss nicht, kann aber eine Flucht darstellen. In diesem Fall hat die junge Frau es ebenso aufgegeben, bestehende Schwierigkeiten zwischen beiden im Gespräch überwinden zu wollen. Der physische Abstand verspricht Erleichterung, die Tochter geht der Auseinandersetzung buch-

Räumliche Distanz

stäblich aus dem Weg. Gleichzeitig vermeidet sie es, dass die Ursachen der Probleme angesprochen werden. Es scheint eine riesige Hürde zu sein, im gegenseitigen Austausch Konflikte zu überwinden. Das hat seinen Grund. Anders als beispielsweise in Freundschaften oder im Kontakt mit Geschwistern befinden sich in der Mutter-Tochter-Beziehung die Gesprächspartnerinnen nicht auf einer gleichberechtigten Ebene. Die jahrelange Abhängigkeit des kleinen Mädchens erschwert es der nun Erwachsenen, sich der Mutter gegenüber zu öffnen. Sie hätte das Gefühl, dem Wohl und Wehe der anderen ausgeliefert zu sein. Eine klärende Aussprache oder gar ein Streit sind unter dieser Voraussetzung für die junge Frau zu bedrohlich.

Manchmal bewirkt aber genau diese räumliche Distanz, dass besagte Hürde aus dem Weg geschafft wird. Wer wüsste nicht, wie viel leichter es ist, einen persönlichen Brief zu schreiben, als den innersten Kern der Gefühle dem kritischen Auge eines direkten Gegenübers zu offenbaren. Meistens erweist sich die räumliche Trennung jedoch nicht als Lösung einer verfahrenen Situation. Die Tochter hat die Werte, Anweisungen und Erwartungen der Mutter verinnerlicht, und egal, wohin sie gehen mag, sie wird sich auch in der Ferne nicht von den alten Beschränkungen befreien können.

Abbruch des Kontakts

So manche erwachsenen Töchter entschließen sich dazu, den Kontakt zur Mutter ganz abzubrechen. Sie machen sich diesen Schritt nicht leicht. In der Regel leiden sie genauso unter dieser Situation wie ihre Mütter. Die Gründe können vielschichtig sein. Oftmals steht der Entschluss am Ende von langjährigen Spannungen, Anfeindungen und Verletzungen. Die Tochter kann oder will dieses Miteinander nicht länger (oder im Augenblick nicht) aushalten. Nicht selten war die frühere Nähe zwischen Mutter und Tochter zu groß, sodass die symbiotische Verstrickung eine spätere Abgrenzung unmöglich machte. Die Ich-Grenzen sind in diesem Fall so sehr verschwommen, dass die Tochter sich nicht von den Problemen der Mutter distanzieren kann und extrem darunter leidet. Oder sie sieht sich selbst in einer unglücklichen Lebenslage gefangen, in die sie die Mutter nicht hineinziehen will, sie quasi beschützen will. Was auch immer der Entscheidung zur Trennung vorausgegangen sein mag, sie ist für beide schmerzlich.

Mütter sehen es als absolute Katastrophe an, wenn ihre Töchter den Kontakt zu ihnen abbrechen. Sie versuchen verzweifelt, das Gespräch wiederherzustellen. Tragischerweise führen ihre Bemühungen eher dazu, dass die Töchter sich noch weiter zurückziehen. Sie haben sich nun einmal zu diesem Schritt entschlossen, ob und wann sie zurückkehren, ist allein ihre Entscheidung. Gerade das ist es ja, was sie brauchen: die Überzeugung, sich frei und ohne Druck entscheiden zu können. Eine Mutter kann der Tochter entgegenkommen, indem sie die Zeit nutzt, sich mit ihren eigenen Gefühlen, mit ihrem eigenen Anteil an der Lage auseinander zu setzen. Für beide ist es wichtig, sich zunächst auf sich selbst zu besinnen. Nur so kann jede ihre Identität stärken und damit die Voraussetzungen schaffen, überhaupt wieder aufeinander zuzugehen.

Die Folgen

»Ich weiß noch gut, wie oft ich als Mädchen gesagt habe: ›Dies oder jenes werde ich nie zu meinen Kindern sagen.‹ Aber jetzt rutschen mir manchmal genau die Sätze meiner Mutter raus.«

FÜRSTIN GRACIA PATRICIA VON MONACO BEZÜGLICH DER ERZIEHUNG IHRER TOCHTER CAROLINE[52]

Wie wir gesehen haben, bringen Mütter und Töchter jeweils ihr eigenes, riesiges Paket aus Ansichten, Gefühlen, Erwartungen und Reaktionsweisen in die gegenseitige Beziehung ein. Im Folgenden möchte ich nun darauf eingehen, welche Auswirkungen die angesprochenen Befindlichkeiten beider auf den gegenseitigen Umgang haben.

Der Charakter menschlicher Beziehungen wird geprägt von einer Vielzahl einzelner Augenblicke. Das Miteinander bietet immer wieder Gelegenheit, das Verhältnis zueinander entweder zu bestätigen, zu verbessern oder zu vermasseln. Die persönliche Mitgift aus Sehnsüchten, Ängsten und Erfahrungen gibt in der konkreten Situation den Ausschlag, wohin das Pendel schlägt. Wir alle haben in jedem Moment eine Fülle von Möglichkeiten, zu reagieren und damit den Fortgang der Dinge mitzubestimmen. Obwohl Frauen gemeinhin als die Meisterinnen der Kommunikation gelten, sind sie sich nur selten darüber bewusst, dass sie über ein immenses Repertoire an Verhaltensalternativen verfügen. Über die Ereignisse in ihrem Leben befragt, stellen sie den Fortgang der Dinge gerade in ihren engsten Beziehungen oft auf eine Weise dar, die alles irgendwie schicksalhaft erscheinen lässt.

Diese beinahe stoische Grundhaltung verstärkt sich im familiären Umgang und hat einen lähmenden Stillstand zur Folge, der von allen Beteiligten als unbefriedigend empfunden wird. Da wird auf alte Traditionen zurückgegriffen, die scheinbare Sicherheit versprechen, weil man nichts falsch machen kann. Ewig gleich verlaufende Gespräche oder Streitereien verleihen Müttern wie Töchtern das Gefühl, schon vor jeder Begegnung zu wissen, was nun kommt. Die gemeinsamen Pfade sind in diesem Fall derart ausgetreten, dass ein Ausbrechen unmöglich erscheint. Was folgt, ist Resignation, der Rückzug auf feststehende Positionen und überkommene Normen. Mütter und Töchter finden sich ab mit dem, was ist. Dabei verspielen sie im Grunde die Chance, all die positiven Anteile, die ihre Beziehung im Verborgenen auch zu geben imstande wäre, als Kraftquelle für beide nutzbar zu machen. Am Ende einer solchen Entwicklung steht das Sich-Verschließen. Beide erfahren nicht mehr wirklich, was im Leben der anderen passiert und wichtig ist. Man entfremdet sich.

Lähmender Stillstand

Wenn der Kontakt zwischen Müttern und Töchtern auf wackligen Füßen steht, wenn die interessanten Themen um das aktuelle Leben beider vermieden werden, sind Missverständnisse vorprogrammiert. Beide fühlen sich falsch verstanden oder nicht gesehen. Die daraus entstehende Frustration lässt sich nur durch das Betreten scheinbar sicheren Bodens verhindern. Die gemeinsame Vergangenheit verführt dazu, auf die Erinnerung an »alte Zeiten« zurückzugreifen. In den Jahren, in denen die Tochter noch das kleine Mädchen war, haben sie beide dasselbe erlebt und empfunden – glauben sie zumindest. Umso größer ist das Erstaunen, wenn plötzlich erkennbar wird, dass auch die Erinnerung an ein vertrautes Früher nicht bei beiden die gleichen Gefühle weckt.

In diesem Fall zieht sich die Mutter oder die Tochter in den inneren Schmollwinkel zurück. »Ich kenne dich gar nicht mehr!« lautet der direkt oder indirekt geäußerte Vorwurf, mit dem eine der Frauen zum Ausdruck bringt, wie fremd sie sich geworden sind. Der damit einhergehende Trotz macht es unmöglich, die tatsächlich vorhandenen Gemeinsamkeiten noch zu erkennen.

Insbesondere wenn die Tochter erwachsen ist und eigene Wege geht, fühlt sich die Mutter aus dem Leben der jungen Frau ausgeschlossen und wähnt sich nicht selten auf einem anderen Planeten. Die rasanten Veränderungen der letzten Jahre und Jahrzehnte – auf dem Gebiet der Wissenschaft ebenso wie in Bezug auf die Lebensentwürfe besonders der weiblichen Bevölkerung – begünstigen die Entstehung dieses trennenden Gefühls. In der Regel ist es zuerst die Mutter, die sich verlassen fühlt, doch auch die Tochter empfindet es nicht selten als Verrat, wenn die Mutter ihre Entwicklungen nicht nachvollzieht und damit gleichsam absegnet.

Ist der Kontakt zwischen Müttern und Töchtern auf eine Weise gestört, die beide als belastend empfinden, entsteht eine große Verunsicherung. Was ein grundsätzliches Problem der gegenwärtig bestehenden Familienordnung ist, wird individualisiert. Mütter wie Töchter glauben, etwas falsch zu machen, beide entwickeln Schamgefühle, wenn sie annehmen, nur in ihrer Familie sei alles »so schlimm«. Die daraus erwachsende Überzeugung persönlicher Unzulänglichkeit steigert die Verlustangst vor allem aufseiten der Mütter ins Unermessliche. Den eigenen Wert unterschätzend, schwebt die Angst, den Kontakt zu den Töchtern zu verlieren, wie ein Damoklesschwert über ihnen.

Unproduktive Dramen

Die genannten Verunsicherungen führen dazu, dass sich in die Mutter-Tochter-Beziehung innere und äußere Kämpfe einschleichen, die eines gemeinsam haben: Sie sind ungemein kraftraubend und nehmen Frauen die Energie, die sie im Miteinander und auch in anderen Bereichen ihres Lebens gut gebrauchen könnten. In diesem Zusammenhang werde ich im Folgenden auf die Verschwendung von Zeit und Kreativität in unproduktiven Dramen eingehen, auf das genügsame Leugnen eigener Wünsche, auf die Verdrängung von Problemen durch Ausweichen oder Idealisierung und schließlich auf die kraftraubenden Konsequenzen, die Schmerz, Trauer und Enttäuschungen ungelöster Konflikte und festgefahrener Beziehungen mit sich bringen.

Stillstand

> Wir können selbst entscheiden, ob wir in unserem Leben immer wieder Bekanntes wiederholen oder neue Erfahrungen zulassen wollen.

Die Traditionen wahren

Traditionen dienen dazu, eine Gruppe zusammenzuhalten. Sie demonstrieren auf anschauliche Weise, wer dazugehört und wer nicht. Damit tragen sie maßgeblich dazu bei, Verbindungen zu festigen und sich gegenüber Außenstehenden abzugrenzen. Jede Gruppe entwickelt mit der Zeit Rituale, die dann eine gemeinsame Tradition darstellen. Die Schlachtrufe der AnhängerInnen eines Fußballvereins, die seit Jahrhunderten überlieferten Volkstänze dörflicher Gemeinschaften oder das Brauchtum ganzer Nationen an bestimmten Feiertagen haben alle denselben Zweck: Wer weiß, wie es geht, und mitmacht, gehört dazu.

In Familien ist es nicht anders. Da werden Traditionen gepflegt, die für die jeweilige Region typisch und Allgemeingut sind. Darüber hinaus hat jede Familie ihre eigenen Rituale, die nur für diesen kleinen Kreis von Menschen gelten. Zwar schmücken beispielsweise Millionen Deutsche jährlich einen Weihnachtsbaum, doch schon die Auswahl des Baumes nach Art, Größe und Aussehen und erst recht das Schmücken selbst gehören zum individuellen Familiengut. Bei Meiers muss es immer eine Blautanne sein, nicht höher als 1,50 Meter, sonst passt sie nicht in die Ecke, in der sie immer steht. Außerdem wird der Baum immer am 16. Dezember gekauft, denn am 17. hat die Oma Geburtstag, und da soll er schon in vollem Glanz erstrahlen. Bei Müllers muss stets eine Fichte her, seit Generationen schon, und sie kann gar nicht groß genug sein. Vater Müller holt sie stets beim Händler an der Ecke, der kennt ihn längst und legt stets einen Baum zurück, denn Vater Müller kommt grundsätzlich erst an Heiligabend.

Familienrituale stärken das Wir-Gefühl

Fragen Sie Menschen, die mit ihren Familien Feste feiern, nach ihren Gewohnheiten, und Sie werden stets Sätze hören, die mit »bei uns« beginnen, wobei das »uns« mit unverkennbarem Nachdruck geäußert wird. »Bei uns kommen nur rote Kugeln an den Baum«, »bei uns gibt es keine Weihnachtsgans, nur fettfreie Brüstchen. Wir sind gesundheitsbewusst«. »Bei uns treffen sich immer alle gemeinsam, um die Ostereier zu bemalen«, »bei uns sucht immer die Mutter das Urlaubsziel aus«. Immer ist in diesem Zusammenhang auch ein häufig verwendetes Wort.

Traditionen können im günstigsten Fall Geborgenheit vermitteln. Das Bekannte, auf dessen Eintreffen sich alle verlassen können, reduziert Angst und vermittelt Kontinuität. Es hat mitunter etwas Beruhigendes, zu erleben, dass es Dinge gibt, die sich nie ändern. Das Familienritual ist der Schlepper, der die Schiffe der Kinder und Eltern in den Heimathafen zieht. Ist das Familiengefüge intakt, sind die Beziehungen der einzelnen Familienmitglieder zueinander geklärt, kann es für alle Beteiligten eine segensreiche Erfahrung sein, alte Gewohnheiten zu pflegen und damit gleichzeitig die eigenen Wurzeln zu stärken.

Wenn allerdings Probleme innerhalb der Familie bestehen, werden gerade die alten Traditionen häufig zum Fluch. Dann nämlich signalisieren sie Stillstand. Kinder, die auf Veränderung hoffen, machen die Erfahrung, dass Jahr für Jahr alles bleibt, wie es immer war. Die Traditionen, deren Pflege in der häuslichen Gemeinschaft vor allem den Frauen obliegt, werden zum Zankapfel. Muss denn alles wieder so sein wie im letzten Jahr? Müssen wir den Weihnachtsbaum denn immer noch am 16. Dezember kaufen, obwohl Oma schon vor fünfzehn Jahren verstorben ist?

Die Auseinandersetzung um familiäres Brauchtum hat in der Beziehung zwischen Müttern und Töchtern oft symbolischen Charakter. Der Weihnachtsbaum oder die Geburtstagstorte sind lediglich Auslöser heftiger Kämpfe um die Frage nach den Möglichkeiten der Veränderung in der Beziehung. Im Prozess des Heranwachsens sind es in der Regel die Töchter, die irgendwann die überlieferten Rituale in Frage stellen. Doch das ist nicht zwingend: Gerade in Folge der Frauenbewegung sind es zunehmend auch Mütter, die frischen Wind in die Familien bringen wollen. Das löst bei den einzelnen Familienmitgliedern häufig großen Unmut aus, denn die Erneuerungswünsche der Mütter beinhalten nicht selten das Aufkündigen der Übernahme von Dienstleistungen, die bis dahin wie selbstverständlich von ihnen ausgeführt wurden – was für alle anderen höchst angenehm war.

Traditionen leben von der Akzeptanz jahre- und jahrhundertealter Gegebenheiten und sind daher kaum geeignet, die Unabhängigkeit von Frauen zu fördern. Wenn die Kekse noch immer nach Großmutters Rezept gebacken werden, steckt nach Ansicht der Fernsehwerbung vor allem Liebe, in der Realität aber zu 90 Prozent unbezahlte Arbeit drin. Man stelle sich die Mienen der seit ewigen Zeiten auf diese Weise Verköstigten vor, wenn die mittlerweile berufstätige Hausfrau plötzlich eine Packung aus dem Feinkostgeschäft mit nach Hause bringt.

Doch das Gewicht uralter Traditionen wiegt schwer. Besonders bei Familienfesten haben vor allem die Töchter das Gefühl, sich ihnen gar nicht oder nur durch strikte Abwesenheit entziehen zu können. So ist denn besonders das Weihnachtsfest ein Segen für die Touristikbranche. Während sich ein Strom Reisender kreuz und quer durch das Land zu den Eltern bewegt, sucht ein anderer das Weite. Während die einen »nach Hause«, d.h. ins Nest fahren, verweigern die anderen diese jährliche Regression. Dabei stehen besonders die Töchter jedes Mal vor einer immens schwieri-

Flucht oder Regression

gen Entscheidung, denn die Rückbesinnung auf die ehemalige Rolle als Tochter, auf die Rolle des angepassten, mit Mutter verschmelzenden kleinen Mädchens bedeutet für sie eine Schwächung der mühsam erworbenen Eigenständigkeit, während Söhne sich gern wieder einmal als Prinzen hofieren lassen.

Was an Weihnachten besonders deutlich wird, gilt für den Umgang mit Traditionen ganz allgemein. Das Ausüben eines althergebrachten Brauches in einer bestimmten Situation bedeutet immer, dass zu diesem Zeitpunkt darauf verzichtet wird, die Beziehung zwischen Menschen zu aktualisieren, d.h. an die gegenwärtigen Lebensumstände aller Beteiligten anzupassen. Wenn der Kontakt innerhalb einer Familie überwiegend durch rituelles Verhalten gekennzeichnet ist, hat das Stillstand zur Folge.

Die zahlreichen Widersprüche im Verhältnis zwischen Müttern und Töchtern, die ich in den vorangegangenen Kapiteln geschildert habe, lassen auf beiden Seiten große Unsicherheiten aufkommen. Dadurch entsteht die Sehnsucht nach einem sicheren Terrain. Traditionen scheinen diesen erwünschten festen Boden zu bieten. Damit aber begeben sich Mütter und Töchter in einen Teufelskreis, denn sie begegnen sich gerade auf jener Plattform, die die Ursache ihrer Probleme darstellt. Zwar entwickeln beide das beruhigende Gefühl, stets zu wissen, was auf sie zukommt, doch was sie zu erwarten haben, ist nicht immer das, was sie sich für ihre Begegnungen wünschen. Der Rückgriff auf Traditionen klopft nur die unbefriedigenden Zustände fest.

Ich weiß, was mich erwartet

Im Zuge des Zusammenlebens bekommt jedes Familienmitglied eine Rolle zugewiesen, die es mehr oder minder freiwillig übernimmt. Für Kinder bedeutet die Übernahme einer Rolle einen wichtigen Schritt bei der Entwicklung einer Ich-Identität, der Vorstellung davon, wer man ist und was man kann. Ausgehend von diesem Urgefühl übernehmen sie während sie heranwachsen ohne zu hinterfragen manche mit der familiären Rolle einhergehenden Eigenschaften, von anderen distanzieren sie sich. Auf diese Weise bilden sie eine eigene, unverwechselbare Persönlichkeit aus. Innerhalb der Familie bleiben jedoch in der Regel die alten Rollenverteilungen bestehen. Alle haben irgendwann ihren Platz eingenommen und werden ein Leben lang genau dort vermutet. Es sind die bereits erläuterten Mechanismen der selektiven Wahrnehmung und der sich selbst erfüllenden Prophezeiung, die ermöglichen, Erwartungen bestätigt zu sehen. Registriert wird im Miteinander in erster Linie, was den Vermutungen entspricht.

Jede sieht nur die eigene Position

Wenn die Beziehung zwischen Mutter und Tochter angespannt ist, sieht jede meist nur die eigene Position. Das Urteil über die jeweils andere steht dabei unumstößlich fest. »Meine Mutter ist ...« beginnen die Sätze der Töchter und legen die Mütter damit auf alle Zeiten fest. Auch Mütter beklagen, ihre Töchter seien schon immer ... gewesen, und sind davon überzeugt, dass sich daran nie etwas ändern wird. Die Inhalte derart unvergänglicher Zuschreibungen sagen meist etwas über die Haltung aus, die die eine der jeweils anderen gegenüber einnimmt: Meine Mutter ist eine Glucke, eine Rabenmutter, eine Schauspielerin, eine Nervensäge ...; meine Tochter war schon immer eine Heulsuse, eine undankbare Egoistin, ein schwieriger Fall ... Mit der fortwährenden Bestätigung derartiger Annahmen im gegenseitigen Kontakt rechtfertigen beide Seiten gleichzeitig solche Urteile. »Da haben wir es mal wieder!« und »Ich hab's ja schon immer gewusst!« hört man dann, wenn ein Treffen wie angenommen verlaufen ist. Weder Mutter noch Tochter sehen eine Veranlassung, ihre Meinung zu überdenken.

Mütter und Töchter, die im gegenseitigen Kontakt das Gefühl haben, immer wieder die gleichen unerwünschten Erfahrungen zu machen, sollten sich darüber im Klaren sein, dass nicht nur die andere an der permanenten Wiederholung des Problems beteiligt ist. Beide geben sich im Konfliktfall gern gegenseitig die Schuld und übersehen dabei, dass sie selbst ebenfalls zu bequem sind, alte Mauern einzureißen.

Frauen lernen sehr früh, an die Schicksalhaftigkeit ihres Lebens zu glauben. Doch sie müssten sich stattdessen fragen: Was kann ich tun, um das Problem künftig zu vermeiden? Wie stellt sich die Situation aus der Sicht der anderen dar? Was hindert mich, Bewegung in die Sache zu bringen?

Ein Beispiel: Eine Mutter lädt ihre Tochter zweimal im Monat zum Kaffeeklatsch ins elterliche Haus ein. Die Stimmung ist zwar stets gereizt, doch beide meinen nicht zu wissen, warum. Die Mutter kocht bereits innerlich, wenn die Tochter erscheint, denn diese kommt regelmäßig zu spät. Die Mutter, die sich abgehetzt hat, um den Kuchen zu holen und den Kaffee pünktlich auf den Tisch zu bringen, fühlt sich mit jeder Minute des Wartens mehr zurückgesetzt. Aber sie will ja nichts sagen. Das Mädchen ist immer so beschäftigt, da kommt es auf die halbe Stunde nicht an. Es gäbe nur unnötig Streit. Die Tochter ärgert sich insgeheim, nach der Arbeit wieder und wieder den weiten Weg quer durch den Berufsverkehr fahren zu müssen. Sie ist abgespannt und wäre lieber in ihrem eigenen Zuhause auf dem Sofa. Und wenn sie endlich da ist, sieht die Mutter auch noch vorwurfsvoll auf die Uhr. Spätestens dann vergeht ihr endgültig der Appetit auf den Kuchen. Zum Reden hat sie sowieso keine Lust. Aber sie will die Mutter auch nicht kränken. Schließlich richtet sie immer alles so schön her ...

Derartige Beispiele verdeutlichen, wie leicht es für Außenstehende sein kann, das Problem zu erkennen. Eine Veränderung wäre leicht. Ein anderer Zeitpunkt der Begegnung, ein anderer Ort, der für beide günstig ist, und das Thema wäre aus der Welt. Doch die Beteiligten sehen derartige Lösungsmöglichkeiten in der Regel nicht. Für sie bedeutet die Veränderung der Verabredungsgewohnheiten nämlich gleichzeitig eine Erschütterung ihrer Annahmen über die jeweils andere und über das Miteinander. Meine Tochter ist unzuverlässig, meine Mutter ist gereizt – beides würde plötzlich nicht mehr zutreffen. Die Umgestaltung der Beziehung verunsichert und kostet Kraft. Selbst wenn es eine Veränderung zum Besseren wäre, wird sie daher häufig nicht erwogen.

Resignation

»Ich habe es nicht verstanden, mit meiner Mutter richtig zu reden. Deshalb habe ich lieber gar nichts gesagt«, erklärte mir eine Frau in einem Workshop für Mütter von Töchtern, als ich sie bat, ihr Verhältnis zur eigenen Mutter zu beschreiben. Sie wirkte niedergeschlagen, während sie sprach. In ihrem Blick lag Ratlosigkeit. Ihre Äußerung signalisierte, dass sie es irgendwann aufgegeben hatte, zu versuchen, ein offenes Verhältnis zu ihrer Mutter zu entwickeln. Ihr kurzes und gleichermaßen unumstößliches Fazit verrät zwar nicht, ab wann sie sich in resigniertes Schweigen hüllte, doch ihre Worte spiegeln alle Facetten der weiblichen Sozialisation wider. Zunächst einmal gibt sie sich selbst die Schuld an dem beklagenswerten Zustand (sie hat es »nicht verstanden«, mit der Mutter »richtig zu reden«). Die Meinung, unzulänglich zu sein, führt dazu, dass sie sich ohnmächtig fühlt. Sie kann die Situation nicht ändern, also versucht sie es auch gar nicht erst. Damit zeigt sie ein passives Verhalten, das für Frauen leider immer noch charakteristisch ist.

Gefühl der Ohnmacht

Das hier geschilderte Beispiel gibt die Äußerung einer Tochter wieder, doch dieselben Worte könnten so oder in ähnlicher Weise auch von einer Mutter kommen. In der Mutter-Tochter-Beziehung ist oft auf beiden Seiten der Eindruck vorherrschend, sich nicht ausdrücken zu können oder nicht verstanden zu werden. Die lebenslänglich bestehenden emotionalen Verstrickungen erschweren dabei jedes Gespräch. Kommunikation kann nur funktionieren, wenn die am gegenseitigen Austausch Beteiligten innerlich frei sind zu sagen, was sie wollen und wie sie es wollen. Diese Voraussetzung ist zwischen Müttern und Töchtern nicht gegeben, wenn beide sich ausschließlich in ihren alten Rollen erfassen und nicht als eigenständige Persönlichkeiten sehen.

Aber nicht nur das Gespräch, sondern der gesamte Umgang miteinander enthält auf beiden Seiten diverse Tabus. Dieses Phänomen hat seine Ursache im Bedürfnis beider, die jeweils andere zu schonen. Haben Frauen schon grundsätzlich Probleme, Konflikte und Gefühle wie

Wut, Trauer oder Verärgerung bei ihrem Gegenüber auszuhalten, gilt das in der Mutter-Tochter-Beziehung umso mehr. Die Mutter sieht es als ihre Aufgabe an, ihr »kleines Mädchen« vor den Widrigkeiten des Lebens zu beschützen. Das Mädchen erlebt eine erboste oder niedergeschlagene Mutter in ihrer Kindheit als Bedrohung für ihr eigenes Sicherheitsgefühl. Diese Erinnerung kann sie mit dem Heranwachsen nicht einfach löschen. Um der Harmonie willen verzichten daher sowohl die Mutter als auch die Tochter darauf, kritische Themen anzusprechen oder ein Verhalten zu zeigen, das bei der anderen Unwillen auslösen würde.

Dabei ist es oft nicht so sehr die Reaktion des Gegenübers, sondern die aufgrund dieser Reaktion ausgelösten eigenen Gefühle, vor der die Betroffene sich schützen will. Nicht selten fügen sich Mutter und Tochter schicksalsergeben in die geäußerten oder auch nur vermuteten Wünsche der jeweils anderen »um des lieben Friedens willen«. Befürchtet wird dabei weniger der dramatische Streit, sondern eher der Verlust des eigenen inneren Friedens.

Verschlossenheit

Einem Klischee zufolge sind Frauen das redselige, ja sogar das geschwätzige Geschlecht. Bis heute hat sich diese unkritisch übernommene Behauptung erhalten mit dem Ziel, Äußerungen von Frauen abzuwerten und zu übergehen. So macht die weibliche Hälfte der Bevölkerung immer wieder die Erfahrung, dass von ihnen Gesagtes im Privat- wie im Berufsleben kaum ernst genommen wird und daher auch keine Konsequenzen hat. Das erfahren Mädchen bereits in der Kindheit. »Reden ist Silber, Schweigen ist Gold« kriegen sie zu hören.

Besonders verhängnisvoll wirkt es sich aus, dass auch ihre gefühlsbezogenen Äußerungen nicht wichtig genommen werden. Da das weibliche Geschlecht allgemein als gefühlsbetonter und schwächer gilt, ist es für Mädchen kaum erfolgversprechend, Gefühle zum Ausdruck zu bringen. Ihr Weinen wird zwar als rollenkonformes Verhalten gebilligt, als solches aber auch nicht weiter beachtet. Den Ursachen weiblicher Traurigkeit wird kaum Aufmerksamkeit geschenkt. Andererseits löst es bei Erwachsenen heftigen Widerwillen aus, wenn Mädchen sich aggressiv verhalten. Auch in diesem Fall werden die Gründe für einen Wutausbruch kaum gesehen, denn Eltern oder andere ErzieherInnen beschränken sich in der Regel darauf, die scheinbare Entgleisung sofort und vehement zu unterbinden. So werden Mädchen schließlich still und zurückgezogen, doch auch damit haben sie keinen Erfolg. Nun wirft ihnen ihr soziales Umfeld Heimlichkeiten vor und warnt vor weiblicher Verschlagenheit.

Gefühle werden übergangen

In der Mutter-Tochter-Beziehung haben beide gelernt, sich zurückzunehmen. Die Verschlossenheit wird von einer Generation an die nächste weitergegeben. In einem Workshop erklärte eine Mutter, sie habe Probleme, sich zu öffnen. Gleichzeitig äußerte sie die Befürchtung, dass auch ihre Tochter nicht ausdrücken könne, was sie empfindet. Diese Sorge ist sicherlich begründet, denn zum einen lebt die Mutter ihrer Tochter die Verschlossenheit vor, zum anderen wird sie bei dem Mädchen, das sie als Verlängerung der eigenen Person sieht, Verschlossenheit erwarten und unbewusst fördern, selbst wenn sie das vom Verstand her nicht will.

Wenn Mutter und Tochter sich wichtige Begebenheiten und Gefühle verschweigen, ist das gegenseitige Vertrauen beeinträchtigt. An die Stelle von Informationen und dem klaren Bewusstsein darüber, wie es der anderen geht, was sie denkt und empfindet, treten Vermutungen. Statt die Realität zu erfassen existiert nicht selten nur noch eine Fantasie darüber, was im Leben der anderen passiert. Derartige Vorstellungen haben jedoch mit der Wahrheit nicht unbedingt viel gemeinsam. Erschwerend kommt hinzu, dass Frauen in der Regel dazu neigen, sich selbst und ihren Wert für andere zu unterschätzen. Ist der Austausch zwischen Mutter und Tochter gestört, vermuten beide nicht selten, die andere habe eine weniger gute Meinung über sie. An die Stelle des Dialogs tritt das Grübeln.

Vermutungen statt Informationen

Äußerungen werden interpretiert, Gesichtsausdrücke gedeutet, und das alles auf der Basis früherer Erfahrungen. Damit bleibt die Beziehung im Überkommenen gefangen. Ein Beispiel soll verdeutlichen, welche paradoxen Konsequenzen es hat, wenn Annahmen und Befürchtungen klare Aussagen ersetzen.

Die Tochter ruft die Mutter an, um ihr mitzuteilen, dass sie den Enkelsohn morgen nicht sehen kann. Er ist krank. Mehr sagt sie nicht, druckst aber scheinbar ein wenig verlegen herum. Die Mutter ist verunsichert. Warum kann sie nicht hinfahren und einen Krankenbesuch machen? Ist ihre Anwesenheit nicht erwünscht? Hält die Tochter sie für unfähig, das Kind zu pflegen? Steckt vielleicht sogar der Vorwurf dahinter, sie habe ihre Tochter nicht gut gepflegt, als diese früher krank war? Oder will ihre Tochter sie nicht sehen?

Auf der anderen Seite die jüngere Frau: Sie war ganz überrascht, als ihr Sohn heute morgen mit hohem Fieber aufwachte. Gestern Abend war er ja noch ganz munter. Und nun so plötzlich Husten und Schnupfen. Der Arzt hat gesagt, es sei eine Virusgrippe. Sie wollte auf keinen Fall, dass ihre Mutter sich ansteckt. Erst im letzten Winter hat sie mit einer Infektion so lange niedergelegen. Sie ist ja auch nicht mehr die Jüngste. Immer wieder hört man, wie alten Leuten die Grippe zu schaffen macht. Aber sie wusste auch, dass die alte Dame sich durch derartige Befürchtungen gar nicht abhalten lassen würde, ihren Enkel zu verwöhnen. Nur wenn sie ohne Umschweife absagen würde, wäre das Problem aus der Welt. Sie muss ja nichts weiter erklären. Doch würde die Mutter ihr dann böse sein? Schon einmal hatte sie ihr vorgeworfen, ihr den Jungen vorzuenthalten. Gäbe es wieder Streit?

Auch hier nur Fragezeichen. Auffallend ist, dass auf beiden Seiten die negativen Erwartungen überwiegen. Mangelndes Selbstbewusstsein von Frauen schürt dabei die Verunsicherung, die häufig erst in die Katastrophe führt, die so sehr befürchtet wird. Denn wenn beide das Gespräch wieder aufnehmen, haben sich die negativen Annahmen längst in unverrückbare Gewissheiten verwandelt. Bei der nächsten Begegnung ist die Stimmung von vornherein gereizt.

Wenn Mütter und Töchter sich nicht mitteilen, was in ihrem Leben passiert und was ihnen wichtig ist, begünstigt diese Situation auch selbstschädigendes Verhalten. Es tritt im Fall eines schwerwiegenden Problems leicht an die Stelle des Hilferufs. Vor allem für kleine Mädchen bedeutet die Erfahrung, dass es kaum etwas Positives bewirkt, Gefühle zu äußern und sich mitzuteilen, eine scheinbare Ausweglosigkeit in Notlagen. Wie viele Verbrechen – in erster Linie Misshandlung und sexueller Missbrauch – könnten verhindert werden, wenn die Mädchen eine Chance darin sehen würden, sich anderen anzuvertrauen? Wie viele Mädchen geben Zeichen und werden dabei übersehen?

Täter vertrauen auf die Sprachlosigkeit ihrer Opfer und behalten in viel zu vielen Fällen damit leider noch immer Recht. Anstatt umgehend Hilfe zu bekommen und zu erfahren, dass sie keinerlei Schuld an dem haben, was ihnen angetan wurde, tragen Mädchen ihr Leid oft über Jahre hinweg mit sich herum. Ihr Schweigen verleiht ihnen mit der Zeit das Gefühl, selbst verantwortlich zu sein für das, was mit ihnen geschah. Damit ist der Schritt zu autoaggressivem Verhalten nicht mehr weit. Die Gefahr von Drogensucht, Prostitution, Essstörungen und Verletzungen am eigenen Körper bis hin zum Suizid erhöht sich mit dem Ausmaß erlittener Sprachlosigkeit.

Aber nicht nur zerstörerische Gewalterfahrungen, sondern auch die kleineren Nöte des Alltags im Leben von Mädchen können einen Rückzug nach innen bewirken, wenn sie übersehen werden. Doch mit dem Schweigen beginnt die Entfremdung, die das gegenseitige Verstehen erschwert.

Entfremdung

> Der Verlust an Nähe ist oft eine Folge des verzweifelten Versuchs, ihn zu verhindern.

Missverständnisse

Missverständnisse sind eine unmittelbare Konsequenz, wenn die Beziehung zwischen Müttern und Töchtern durch Verschlossenheit gekennzeichnet ist. Wo anstelle klarer Aussprachen immer öfter Vermutungen im Raume stehen, bleiben Fehlinterpretationen und falsche Annahmen nicht aus. Je seltener sich Mütter und Töchter ihre Gedanken und Gefühle deutlich mitteilen, desto mehr Personen sitzen am Tisch, wenn beide sich begegnen.

Selbstbilder, Fremdbilder, Wunschbilder

Da ist zunächst die Mutter mit ihrem Selbstbild, ihren Stärken, Schwächen, ihrer Geschichte, ihren Träumen und ihrer Tagesform. Außerdem gibt es die Mutter, wie ihre Tochter sie ihr Leben lang wahrgenommen hat: eine starke, mutige und zuverlässige Frau oder eine depressive, ängstliche und unsichere Person. Und schließlich ist da die dritte Mutter, die dem Wunschbild der Tochter entspricht. Sie bringt alle Eigenschaften mit, die die Tochter bei ihrer realen Mutter nicht erkennen konnte: Sie ist entweder besonders zärtlich oder besonders selbstbewusst, sie kleidet sich modisch und hat einen ausgeprägten Sinn für Humor oder eine philosophische Ader. Andererseits sind aber auch mindestens drei Töchter anwesend: Da ist erstens eine junge Frau mit ihren Sehnsüchten, Sorgen, Erfahrungen und Idealen, die gerade aufgeregt, müde, fröhlich oder bekümmert ist. Zweitens ist da das Mädchen, das die Mutter immer in der Tochter gesehen hat, eben das Abbild von Onkel Peter, stets gut aufgelegt und optimistisch, aber auch mit einem ausgeprägten Hang zu Egoismus und Sturheit. Und drittens gibt es die Tochter, die sich die Mutter immer gewünscht hat: dem Wesen nach Lehrerin, verheiratet, sportlich und voller Ehrgeiz oder häuslich oder besonnen oder draufgängerisch oder oder oder ...

Wenn diese sechs Frauen sich unterhalten, geht es drunter und drüber. Keine nimmt auf die andere Rücksicht, und alle reden durcheinander. Meistens drängen sich die Fremd- und Wunschbilder so sehr in den Vordergrund, dass die reale Person nicht mehr zu sehen ist. Missverständnisse sind vorprogrammiert. Mütter sind in der Zeit, in der ihre Töchter noch nicht sprechen können, darauf angewiesen, das Verhalten des Kindes richtig zu deuten. Viele der in diesen Jahren gemachten Interpretationen geben sie niemals auf. Sie sehen auch in der Zwanzigjährigen noch das Baby, das ihnen spätestens beim dritten Löffel den Brei über die Schulter spuckte. Sie folgern, auch die junge Frau sei schwierig, wenn es ums Essen geht.

Auf der anderen Seite überprüft auch eine Tochter ihre Ansichten über die Mutter nicht. Spätestens seit sie mit zwölf Jahren eine Ohrfeige aus nichtigem Anlass bekommen hat, traut sie der anderen nicht mehr. Sie hat nie erfahren, dass ihre Mutter an jenem unglückseligen Tag einen riesigen Streit im Büro hatte, danach zwei Stunden im Stau stand und ihr überdies die Einkaufstüte aus der Hand gefallen war, sodass die Eier zerbrachen und die Milch sich über die Lieblingskekse ergoss. Sie hat auch vergessen, dass sich die Mutter ehrlich entschuldigt hat. Sie erinnert sich nur an den Schmerz auf der Wange und den Schreck, der ihr durch alle Glieder gefahren war.

Nun ist ein Missverständnis grundsätzlich kein großes Drama. Die emotionalen Verstrickungen zwischen Müttern und Töchtern bewirken jedoch, dass es nicht ausgeräumt wird, weil beide befürchten, die andere zu kränken. Gerade wenn die eine der beiden der anderen etwas Gutes tun will, mit einem Geschenk oder einer Einladung beispielsweise, klärt es sich selten auf, wenn sie mit dem vermuteten Glücksgriff danebenliegt. Tragisch daran ist, dass die falsch gesehene Frau es unterlässt, die fehlerhaften Annahmen über ihre Persönlichkeit gerade zu rücken. Um die andere nicht zu verletzen und einer vermeintlichen Peinlichkeit aus dem Weg zu gehen, kränkt sie sich im Grunde selbst. Welche Tochter sagt schon: »Es ist sicher lieb gemeint mit dem Buch, das du mir geschenkt hast, Mama, aber Gruselromane habe ich gelesen, als ich vierzehn war. Heute mag ich lieber Künstlerbiographien über Persönlichkeiten, die im 19. Jahrhundert in Osteuropa lebten.« Stattdessen überfliegt sie den Schmöker, falls die Mutter nachfragt, was dringestanden hat, und verschenkt das Buch anschließend heimlich an die Nachbarin. Ganz sicher wird sie auf diese Weise nicht das letzte Mal ein derartiges Präsent von ihrer Mutter erhalten haben.

Aufklärung bleibt aus

Umgekehrt ist auch eine erwachsene Tochter oft nicht in der Lage, Veränderungen wahrzunehmen. Vielleicht schenkt sie der Mutter jedes Jahr ein gemeinsames Wanderwochenende, ohne zu bedenken, dass die alte Dame seit geraumer Zeit über Arthrose klagt. Die Mutter, die sich dann voller Dankbarkeit den Berg hinaufquält, hat dabei Schmerzen in den Knien und Schmerzen im Gemüt. Es tut ihr weh, dass die Tochter nicht bemerken will, wie es ihr geht. Die Tochter dagegen ist enttäuscht. Es ist gar nicht mehr so wie früher. Damals hatten beide unterwegs so viel Spaß. Jetzt ist die Mutter immer so still.

Solche Beispiele zeigen, dass sowohl die Mütter als auch die Töchter sich gegenüber der Tatsache verschließen, dass das Leben nicht statisch ist und Menschen sich entwickeln. Die Beziehung der beiden basiert häufig auf der Erinnerung an eine frühere, gemeinsame Zeit.

Weißt du noch?

Wenn Mütter und Töchter in der Kindheit des Mädchens ein harmonisches Verhältnis zueinander hatten, ist die Gefahr besonders groß, dass sie im Vergangenen verhaftet bleiben. Die alte Vertrautheit verspricht Geborgenheit. Töchter genießen es vielleicht, sich im Beisammensein mit der Mutter vorübergehend auf eine kindliche Rolle zurückziehen zu können, keine Verantwortung übernehmen zu müssen und sich verwöhnen zu lassen. Für Mütter ist die Erinnerung an alte Zeiten auch die Erinnerung an die Jahre, in denen sie noch jünger war. Da Frauen in der Regel eine negative Einstellung gegenüber dem Älterwerden haben, verbinden sie mit »jünger« oft auch »glücklicher«. Sie hinterfragen dabei nicht, ob das wirklich stimmt.

Wenn Mütter und Töchter mit Sätzen wie »Weißt du noch?« den Blick auf Vergangenes richten, wollen sie damit die Erinnerungen an die vermeintlich »guten alten Zeiten« auffrischen, in denen beide vieles gemeinsam erlebten und die Nähe besonders groß war. Ist ihr Verhältnis zueinander offen und im Wesentlichen frei von Konflikten, kann eine derartige Reise ins Damals durchaus ein vergnügliches Erlebnis sein. Voraussetzung dabei ist jedoch, dass beide gleichermaßen den Wunsch verspüren, sich an Vergangenes zu erinnern, und vor allem, dass die Beziehung nicht in erster Linie auf diesem Früher beruht. Denn der Trip in alte Zeiten ist immer auch ein Rückgriff auf überkommene Rollen, die neben der ersehnten Vertrautheit auch alte Hierarchien wieder lebendig werden lassen.

Vor allem für die Tochter haben die Erinnerungen nicht immer den gewünschten erheiternden Effekt. Sie schlüpft wieder in die Haut des abhängigen Kindes. Als Mädchen wurde von ihr oft erwartet, dass sie vor allem pflegeleicht sein und keine Probleme machen sollte. Das stille, unsichtbare Kind war erwünscht. Sätze wie »Man hat mich nicht gehört, und man hat mich nicht gesehen« sind Standards in Workshops, wenn Frauen beschrieben, wie sie in ihren Familien gelebt haben. Bemerkenswert dabei ist, dass solche Aussagen durchaus mit einem Unterton des Stolzes hervorgebracht werden. Es ist also offensichtlich, dass diese Frauen als Mädchen für rücksichtsvolles Verhalten gelobt wurden. So ist für sie die Erinnerung an früher auch immer eine Erinnerung an Ohnmacht, Anspruchslosigkeit und Selbstverleumdung. Sie bedeutet demnach unweigerlich eine Schwächung des Selbstwertgefühls.

Anspruchslosigkeit und Selbstverleumdung

Für die Mutter ist der Gedanke an alte Zeiten in der Regel angenehmer. Als junge Frau und als Erziehende genoss sie nicht nur größere gesellschaftliche Anerkennung, sondern hatte auch mehr Einfluss auf die Tochter als in den Jahren danach. Es ist die Erinnerung an ein Stück mütterlicher Macht sowohl im Umgang mit dem Kind als auch im Umgang mit dem sozialen Umfeld. Sie traf auf wohlwollende Blicke, wenn sie mit dem Kinderwagen unterwegs war. Für eine gewisse Zeit erlebte sie, dass andere ihr den Weg freimachten und sie nicht wie sonst diejenige war, die ausweichen musste. Sie genoss, dass das kleine Mädchen zu ihr aufsah, sie bewunderte und alles nachmachte, was sie tat. Auch gab es noch keine Verlustangst bei dem Gedanken an ihre Tochter. Sie konnte sich absolut sicher sein, dass sie für das Kind der wichtigste Mensch war. Vielleicht hat sie eine derartige Sicherheit in Beziehungen nie zuvor und niemals wieder danach erlebt. Da ist es nur natürlich, dass sie sich gerne an diese Jahre erinnert.

Wie sich leicht erkennen lässt, haben Mütter und Töchter völlig verschiedene Blickwinkel, wenn sie die Vergangenheit heraufbeschwören. So erleben sie dann, dass die Erinnerungen nur scheinbar gemeinsame Erfahrungen darstellen. Was – oft von den Müttern – angesprochen wird, um das zwischen beiden bestehende Verhältnis zu verbessern, bringt stattdessen die Entfremdung ans Tageslicht. In der Regel erinnern sich erwachsene Töchter nicht an ihre ersten Lebensjahre. Sie betrachten die Erzählungen darüber mit Skepsis, denn sie weigern sich, sich in einer derartig abhängigen Position zu sehen.

Idealisiertes Damals

Solche Diskrepanzen setzen sich fort. Die Mutter denkt mit Begeisterung an die ersten Schritte des kleinen Mädchens, an die Einschulung oder die große Feier zur Konfirmation. Aus ihrer Euphorie heraus neigt sie dazu, die alten Zeiten zu verklären. Nichts soll die Erinnerungen trüben. Darüber hinaus beginnt sie, dieses idealisierte Damals mit ihrem gegenwärtigen Leben zu vergleichen. Oft schneidet die Vergangenheit dabei besser ab, wenn sie das Neue nicht allein für sich, sondern ausschließlich in Bezug auf das Alte sieht. Es ist nicht so wie früher, also ist es nicht gut. Für die Zukunft wird nicht viel erwartet, denn auch sie kann nicht wie früher sein. Es ist, als ob die Mutter der Vergangenheit nicht untreu werden will. Als ob neue, positive Erlebnisse vergangenes Glück relativieren würden.

Die Verklärung der Vergangenheit – in der Regel aufseiten der Mutter – wird von der Tochter normalerweise nicht geteilt. Aus ihrer Sicht betrachtet war alles ganz anders, als die Mutter es erzählt. Sie fand den ersten Urlaub der Familie in Irland überhaupt nicht schön, außerdem hat es andauernd geregnet. Sie hätte viel lieber auf den Kanarischen Inseln in der Sonne gelegen und sich nach den Ferien von den MitschülerInnen für ihre Bräune bewundern lassen. Damals dachte man ja noch nicht an Hautkrebs und freie Radikale. Stattdessen saß sie fröstelnd in einem Campingbus, der eine Panne nach der anderen hatte.

Besonders ärgert sie sich darüber, dass ihrer Erinnerung nach auch die Mutter den Urlaub damals gar nicht so vollkommen fand, wie sie heute behauptet. Die Eltern hatten sich permanent in den Haaren, weil sie mit der Straßenkarte nicht zurechtkamen und sich andauernd verfuhren. Und ihr Vater hat auf dem Dorffest heftig mit einer anderen Touristin geflirtet und damit der Mutter den ganzen Abend verdorben. Aber auch das will die Mutter heute nicht mehr hören. So erlebte die Tochter verregnete Wochen in missmutiger Stimmung auf einem öden Eiland. Die Mutter erinnert sich an diese wunderbare Rundreise, auf der sie als Familie gemeinsam dem Wetter trotzten, alle Schwierigkeiten mit Wagen und Wegen zusammen meisterten und der Vater noch ein junger Heißsporn war, um den alle anderen Frauen sie beneideten.

Verschiedene Interpretationen einer gemeinsamen und daher vermeintlich gleichen Vergangenheit führen häufig zu Missbilligung und Streit. Jede der beiden Frauen versucht dabei, ihre Sicht der Dinge durchzusetzen. Was HistorikerInnen in Bezug auf große politische Ereignisse tun, findet auch im familiären Rahmen statt. Beide verteidigen ihre ganz persönliche Wahrheit, die Geschichte ihres Lebens. Sie wollen ihren Gefühlen treu bleiben und dulden daher keinen Widerspruch. Wieder steht Müttern und Töchtern dabei die Annahme von Gleichheit und Eintracht im gegenseitigen Verhältnis im Wege. Diese Grundvoraussetzung verhindert nämlich, dass beide die verschiedenen Sichtweisen nebeneinander existieren lassen können.

Die Entfremdung entsteht also in einem solchen Fall nicht durch die Akzeptanz verschiedenartiger Gefühle bei der Betrachtung ein und derselben Begebenheit, sondern aus der Enttäuschung, dass die andere nicht am eigenen Bild der Vergangenheit mitmalt. Beide fühlen sich vor den Kopf gestoßen und reagieren verletzt. Die Illusion der Einigkeit ist dahin. Was ist bloß aus meinem kleinen Mädchen geworden? Warum sieht Mutter die Dinge nicht so wie ich? Beide ziehen sich in den inneren Schmollwinkel zurück. Fragend stehen sie sich gegenüber und scheinen in der anderen plötzlich eine Fremde zu sehen.

Ich kenne dich gar nicht mehr!

Das Gefühl der Entfremdung in der Beziehung zwischen Müttern und Töchtern löst auf beiden Seiten vehemente Angstgefühle aus. Besonders die Eigenständigkeit der Tochter trifft die Mutter hart. In ihr hat sie zeitlebens aufgrund der vermeintlichen Gleichheit die Verbündete gesehen, deren Gedanken und Gefühle sie zu kennen glaubte. Das kleine Mädchen war die Verlängerung der eigenen Person, war die Vertraute, die alles verstand. Wenn die Tochter nun plötzlich andere Prioritäten in ihrem Leben setzt, ihr Denken und Handeln mehr auf die Zukunft als auf die vergangene Harmonie mit der Mutter ausrichtet, fühlt diese sich verraten.

Schmerzlicher Verlust

Natürlich weiß auch die Mutter, dass die Ablösung der Tochter eine normale Entwicklung und durchaus wünschenswert ist. Aber dieses Bewusstsein vereinfacht die Situation nicht. Im Grunde ihres Herzens empfindet die Mutter einen schmerzlichen Verlust, doch ihr Verstand verbietet ihr, die vermeintlich irrationale Gefühlslage offenzulegen. Sie ist von dem Wunsch erfüllt, die Tochter und damit auch deren Verhältnis zu ihr möge bleiben wie es immer war. Doch weil sie weiß, dass dieser Wunsch für beide keine Perspektive beinhaltet, bringt sie ihn nicht direkt zum Ausdruck. Stattdessen verschließt sie sich gegen die Veränderungen im Leben des Mädchens und fördert die Entfremdung erst recht. Sie lehnt die neuen FreundInnen ab, mit denen die Heranwachsende nun alles bespricht, nörgelt über ihre veränderte Frisur, über den »Unsinn« in den Jugendzeitschriften oder die »Flausen«, wenn es um die Berufswünsche geht.

Die Tochter fühlt sich mit der Zeit nur noch kritisiert und missverstanden. Jetzt glaubt auch sie sich im Stich gelassen. Wieso kann die Mutter sie nicht mehr so vorbehaltlos akzeptieren, wie sie es tat, als sie noch kleiner war? Wieso kann sie sie nicht wie früher unterstützen bei dem, was sie tut? Auch die Tochter erlebt die Veränderung der Beziehung als fortwährenden Prozess der Entfremdung. Da sie erst dabei ist, ihr Leben aufzubauen, und sich ihre Aufmerksamkeit auf die neuen Erfahrungen der Pubertät konzentriert, gibt sie dem entstehenden Verlustgefühl weniger Raum. Während sie die Chance hat, aktiv zu bestimmen, wann und wohin ihr Weg in die Selbstständigkeit führt, muss die Mutter jeden Schritt der Tochter zur Kenntnis nehmen und sich damit arrangieren. Sie verliert die Kontrolle über die Entwicklung sowohl ihres Kindes als auch dessen Verhältnis zu ihr.

Aber das Bewusstsein, keinen Einfluss auf den Fortgang der Dinge nehmen zu können, löst immer Angst aus. Mütter beschrieben mir ihre Gefühle bei der Ablösung der Töchter übereinstimmend vor allem als »Panik, nicht mehr gebraucht zu werden«. Dabei verrät das Wort Panik bereits, welche umfassenden Auswirkungen die Eigenständigkeit der Töchter auf das Lebensgefühl der Mütter hat. Wer in Panik ist, befindet sich im Zustand des Schreckens, kann nicht klar denken, kann nicht wirklich wahrnehmen geschweige denn begreifen, was passiert. Übermächtig wird dagegen das Bedürfnis, alles möge wieder so werden, wie es war. Und schon schließt sich der Teufelskreis: Der Blick richtet sich auf die nun verklärte Vergangenheit.

Warum macht Müttern der Gedanke, nicht mehr gebraucht zu werden, soviel Angst? Der Grund liegt ganz offensichtlich im mangelnden Selbstbewusstsein der Frauen – ein Ergebnis ihrer Erziehung. Frauen glauben, nur wenn sie gebraucht werden, werden sie auch geliebt und gewollt. Gebraucht zu werden stellt eine gewisse Beruhigung dar. Die Abhängigkeit anderer, vor allem der Partner und der Kinder, verleiht ihnen ein gewisses Gefühl der Sicherheit im sozialen Kontakt, getreu dem Motto: »Wenn die anderen mich brauchen, dann gehen sie nicht weg.« Schnell wird daraus der Umkehrschluss, der sich bei erwachsenen Kindern auch noch zu bestätigen scheint: »Wenn die anderen mich nicht mehr brauchen, gehen sie weg.« Mütter sehen voller Wehmut, wie ihre kleinen Mädchen zum ersten Mal aus der Wohnung rennen, sobald sie laufen können. Und dabei auch noch lachen!

Mangelndes Selbstbewusstsein

Wenn die Tochter ihre erste eigene Wohnung bezieht, wird sie glücklich sein und vielleicht sogar erwarten, dass die Mutter diesen freudigen Augenblick mit ihr teilt. Doch dann erkennt sie Wehmut bei der Mutter und reagiert darauf mit Abwehr. Die Umkehr der Abhängigkeiten, die eine Umkehr der alten Rollen ist, löst nun bei ihr Panik aus. Sie fühlt sich verantwortlich dafür, wie es der Mutter geht. Auch für sie ist damit alles nicht mehr, wie es immer gewesen ist. Die Beziehung, die früher durch die kindliche Abhängigkeit des Mädchens gekennzeichnet war, beruht nun auf Freiwilligkeit. Es ist nicht leicht, eine gemeinsame, neue Basis zu finden, die sich am aktuellen Leben beider orientiert, ohne die gemeinsame Geschichte zu verleugnen.

Wollen Mütter und Töchter die Entfremdung vermeiden, benötigen sie einen regen Austausch im Gespräch. Gemeinsame Themen erleichtern dabei das Fortbestehen eines verbindlichen Miteinanders. Die Entwicklungen beider Generationen, aber auch die Veränderungen in der Gesellschaft führen allerdings häufig dazu, dass Mütter und Töchter sich auf verschiedenen Planeten wähnen.

Das ist nicht meine Welt!

Die Lebensbedingungen aller Menschen in den westlichen Industrieländern haben sich in den vergangenen Jahrzehnten erheblich verändert. Sowohl der Wandel des weiblichen Rollenbildes als auch die Veränderungen der Gesellschaft durch Medien und Technik wirken sich massiv auf das Verhältnis zwischen Müttern und Töchtern aus. Beide haben sich im Laufe ihrer eigenen kindlichen Entwicklung ein Bild von ihrer Umgebung gemacht, die Regeln des Miteinanders erlernt und versucht, aufgrund des Vorgefundenen ihren Platz in der Welt zu bestimmen.

Die jungen Frauen müssen ihre neue Position in der Gesellschaft erst finden. Sie haben zwar begriffen, was sie tun müssen, um den alten Abhängigkeiten und der Machtlosigkeit des traditionellen weiblichen Lebenslaufes zu entkommen, aber häufig fehlt ihnen das Handwerkszeug dazu. Ganz tief in ihrem Inneren fühlen sie sich eben nicht selbstsicher, durchsetzungsfähig und kampfeslustig und wissen dabei, dass sie gerade diese Fähigkeiten brauchen, um ihre Wünsche zu verwirklichen. Die Verantwortung dafür schieben sie den Müttern zu, von denen sie erzogen wurden. Dabei übersehen sie nicht nur, dass auch ihre Mütter nicht in einem Vakuum aufgewachsen sind, sondern unterschätzen auch die anderen Einflüsse durch Medien, Schule und Bekanntenkreis für das eigene Lebensgefühl. Der Kampf um Autonomie wird daher über die Mutter ausgetragen.

Kampf um Autonomie

Dabei bewirkt die vorwurfsvolle Haltung der Tochter erst recht, dass sich die Mutter gegenüber Neuem verschließt. Veränderung geschieht niemals unter dem Druck einer anderen Person. Sie kann nur auf dem Boden der Entscheidungsfreiheit erwachsen. Doch aus dem tiefen Wunsch heraus, der anderen nah zu sein, wünschen sich sowohl Mutter als auch Tochter, dass die andere die eigenen Ansichten teilt. Beide konzentrieren sich darauf, einander zu überzeugen. Beide halten dabei starr am eigenen Standpunkt fest und werden sich darüber fremd.

Die Differenzen zwischen Müttern und Töchtern spielen sich aber nicht nur im Bereich der Normen und Werte ab. Auch neue Entwicklungen tragen zur äußeren Entfremdung bei, wenn sie von einer Seite begrüßt und von der anderen abgelehnt werden. Die Mutter stürmt genervt ins Mädchenzimmer, wenn die Heranwachsende die Stereoanlage bis zum Anschlag aufdreht. Dabei stört sie weniger die Lautstärke, sondern vielmehr die Art der Musik, die die Tochter hört. Es ist Techno, es ist in ihren Ohren seit Stunden der immer gleiche, monotone Rhythmus. Vor zwanzig Jahren waren es Pop, davor Rock'n'Roll, irgendwann Twist und so weiter und so fort. Es ist leicht vorhersehbar, dass die heutigen Mädchen, die über die Intoleranz ihrer Mütter nur den Kopf schütteln können, eines Tages genauso vernichtend über die Musik der nächsten Generation urteilen werden.

Leider besteht die Ablehnung des Neuen bei den »Alten« nicht nur in Bezug auf Musik. Wegwerfwindeln, Tiefkühlkost und die Spülmaschine wurden von Frauen bekämpft, weil sie die Sorge, nicht mehr gebraucht zu werden, nur noch vergrößerten. Der Computer wurde von Frauen abgelehnt aus der Befürchtung heraus, er könne den menschlichen Kontakten die Wärme und Nähe rauben. Die felsenfeste Überzeugung, von Technik sowieso nichts zu verstehen, hält gerade ältere Frauen vom Internet, vom Handy und vom Geldautomaten fern, obwohl sie seit Jahren wie selbstverständlich Waschmaschinen, Elektroherde und Mikrowellen bedienen. Wenn »Haushaltsgerät« draufsteht, geht's. Ansonsten überwiegt die Angst vor dem Unbekannten.

Veränderte Sprache

Junge Frauen dagegen können sich gegenüber modernen Technologien nicht verschließen. Sie brauchen sie im Beruf und ziehen auch privat ihren Nutzen daraus. Es entstehen dabei immer größere Bereiche, über die Mütter und Töchter sich nicht unterhalten können, denn neue Entwicklungen bringen auch andere Begriffe mit sich. »Wo hast du deinen neuen Freund denn kennen gelernt?«, will die Mutter wissen. »Beim Chatten«, antwortet die junge Frau und blickt in ein ratloses Gesicht. Wo früher Gemeinsamkeit war, lassen sich die Unterschiede nicht länger verdrängen. »Das ist nicht meine Welt!«, denkt dabei nicht nur die Mutter, die sich frustriert dem Fremden gegenüber verschließt. Auch die Tochter kann die Lebensweise der Mutter mit der Zeit nicht mehr nachvollziehen. Wieder fühlen sich beide verraten. Die Tochter geht eigene Wege und lässt die Mutter zurück. Die Mutter folgt der Tochter nicht nach. Beide machen sich gegenseitig für die Diskrepanzen verantwortlich. Es wird immer schwieriger, gemeinsame Themen zu finden, die alte Einigkeit zu erleben. Der äußeren Entfremdung folgt die innere nach. Die alten Gewissheiten existieren nicht mehr. Verunsicherung breitet sich aus.

Verunsicherung

> Die übermäßige Bereitschaft von Frauen, sich selbst in Frage zu stellen, beeinträchtigt auch die Beziehung zwischen Mutter und Tochter.

Was mache ich falsch?

In der Beziehung zwischen Mutter und Tochter begegnen sich zwei Frauen. Beide haben die Mechanismen weiblicher Denk- und Reaktionsweisen gründlich verinnerlicht. Tauchen irgendwo Probleme auf, suchen sie automatisch die Schuld dafür bei sich. Tatsächlich übersehen Frauen in der Regel einen augenfälligen Widerspruch innerhalb ihrer Überzeugungen. Obwohl sie gewöhnlich davon ausgehen, ihr Schicksal nicht selbst beeinflussen zu können und sich daher machtlos fühlen, sind sie gleichzeitig fest davon überzeugt, für alles Negative im eigenen Leben verantwortlich zu sein. Die Schwierigkeiten innerhalb von Familien lasten sie sich dabei besonders gerne an, denn hier ist ihr Fixpunkt. Da sie es sind, die durch einen immensen Aufwand an Sensibilität und kommunikativer Stärke den eigenen Clan zusammen und jedes seiner Mitglieder bei Laune halten sollen, betrachten sie es auch als ihr Versagen, wenn dieses Unterfangen misslingt.

Hausgemachte Versagensgefühle

In Bezug auf das Verhältnis zu den Kindern ist die Versuchung aufseiten der Mutter besonders groß, Schuldgefühle zu entwickeln. Da sie die Hauptverantwortung für die Erziehung übernommen hat, betrachtet sie die Entwicklung der Kinder als Ergebnis ihrer Bemühungen, besonders wenn es scheinbar negativ ist. In den vergangenen hundert Jahren wurde durch die Psychologie der Einfluss der Erfahrungen aus der Kindheit für das spätere Leben eines Menschen herausgearbeitet. Für den Nachwuchs ist es daher besonders leicht, die Verantwortung für eigene Schwierigkeiten an die Eltern, vor allem die Mutter, zu delegieren.

Mütter haben derartigen Schuldzuweisungen in der Regel wenig entgegenzusetzen, wenn sie die Zuweisungen akzeptieren, die der Begriff »Mutterschaft« beinhaltet. Sie stellen sich selbst die Frage »Was habe ich falsch gemacht?«, wenn etwas nicht so läuft wie gewünscht. Dabei orientieren sie sich oft an eigenen Hoffnungen. Sie überprüfen nicht, ob das Leben der Tochter tatsächlich in unglücklichen Bahnen verläuft oder nur vom mütterlichen Ideal abweicht. Die Verunsicherung ist groß, wenn die Träume der Mutter und die Träume der Tochter weit auseinander liegen. Richtig kritisch wird es aber in der Regel erst, wenn die Tochter tatsächlich mit massiven Schwierigkeiten zu kämpfen hat. Schulden, Suchtprobleme, gewalttätige Partner oder andauernde Arbeitslosigkeit werden für beide zum Prüfstein des gegenseitigen Umgangs und des eigenen Selbstbewusstseins. Mutter und Tochter quälen sich in solchen Situationen gewöhnlich mit Schuldgefühlen herum. Während die Mutter die Ursachen für die Probleme in ihrer vermeintlich mangelhaften Erziehungsleistung sieht, fühlt sich die Tochter als Versagerin. Sie wird

Abweichung vom mütterlichen Ideal

von dem Gedanken gepeinigt, die Erwartungen der Mutter nicht erfüllen zu können.

Gleichzeitig ist die Tochter es seit frühester Kindheit gewohnt, auf Mutters Schoß zurückzuklettern, um dort Schutz und Erholung zu finden. Kehrt sie auch als Erwachsene zu diesem Verhalten zurück, macht sie in der Regel die Erfahrung, dass die Mutter das Unglück ihres Kindes wie ein eigenes betrachtet. Wenn das kleine Mädchen sich die Knie aufgeschlagen hatte und weinend zur Mutter lief, strahlte diese stets Zuversicht aus. Der Schmerz würde vergehen, die Wunde heilen, bald schon könnten beide über dieses Missgeschick lachen. Mutter wusste immer Rat.

Und nun dieser Schock. Statt Ruhe und Gelassenheit findet die gestrandete Tochter eine zutiefst verunsicherte Mutter vor. Statt Zuversicht auszustrahlen, ist sie von Panik erfüllt, vorwurfsvoll oder weinerlich. Für die Tochter vergrößert sich das ursprüngliche Problem, denn ihre Schuldgefühle lenken sie vom eigentlichen Thema ab. Sie sucht nicht länger nach Wegen aus der Sucht oder aus der Abhängigkeit vom prügelnden Ehemann, sondern auch noch nach einer Möglichkeit, die Mutter zu beruhigen. Vielleicht geht sie dazu über, das Problem herunterzuspielen. Nun verbraucht sie ihre ganze Energie, um Vorwürfe der Mutter und Selbstanklagen abzuwehren. Die Begegnung vergrößert in diesem Fall den Schmerz, statt ihn zu lindern. Da beide nicht gewohnt sind, Gefühle wie Trauer oder Wut bei der anderen auszuhalten, ohne in Aktionismus zu verfallen, stellt sich Ratlosigkeit ein. Die Panik auf beiden Seiten vergrößert sich.

Enormer Rechtfertigungsdruck

Manche Töchter ziehen sich von ihren Müttern zurück, wenn sie massive Schwierigkeiten haben. Sie sehen die Reaktionen ihrer Mütter voraus, fühlen sich ebenfalls schuldig und versuchen, durch Verschweigen der Probleme die Mütter zu schonen. Wenn sie Entscheidungen treffen, die im Widerspruch zu den Werten ihrer Mütter stehen, geraten sie unter enormen Rechtfertigungsdruck. Wieder fühlen sie sich mies. Irgendwie sind sie nicht, wie sie sein sollten. Irgendwie haben sie die Mutter enttäuscht. Auch die Töchter sehen die Probleme letztlich bei sich selbst. Sogar wenn sie dazu übergehen, Schuldzuweisungen in Richtung ihrer Mütter zu verschicken, haben sie gleichzeitig das Gefühl, völlig undankbar zu sein. Und natürlich ist ihnen auch damit nicht wohl.

Um Missverständnissen vorzubeugen, möchte ich an dieser Stelle noch einmal betonen, dass es nicht darum gehen kann, die Verantwortung für das eigene Tun zu leugnen. Die Probleme im eigenen Leben als die Konsequenz persönlichen Handelns zu betrachten und daraus Schlüsse für die Zukunft zu ziehen ist allerdings etwas anderes, als die lähmende Selbstkasteiung für vergangene Sünden. Schuldgefühle sind schlechte Ratgeber. Sie untergraben das Selbstwertgefühl und führen damit in eine Passivität, die Veränderung unmöglich macht. Gleichzeitig versperren sie den Blick auf größere Zusammenhänge. Gerade Frauen haben allen Grund, ihre Nöte nicht ausschließlich als Resultat individuellen Versagens und vermeintlicher persönlicher Fehlerhaftigkeit zu begreifen.

Die Frauenbewegung hat versucht, unter dem Leitgedanken »Das Persönliche ist politisch« die gesellschaftlichen Ursachen unterschiedlicher Konflikte im weiblichen Lebenslauf zu benennen. Natürlich gehört die geschlechtsspezifische Erziehung, an der auch Mütter sich beteiligen, dazu. Kurioserweise werfen sich Mütter eben gerade das nicht vor. Denn Verunsicherung vergrößert stets die Neigung, sich auf Normen, auf jahrhundertealte Gewissheiten zurückzuziehen. Wer tut, was alle anderen tun, kann so falsch nicht liegen.

Die Versuchung kommt auf, die persönlichen Familienverhältnisse mit anderen zu vergleichen. In der Regel schneiden Frauen schlecht dabei ab. Denn solange jede ihre Probleme als individuelles Versagen begreift, wird sie versucht sein, sie anderen zu verschweigen. Die Klischees, die die Medien über Familienideale allgemein und die Mutter-Tochter-Beziehung im Besonderen verbreiten, tragen weiter zur Verunsicherung bei. Viele Frauen glauben, die Probleme die sie haben, gäbe es woanders nicht.

Nur bei uns ist das so!

Die Literatur wie die Filmindustrie haben immer wieder Geschichten entworfen, die um das Thema der Mutter-Tochter-Beziehung kreisen. Journalistische Befragungen fördern gelegentlich zu Tage, was der diesbezügliche Zeitgeist verlangt. Während Kulturschaffende sich teilweise redlich um die Darstellung der emotionalen Verstrickungen des Einzelfalles bemühen, geht es der Tagespresse in erster Linie um oberflächliche Statements, die die Auflage steigern. Selbst die Ergebnisse sozialwissenschaftlicher Untersuchungen geben oft kein genaues Bild der Wirklichkeit wieder, denn Befragungen stützen sich auf die subjektiv empfundenen Wahrheiten der Beteiligten, und wir alle neigen dazu, unsere persönlichen Beziehungen nach außen geschönt darzustellen. Viele Analysen basieren auf freiwilliger Teilnahme an der Befragung. Damit scheiden oft schon im Vorfeld Personengruppen aus, die sich aufgrund belastender Verstrickungen nicht äußern wollen. Derart ermittelte Durchschnittswerte ergeben ein schiefes Bild.

Ein schiefes Bild

In den Medien wird die Mutter-Tochter-Beziehung regelmäßig verklärt. Besonders amerikanische Filme sind voll von romantisierenden Klischees. Gerade in den Hollywood-Filmen werden immer wieder auftauchende Probleme höchstens auf komödiantische Weise angerissen, doch der Grundtenor betont Verbundenheit und Harmonie. Eine Mutter oder eine Tochter, die unter den Schwierigkeiten in der Beziehung zur jeweils anderen leidet, kann sich hier nicht wiederfinden. Aber auch im Gespräch mit Freundinnen, Kolleginnen oder Verwandten sieht sie sich nicht selten allein auf weiter Flur. Zwar räumen die anderen im Austausch gewisse Schwierigkeiten ein, aber nirgends scheint es so kompliziert zu sein, wie in der eigenen Familie.

Mit dieser Einschätzung unterläuft Frauen ein Wahrnehmungsfehler. Sie bedenken nicht, dass die Gesprächspartnerinnen ihre eigenen Probleme normalerweise nicht in vollem Umfang ausbreiten. So etwas geschieht höchstens in sehr engen Freundschaften, aber kaum im Kolleginnenkreis oder gar innerhalb der erweiterten Familie. Hier gilt es in der Regel, den Eindruck zu erwecken, alles im Griff zu haben. So haben Frauen in Bezug auf Probleme innerhalb der Familie generell den Eindruck, nur bei ihnen sei das so. Eine Mutter, die sich von ihrer Tochter im Stich gelassen wähnt oder sich in ständigen Streitereien mit ihr aufreibt, sieht sich umzingelt von anderen Frauen, bei denen die Beziehung zur Tochter zu funktionieren scheint. Ein Mädchen, deren Mutter nicht dem Ideal der fürsorglichen, liebevollen und zuverlässigen Frau entspricht, sondern aufgrund eigener Probleme kaum Verantwortung für ihr Kind übernehmen kann, entwickelt Schamgefühle gegenüber ihrer Umwelt.

Gesellschaftliche Sanktionen

Verlassen Frauen den Kurs als aufopfernde Mutter oder folgsame Tochter, werden sie von Frauenzeitschriften genauso angeklagt und abgestraft wie von NachbarInnen, KollegInnen oder unserem Rechtssystem. Prozesse um die Vernachlässigung von Kindern kreisen fast ausschließlich um die Verletzung der Fürsorgepflicht aufseiten der Mütter. Um die Väter geht es dabei kaum. Das gesamte gesellschaftliche Klima treibt Mütter wie Töchter mit ihren teilweise auch von der Gesellschaft erzeugten Problemen in die Isolation. Wieder werden die Frauen auf ihr individuelles Versagen verwiesen. Vor diesem Hintergrund verlieren sie das Gefühl für ihre Kompetenz in der Beziehung, empfinden sich unter der Last ihrer Selbstvorwürfe nicht länger als liebenswert und der jeweils anderen nicht gewachsen. Besonders Mütter, die sich durch die gesamte Entwicklung der Tochter hindurch mit deren schrittweiser Loslösung befassen müssen, werden im Konfliktfall von der Angst überwältigt, sie zu verlieren.

Verlustangst

Die Sorge, der Kontakt zu einem geliebten Menschen könne sich verschlechtern oder könne gar enden, beeinträchtigt das Lebensgefühl der Betroffenen in beträchtlichem Ausmaß. Gleichzeitig tragen derartige Ängste nicht selten dazu bei, dass die befürchtete Situation früher oder später tatsächlich eintritt. Unter der Last des erwarteten Kummers beginnen wir plötzlich, unser Gegenüber argwöhnisch zu betrachten, jede Äußerung überkritisch zu hinterfragen und im Umgang miteinander zu verkrampfen. Auf diese Weise beschwören wir schließlich den Zustand herauf, den wir unbedingt vermeiden wollten. Tief bedrückt sehen wir uns dabei bestätigt: Wir hatten es ja schon seit langem kommen sehen.

Verkrampfter Umgang

In der Beziehung zwischen Müttern und Töchtern existieren Verlustängste auf beiden Seiten, aber sie bestehen zu unterschiedlichen Zeiten. Sie haben auch verschiedene Gründe. Mütter befürchten den Verlust der Tochter erstens durch Konflikte, zweitens durch ein Unglück oder drittens durch Erfolg des erwachsenen Kindes.

Der erste Fall ist im Grunde ein Teufelskreis. Nicht selten begünstigt die Verlustangst das Aufkommen von Meinungsverschiedenheiten. Um die Nähe, die die Mutter mit dem kleinen Mädchen erlebt hat, auch über die Kindheit der Tochter hinaus zu retten, lehnt sie viele Entscheidungen ab, die die wachsende Eigenständigkeit der jungen Frau signalisieren. Die Spirale aus Angst und Unsicherheit im Kontakt schaukelt sich hoch, die Begegnungen beider sind zunehmend von Befangenheit geprägt.

Darüber hinaus befürchtet eine Mutter zeitlebens, ihre Tochter könnte einem Unglück zum Opfer fallen. Natürlich ist die Angst, einen geliebten Menschen durch eine Naturkatastrophe, eine Krankheit oder einen Unfall zu verlieren leicht nachvollziehbar und bedarf keiner weiteren Erläuterung, doch dazu gesellt sich noch die Angst, die Tochter könnte Opfer eines Gewaltverbrechens werden. Diese Angst ist sogar ein häufig genannter Grund werdender Mütter, sich lieber einen Jungen zu wünschen.

Gleichzeitig haben derartige Befürchtungen zur Folge, dass Mädchen in ihrem Drang, die Welt zu erkunden, immer wieder unter dem Hinweis auf überall lauernde Gefahren behindert werden. Der symbiotische Charakter der Mutter-Tochter-Beziehung bewirkt dabei, dass die Sorge um das Wohlergehen des Kindes zu einer für die Mutter selbst existentiellen Angst wird. »Wenn meiner Tochter einmal etwas passieren würde, das würde ich nicht überleben«, sagte eine Frau in einem Workshop und erntete breite Zustimmung. Bereits die Vorstellung löst einen derartig lähmenden Schrecken aus, dass sie normalerweise verdrängt und dadurch leider auch sinnvolle Vorbeugung unterlassen wird. Töchter spüren die Ängste ihrer Mütter und werden selbst verunsichert. Darüber hinaus bewirkt die Botschaft »Was dir passiert, passiert auch mir«, dass Töchter ihren Müttern verschweigen, wenn sie ein Risiko eingehen wollen oder ein traumatisches Erlebnis erlitten haben. Das Verhältnis zueinander wird auf diese Weise gestört.

Aber auch, wenn es der Tochter erkennbar gut geht, wachsen die Befürchtungen aufseiten der Mutter. Hier kommt wieder die Angst, nicht mehr gebraucht zu werden, zum Tragen und zeigt sich in erster Linie, wenn die Tochter erwachsen ist. Demonstriert die junge Frau ihre Unabhängigkeit und hat dabei Erfolg, so ist sie nicht länger auf Mutters Rat angewiesen. Wie leicht oder schwer es dieser fällt, die Veränderungen in der Beziehung zur Tochter zu akzeptieren, hängt nun von den Gegebenheiten des Einzelfalls ab. Hat sie noch andere Kinder? Erlebt sie den Prozess der Ablösung zum ersten Mal? Wie ist ihre allgemeine soziale Situation? Je mehr eine Mutter auf die Tochter angewiesen ist, desto bedrohlicher wird es für sie sein, einen Wandel im Kontakt zuzulassen. Doch der Verlust an Nähe und Vertrautheit wird umso wahrscheinlicher, je mehr sie sich gegen die Veränderung sperrt.

Die Verlustängste der Töchter haben andere Ursachen. Da sie diejenigen sind, die im Laufe ihrer Loslösung die ehemals symbiotische Nähe Stück für Stück aufgeben, entwickeln sie leichter das Gefühl, selbst über Art und Häufigkeit des Kontakts entscheiden zu können. Mädchen entfernen sich von ihren Müttern, wenn sie auf dem Spielplatz herumtollen, zum ersten Mal alleine zur Schule gehen oder auswärts übernachten. In der Regel machen sie die Erfahrung: Wenn ich zurückkomme, ist die Mama da. Aus diesem Grund sind die meisten Töchter fest davon überzeugt, die Mutter erreichen zu können, wann immer sie es wollen. Sie fürchten demnach weniger den Verlust der Begegnungen, sondern eher den Verlust der Zuneigung. Denn so zuverlässig, wie Mutter immer für sie da war, so zuverlässig verteilte sie auch Anweisungen, Lob und Tadel.

Verlust von Zuneigung

Junge Frauen wissen, was ihre Mütter von ihnen erwarten oder zumindest erhoffen. Umso mehr befürchten sie, Anerkennung und Liebe zu verlieren, wenn sie dem gewünschten Bild nicht entsprechen. Wenn eine Tochter sich nun der Tatsache bewusst wird, dass sie sich mit ihren Entscheidungen und ihrem Handeln im Widerspruch zu mütterlichen Vorstellungen bewegt, wird sie geneigt sein, wichtige Ereignisse in ihrem Leben zu verschweigen. Damit geht sie zwar einer befürchteten Konfrontation aus dem Weg, führt aber einen Verlust an Nähe herbei.

Für Mütter wie Töchter gilt gleichermaßen, dass sich hinter schmerzlich empfundener Verlustangst auch eine gehörige Portion Wut verbergen kann. Noch immer fällt es vielen Frauen schwer, mit aggressiven Gefühlen umzugehen, besonders wenn sie gegen eine geliebte Person gerichtet sind. Auf beiden Seiten gibt es immer wieder genügend Anlass für Ärger und Frustration. Je kleiner Kinder sind, desto mehr gleicht die Mutterrolle der einer Dienenden. Mütter ernähren, versorgen und behüten ihren Nachwuchs, und die Sprösslinge nehmen den Rundum-Service dankbar an. Unter dem Schlagwort »Mutter ist die Beste« versuchen sie auch über ihre Kindheit hinaus, die eigene Bequemlichkeit über das Wohl der Mutter zu stellen.

Zwar sind es insbesondere die Söhne, die sich mit einer unwidersprochenen Anspruchshaltung hervortun, doch auch erwachsene Töchter verlangen ihren Müttern noch immer viel ab. Dabei bedeutet es immer eine Respektlosigkeit, wenn Menschen wie selbstverständlich über die Zeit und Energie anderer verfügen. Genau das ist es aber, was erwachsene Kinder häufig tun. Sie bringen die Mutter damit in eine emotionale Zwickmühle: Einerseits ist sie erleichtert darüber, dass man sie noch braucht, andererseits geht es ihr natürlich gehörig gegen den Strich, ungefragt in Anspruch genommen zu werden. Doch den Ärger darüber spürt sie kaum. Sie fürchtet, ihre Verweigerung könne Ablehnung hervorrufen, Streit provozieren und damit über kurz oder lang den Bruch der Beziehung zu den Kindern zur Folge haben. Die Verlustangst steht zwar im Grunde erst am Ende einer langen Kette von Annahmen, aber nur ihr wird sich die Mutter bewusst.

Emotionale Zwickmühle

Dieser Mechanismus funktioniert auch umgekehrt. Eltern betrachten ihre Kinder zeitlebens als ihr »eigen Fleisch und Blut«, also quasi als Besitz. Daher nehmen auch Mütter ihre Töchter in jeder Lebensphase ungefragt in Beschlag. Mädchen registrieren oft irritiert, dass sie die Vertrauten und die Trostpflaster ihrer Mütter sein sollen, wenn diese Kummer haben. Damit sind sie jedoch völlig überfordert, sie können sich aber nicht dagegen wehren. Denn in den Jahren ihrer Kindheit brauchen sie stabile Eltern für ihr eigenes Sicherheitsgefühl. So versuchen sie notfalls selbst, die Mutter wieder aufzubauen. Auch in diesem Fall werden Mädchen Wut entwickeln, sie aus Angst vor dem Verlust der Zuneigung jedoch vor sich selbst verleugnen.

Der psychologische Mechanismus, in persönlichen Beziehungen Wut als Verlustangst zu spüren und darüber depressiv zu werden, ist ein eindeutiges Kennzeichen der Abhängigkeit in Bezug auf eine andere Person. Er kommt daher häufig bei kleinen Mädchen und bei Müttern von erwachsenen Töchtern vor.

Eifersucht

Wer sich selbst als abhängig von einem anderen Menschen erlebt, fürchtet den Verlust der geliebten Person durch deren Verhältnis zu anderen. Die Ausschließlichkeit der Beziehung wird eifersüchtig verteidigt. In unserer Gesellschaft sind in der Regel noch immer die Mütter die wichtigsten Bezugspersonen für kleine Kinder. In dem Maße, wie sie deren Pflege und Erziehung übernehmen, bleiben sie über Jahre hinweg unangefochten in einer exklusiven Position. Der Status quo verändert sich erst, wenn andere Menschen, vor allem andere Erwachsene für die Mädchen wichtig werden. Eine Mutter ist zunächst erleichtert, wenn die Tochter gerne in den Kindergarten geht. Doch sie kann es durchaus mit gemischten Gefühlen sehen, wenn ihre Tochter plötzlich die Erzieherin heiß und innig liebt.

Auch LehrerInnen, NachbarInnen, andere erwachsene Verwandte oder Eltern aus dem Freundeskreis werden von Kindern oft mit intensiver Zuneigung bedacht. Dabei lieben sie bei diesen Menschen vor allem jene Eigenschaften, die sie bei ihren Müttern vermissen. Damit können Außenstehende eine wichtige Vorbildfunktion für Kinder haben. Ob Mütter diesen Zugewinn an Eindrücken und Erfahrungen jedoch zulassen können, hängt ganz maßgeblich von ihrem Selbstverständnis ab. Frauen, die eine gute Portion Vertrauen in die eigenen Fähigkeiten und Handlungen haben, fühlen sich nicht bedroht, wenn die eigene Tochter anderen Erwachsenen liebevolle Aufmerksamkeit schenkt. Im günstigsten Falle fühlen sie sich sogar entlastet. Anders sieht die Sache aus, wenn sie sich ihrer Qualitäten als Mutter selbst nicht sicher sind. Die Zuneigung der Tochter besonders zu anderen Frauen wird dann oft als Kritik verstanden und abgelehnt. Im Extremfall kommt es vor, dass Mütter versuchen, Kontakte ihrer Töchter zu unterbinden – und treiben damit einen Keil in die vertrauensvolle Beziehung zu ihrem Kind, die sie eigentlich bewahren wollten.

Zugewinn an Eindrücken

Auch die Rolle des Vaters ist in diesem Zusammenhang von Bedeutung. Erfahrungsberichte selbstsicherer Frauen haben mir verdeutlicht, dass für sie das Vertrauen des Vaters in ihre Person ein wichtiges Fundament für ein optimistisches Lebensgefühl war. Ein Mädchen, das sich vom Vater angenommen fühlt, wird eine enge Beziehung auch zu ihm entwickeln. Während Mütter bei Söhnen die Orientierung am Vater als selbstverständlich ansehen, betrachten sie dies bei den Töchtern mitunter als Verrat. Das gilt im Besonderen, wenn die Beziehung der Eltern zueinander gestört ist oder nicht mehr besteht. Eltern, die miteinander im Streit liegen, erwarten in der Regel vor allem vom gleichgeschlechtlichen Kind, für sie Partei zu ergreifen. Mütter versuchen, in der Tochter die Verbündete zu sehen. Wünscht sich das Mädchen jedoch einen liebevollen Kontakt zu beiden Elternteilen, bedeutet der Zwang zu wählen für sie immer einen Verlust. Sich für ein Elternteil entscheiden zu müssen, kann die Beziehung zur Mutter daher nur beeinträchtigen.

Je älter die Tochter wird, desto größer ist die Gefahr, dass die Mutter eifersüchtig auf Menschen reagiert, die für die Heranwachsende wichtig sind. Spätestens wenn die junge Frau eine Partnerschaft eingeht, fühlt die Mutter sich verdrängt. Dabei wirkt es sich für die Mutter-Tochter-Beziehung besonders verhängnisvoll aus, dass die Mutter diese Entwicklung – rational – als natürlich ansieht und im Grunde begrüßt, dieser Umstand es ihr aber verbietet, die – irrationalen – Eifersuchtsgefühle anzusprechen. Auf diese Weise unterdrückt, wartet die Eifersucht auf ihre Chance, irgendwo durchzubrechen.

In dieser Hinsicht haben es die Töchter leichter. Als kleine Mädchen müssen sie ihre Frustration noch nicht reflektieren, wenn sie sich im Schatten von Bruder oder Schwester oder einer anderen von der Mutter geliebten Person sehen. Je jünger sie sind, desto deutlicher bringen sie ihren Unmut zum Ausdruck, wenn es ihnen an Zuwendung und Aufmerksamkeit fehlt. Aber auch als Erwachsene können Töchter noch eifersüchtig reagieren.

Narzisstische Interessen

Wenn ein Mensch im Leben eines anderen eine dominierende Stellung einnimmt, wird er stets versuchen, diese zu behaupten. Daher reagieren Töchter auch dann eifersüchtig, wenn sie ein bislang problemloses Verhältnis durch eine neue Partnerschaft der Mutter gefährdet glauben. Das kleine Mädchen registriert vor allem die Aufmerksamkeit, die ihr dadurch verloren geht und rebelliert offen. Wieder hat sie es damit leichter als die Erwachsene. Denn wenn die Tochter die kindliche Unbefangenheit verloren hat, kann sie verstehen, wie wichtig die Liebesbeziehung im Leben der Mutter ist. Doch das kleine Mädchen lebt in der erwachsenen Tochter weiter und pocht auf ihr narzisstisches Recht. Genau wie zuvor bei der Mutter beschrieben, will auch die Tochter an erster Stelle stehen. Vielleicht reagiert sie sogar stellvertretend für den abwesenden Vater mit Eifersucht.

Darüber hinaus betrachten Töchter ihre Mutter so sehr in ihrer Mutterrolle, dass sie sich nur selten bewusst machen, dass es sich auch bei ihr um eine Frau mit sexuellen Bedürfnissen handelt. Diese plötzliche Erkenntnis wirft vertraute Umgangsweisen über den Haufen. Wenn Mütter neue Partnerschaften eingehen, ringen sie oft mit den Töchtern um deren Akzeptanz. Wieder begünstigt die Verunsicherung auf beiden Seiten, dass heftige Kämpfe ein entspanntes Miteinander erschweren.

Kämpfe

> Mütter und Töchter erhalten sich ihre Konflikte, indem sie sich permanent daran aufreiben.

Verschwendung

Mütter und Töchter reiben sich häufig im gegenseitigen Umgang auf. Sie fechten Kämpfe miteinander aus, die für beide ungemein anstrengend sind. Dabei verschwenden sie Zeit und Energie, die sie an anderer Stelle gut gebrauchen könnten. Die Unzufriedenheit über die Art des Verhältnisses zueinander raubt zusätzliche Kräfte. Ein großer Teil der

Auseinandersetzungen ist dabei schlicht überflüssig. So manches Drama wird ohne Grund aufgeführt. Und das in allen Lebensphasen der Beteiligten.

Mütter, die Kinder erziehen, müssen ihnen unzählige Verbote erteilen, um sie vor Gefahren zu schützen. Aufgrund ihrer eigenen Wertestruktur geben sie darüber hinaus jedoch auch eine Vielzahl von Anweisungen, die bei genauer Betrachtung unnötig sind. Nicht wenige davon sind darauf ausgerichtet, Mädchen Eigensinn und Selbstvertrauen abzutrainieren. Eine Frau sagte in einem Workshop, ihre Mutter hätte sie als ein Mädchen gesehen, das immer mit dem Kopf durch die Wand wollte. Der Ausspruch »mit dem Kopf durch die Wand wollen« beschreibt eine Haltung, bei der jemand Unmögliches versucht und sich dabei vermutlich auch noch wehtun wird. Häufig ist es jedoch so, dass das, was Mädchen versuchen, gar nicht unmöglich ist. Die Wand türmt sich vor ihnen lediglich auf, weil sie weiblichen Geschlechts sind.

Die Auseinandersetzungen, in denen kleine Mädchen lernen, sich unterzuordnen, gehen selten um weltbewegende Dinge. Viel häufiger tragen Mütter und Töchter symbolische Machtkämpfe aus, die sich um Belanglosigkeiten drehen. Das Mädchen möchte z.B. beim Spaziergang einen Stein in den See werfen. Die Mutter lässt es zu. Natürlich macht das aufspritzende Wasser der Kleinen Spaß. Sie wiederholt die Aktion. Nach dem dritten Mal will die gelangweilte Mutter weitergehen. Der Tanz beginnt. Das Mädchen will Steine werfen, die Mutter will es nicht. Nach einigem Hin und Her packt sie die Tochter am Arm und zieht sie vom See weg. Die Kleine heult wutentbrannt auf. Ihr Aufstand dauert zwanzig Minuten. Der Spaziergang ist für beide gelaufen.

Machtkämpfe um Belanglosigkeiten

Selbstverständlich kann die Mutter nicht bis in alle Ewigkeiten am See stehen. Das ist auch gar nicht erforderlich. Es würde genügen, das Mädchen als eigenständige Persönlichkeit mit legitimen Interessen wahrzunehmen. Und sich selbst auch. So ließe sich manches Drama zwischen Müttern und Töchtern durch klare Absprachen verhindern. Auch eine Dreijährige kann sagen, was sie will. Und es ist möglich, ihr kindgerecht klar zu machen, was man selbst will. Sie wird verstehen, was die Mutter meint, wenn sie sagt, dass ihr langweilig ist. Auch Kinder lassen sich auf Kompromisse ein, wenn sie merken, dass ihre Gefühle nicht übergangen werden.

Das Erlernen von Hilflosigkeit, das ein verbreitetes Merkmal der Erziehung zur Weiblichkeit ist, lässt sich vermeiden, wenn ein Mädchen die Erfahrung macht, dass es die Chance hat, zu wählen und mitzubestimmen. Wo es möglich ist, lässt sich ein Problem durch einen Vorschlag oft leichter aus der Welt schaffen als durch einen Befehl. »Ist es in Ordnung, wenn du noch zweimal schmeißt und wir dann weitergehen? Hier hast du einen schönen großen Stein«, wird in vielen Fällen reichen.

Die Kämpfe um den Stein des Anstoßes tragen Mütter und Töchter in jedem Alter aus. Themen wie die Pubertät des Mädchens, Beziehungen der Erwachsenen, Schwangerschaften, Berufswünsche oder verschiedene Lebensweisen geraten nicht selten zu unfruchtbaren Streitereien darüber, was »man« tut und was nicht. Würde es Müttern und Töchtern gelingen, ihre Verschiedenheit zu akzeptieren, bliebe so manches Drama aus. Doch die Erkenntnis der Ungleichheit bedroht beide – und fordert damit wiederholt Auseinandersetzungen um den richtigen Standpunkt heraus.

Die im Streit entstehenden Verlustängste führen dazu, dass die Beteiligten sich in endlosen Grübeleien ergehen. Nicht wenige Mütter und Töchter liegen Nächte lang wach wegen Problemen, die sich – mit etwas Abstand betrachtet – leicht aus der Welt schaffen ließen. So findet die Verschwendung ihren Ausdruck nicht allein im Kampf mit der anderen, sondern auch im Ringen mit der eigenen Fantasie. Was hat sie gestern noch gesagt? Weshalb ist sie so gemein zu mir? Was mache ich bloß falsch? Wie würde sie wohl reagieren, wenn ich ihr sagen würde, dass ...? Am nächsten Morgen ist die Grübelnde müde. Ihr Tag ist ruiniert, alles was sie tut, fällt ihr schwer. Eine Lösung des Konflikts hat sie nächtens nicht gefunden. Da Körper und Seele nach Gleichklang streben, begünstigt ihre Müdigkeit eine depressive Stimmung. Die Kämpfe mit der Mut-

Endlose Grübeleien

ter/Tochter zermürben sie. Sie hält das auf die Dauer nicht aus. Also resigniert sie und ergibt sich in ihr scheinbar unvermeidliches Schicksal. Nun ist ihr alles recht. Hauptsache, es gibt keine Auseinandersetzungen mehr.

Genügsamkeit

»Ich habe keine Probleme gemacht«, erzählte mir eine junge Frau in einem Workshop frohlockend, als ich sie nach ihrem Verhältnis zu ihrer Mutter fragte. Sie sah mich erwartungsvoll an. Ihr Blick verriet, dass sie mit Anerkennung rechnete.

Mit dieser Haltung steht sie nicht allein. Milliarden Frauen gehen täglich weltweit ihrer Arbeit nach und pflegen ihre Beziehungen, »ohne Probleme zu machen«. Die Erziehung zur Weiblichkeit hat wunderbar funktioniert. Die wiederholten Erfahrungen, dass ihre Wünsche und Bedürfnisse sowieso nicht zur Kenntnis genommen werden, haben die Frauen dazu bewogen, sie zu vergessen. Wie oft sagen sie »egal«, wenn sie nach ihrer Meinung gefragt werden?! Dabei verzichten sie jedes Mal auf eine Wahlmöglichkeit.

Selbst wenn Frauen übergangen, beleidigt und gekränkt werden, behaupten sie immer wieder, es sei ihnen egal. »Ist mir doch gleich, was der über mich sagt!«, »Macht mir nichts aus, wenn ich nichts mehr von diesem Kuchen abkriege!«, »Nicht der Rede wert, dass er mich eine halbe Stunde im Regen warten ließ.« – Frauen betrachten ihre Genügsamkeit als eine Tugend. Wo mehrere zusammentreffen, bleiben selbst die kleinsten Entscheidungen stundenlang aus, weil sie damit beschäftigt sind, ihren Bescheidenheitswettbewerb zu gewinnen. »Ganz wie du willst!«, »Mir ist es egal, ich richte mich ganz nach dir!«, »Meinetwegen bitte keine Umstände!«, »Nein, das ist wirklich nicht nötig!«

»Wie du willst!«

Indem sie eigene Wünsche leugnen, versuchen Frauen, sich unverletzbar zu machen. Sie glauben nicht an die Chance, ihre Träume und

Bedürfnisse verwirklichen zu können, darum wollen sie sie auch nicht spüren. Aber auch in derartigen Verhaltensweisen liegt ein Kampf. Denn die Wünsche verschwinden nicht. Jeder Verzicht auf das Einbringen eines legitimen Interesses gleicht einer Selbstkasteiung. Etwas in uns will eben doch unbedingt die Praline links oben mit der Mandel, auch wenn es sie nur ein einziges Mal gibt in dieser riesigen Pralinenschachtel. Ein Teil von uns möchte zwar nicht unbedingt auf einem bestimmten Stuhl, aber dafür liebend gern neben Herbert sitzen. Und alles lehnt sich in uns auf, wenn wir übergangen, beleidigt oder gekränkt werden.

Wenn die beschriebene Problematik ein grundsätzliches Phänomen im Leben von Frauen darstellt, wirkt sie sich auch in der Beziehung zwischen Müttern und Töchtern aus. Hier kommt erschwerend hinzu, dass die Töchter die Genügsamkeit bei ihren Müttern erleben und sie teilweise durch sie vermittelt bekommen haben. Manchmal machen sie ihre Mütter, die selbst unter ähnlichen Voraussetzungen aufgewachsen sind und daher auch nicht so ohne weiteres aus ihrer Haut können, dafür verantwortlich. In den Begegnungen gehen Mütter und Töchter oder geht eine der beiden dazu über, sich genügsam zu verhalten, wenn sie den Verlust der Zuneigung auf der anderen Seite fürchtet oder keine Alternativen sieht. Ein Beispiel soll verdeutlichen, wie so etwas aussehen kann.

Erlernte Genügsamkeit

Nicht wenige Töchter sorgen für ihre gebrechlichen Mütter. Manche übernehmen auch die Pflege, wenn es nötig ist. In diesen Fällen werden oft beide genügsam und muten sich Verzichtsleistungen zu, die nicht erforderlich wären. Die auf die Fürsorge der Töchter angewiesenen Mütter leiden in der Regel nicht nur unter ihrer Abhängigkeit. Sie sehen sich in einer Position, die sie ihr Leben lang vermeiden wollten. Plötzlich im Alter machen sie – aus ihrer eigenen Sicht – nun doch Probleme. Die ihnen zuteil werdende Aufmerksamkeit können sie kaum aushalten. Der Gedanke, eine Last für andere zu sein, nimmt einigen den letzten Lebensmut. Unter diesen Voraussetzungen versuchen sie, so wenig Mühe wie möglich zu machen. Sie äußern daher keine Wünsche, deren Erfüllung für die Tochter einen gewissen Aufwand bedeuten würde.

Auf der anderen Seite stehen die jüngeren Frauen. Sie haben die Fürsorge für die Mutter im Idealfall freiwillig übernommen. Die damit verbundenen Aufgaben sind anspruchsvoll und zeitaufwändig. Da noch immer den Töchtern die Versorgung gebrechlicher Eltern mit beinahe derselben Selbstverständlichkeit zugeschrieben wird wie den Müttern die Verantwortung für das Wohl der Kinder, erhalten sie kaum Hilfe von Dritten und bitten auch nicht darum. Die von ihnen übernommene Aufgabe verlangt somit ebenfalls ein höheres Maß an Verzicht, als nötig wäre. Auf diese Weise kommen ihre eigenen Interessen immer wieder zu kurz. Da wird der Urlaub unmöglich, für die abendliche Verabredung bleibt keine Zeit oder das Ausschlafen am Sonntag fällt aus. Über kurz oder lang muss aufseiten der Töchter Frustration entstehen.

Doch anstatt die Ursache des Problems im eigenen Verhalten zu sehen, sehen die Töchter die Ursache bei ihren Müttern. Sie können nicht ausgehen, weil die Mutter krank ist, nicht verreisen, weil die Mutter sie braucht, nicht ausschlafen, weil die Mutter frühstücken will. Auf der anderen Seite sind auch die Mütter wütend. Sie können dem Film im Fernsehen nicht folgen, weil die Tochter den Ton so leise gedreht hat, sie mögen nicht telefonieren, weil die Tochter die Rechnung bezahlt, oder können die Tochter nicht bitten, das Fenster zu öffnen, weil nachher niemand da ist, der es wieder zumachen kann.

Selbstaufopferung belastet

Die Genügsamkeit, die es den Frauen unmöglich macht, ihre Wünsche zu äußern und nach befriedigenden Lösungen zu suchen, wird auf diese Weise die Beziehung zwischen Mutter und Tochter über jedes Maß hinaus belasten. Auch das beste Verhältnis kann eine lang andauernde Selbstaufopferung nicht schadlos überstehen. Derartige Konstellationen treten jedoch nicht nur in Pflegesituationen auf. Sie lassen sich überall dort finden, wo eine Mutter oder eine Tochter glaubt, durch die Äußerung eigener Bedürfnisse die Zuneigung der anderen zu verlieren. Statt das klärende und befreiende Gespräch zu suchen und gemeinsam Lösungen zu finden, werden die Schwierigkeiten in der Beziehung immer weiter verdrängt.

Verdrängung

Verdrängung ist ein Vermeidungsverhalten. Menschen neigen dazu, einen Zustand oder ein Problem zu verdrängen, wenn dessen Betrachtung zu bedrohlich erscheint und sie in Bezug auf eine mögliche Lösung ratlos sind. Für Mütter und Töchter ist die Versuchung groß, Schwierigkeiten im gegenseitigen Kontakt oder die Unzufriedenheit mit der bestehenden Beziehung zu leugnen. Die gesellschaftlichen Wertvorstellungen über Familien unterstützen dabei den Rückgriff auf festlegende Rollenmodelle. Es ist scheinbar leichter, sich auf vorgefertigte Meinungen zu verlassen, als eigene Wege in einem individuellen Miteinander zu gehen. So kommt es, dass Mütter ihre Töchter ein Leben lang umhegen, wenn beide zusammen sind. So kommt es auch, dass Töchter Kritik an der Mutter bisweilen eher unterdrücken als sie zu benennen.

Verdrängung heißt aber darüber hinaus, dass die Beteiligten sich nicht darüber im Klaren sind, wenn etwas in der Beziehung nicht stimmt. Gerade zwischen Mutter und Tochter werden Probleme vor sich selbst und vor Außenstehenden geleugnet. Frauen wollen Kämpfe am liebsten verhindern. Mütter wie Töchter suchen die Harmonie, die in den Anfängen der Beziehung Sicherheit und Geborgenheit versprach. Nichts soll die gewohnte Eintracht stören. Nicht selten neigen beide daher dazu, das gegenseitige Verhältnis zu idealisieren. »Wir haben uns schon immer gut verstanden« lautet die Devise. Und: »Wir werden uns immer gut verstehen.«

Um diesem Anspruch gerecht zu werden, bleiben konfliktbeladene Themen im Verborgenen. Übereinstimmende Meinungen, Interessen und Verhaltensweisen werden hingegen betont. Zwar wird die Harmonie der Mutter-Tochter-Beziehung in vielen Familien durch wiederkehrende und anstrengende Streitereien getrübt, doch bei diesen geht es selten um das eigentliche Problem. Die Inhalte der Auseinandersetzungen wiederholen sich in schöner Regelmäßigkeit und gleichen mit der Zeit einem lieb gewonnenen, weil einschätzbaren Familienritual. So schaffen selbst Kontroversen Nähe. Die unter dem Thema Verschwendung beschriebenen Dramen stehen immer unter der Überschrift »Fortsetzung folgt« und sind daher vertraut. Gerade das Ringen um Unterschiedlichkeiten ist Ursache für manchen oberflächlichen Streit, deren Wurzeln unsichtbar bleiben. Ein Beispiel soll zeigen, was die Verdrängung in solchen Fällen bewirken kann.

Streit um Ersatzthemen

Eine Mutter wünscht sich sehnlichst, dass die Tochter einen künstlerischen Beruf ergreift. Sie selbst hat ein ausgeprägtes Interesse an Kultur. So geht sie mit dem Mädchen in Ausstellungen und Konzerte, bezahlt für sie den Klavierunterricht und deckt sie mit Büchern ein. Die Kleine reagiert eher gelangweilt, sie würde lieber mit anderen Kindern durch den Stadtpark toben. Mit dem Älterwerden beginnt sie, gegen die Ansprüche der Mutter zu rebellieren. Die Clique amüsiert sich im Schwimmbad, während sie sich mit Tonleitern herumquält. Im Übrigen hat sie längst beschlossen, eine Ausbildung im Hotelgewerbe zu absolvieren. Was soll also die ganze verhasste Anstrengung?! Irgendwann setzt sie sich durch. Die Mutter streicht die Segel. Der Klavierlehrer wird abbestellt, die Club-Party verdrängt den Ausstellungsbesuch.

Einige Jahre später ist die Tochter Hotelmanagerin. Noch immer streitet sie häufig mit der Mutter, die nun keinen Einfluss mehr auf die Entscheidungen der jungen Frau hat. Jetzt hat sich die Bühne der Auseinandersetzungen verlagert. Während früher beide erbittert um gegensätzliche Wünsche stritten und das Thema benannten, um das es ging, stehen nun Scheinkonflikte im Vordergrund. Sprechen sie über die Arbeit der Tochter, zeigt sich die Mutter kaum an deren beruflichen Leistungen interessiert. Vielmehr erkundigt sie sich nach den KünstlerInnen, die in ihrem Hotel wohnen, und lobt bewundernd deren Schaffenskraft. Die Tochter

Scheinkonflikte im Vordergrund

erzählt hingegen von den menschlichen Schwächen ihrer Klientel, die sie täglich erlebt. Die Mutter spricht über die geniale Operndiva, die Tochter von deren Neurosen. Die Mutter schwärmt von den progressiven Werken des Dichters, die Tochter erwähnt seinen Alkoholkonsum. Am Ende liegen beide im Clinch.

Worüber sie nicht sprechen, ist die Enttäuschung der Mutter, zu der diese zwar kein Recht zu haben glaubt, die aber nun einmal tief in ihr wühlt. Auch sprechen sie nicht von der Frustration der Tochter, der die mütterliche Anerkennung ihrer Leistungen fehlt. Ihr Schweigen hat seine Ursache in der bereits erwähnten Genügsamkeit nach dem Motto: »Jetzt habe ich schon nicht den Beruf, den Mutter wollte. Nun kann ich nicht auch noch verlangen, dass sie mich mit meinem ›Dickkopf‹ unterstützt.« Aber in ihrem Herzen sehnt sie sich danach. Nie angesprochen wird die Verdrängung der Gefühle auf beiden Seiten, was zu einem lebensbegleitenden Schmerz führt.

Schmerz

Die Verdrängung eines bedrohlichen Zustandes oder eines unangenehmen Gefühls bewirkt, dass die belastende Gegebenheit nicht wahrgenommen wird. Gleichzeitig bewirkt sie aber auch, dass wir keine Chance haben, an dem Problem etwas zu ändern. In der Regel führt eine solche Ausgangssituation in die Depression. Frauen reagieren generell auf Schwierigkeiten in ihrem Leben leichter depressiv als Männer, da sie den Glauben verinnerlicht haben, ihr Schicksal nicht aktiv beeinflussen zu können, und sich den Umständen gegenüber hilflos ausgesetzt fühlen. Ihre tägliche Realität fördert eine derartige Bewusstseinshaltung, denn in der Tat werden Aktivitäten von Frauen eher belächelt oder behindert als unterstützt.

In der Mutter-Tochter-Beziehung wirkt dieser Mechanismus doppelt, da die Tochter ihre Überzeugungen von der Mutter gelernt hat. Natürlich hat sie in vieler Hinsicht andere Ansichten und geht eigene Wege, aber die von der Mutter vorgelebte Realität, die das Mädchen über lange Jahre hinweg in Körpersprache, Mimik und geäußerten Ansichten verinnerlicht hat, wirkt unbewusst in ihr weiter, ob sie es will oder nicht.

Kopflastige Argumente begünstigen das Leugnen der eigenen Emotionen. Da nennt sich die Mutter selbst Glucke, wenn sie sich von der selbstständig werdenden Tochter verlassen fühlt. Die Tochter möchte unabhängig sein und verbietet sich daher selbst den Wunsch nach mütterlicher Anerkennung. Doch die Bedürfnisse von Mutter und Tochter bleiben bestehen. Sie zu spüren setzt voraus, die Verdrängung aufzugeben. Mütter wie Töchter scheuen diesen Schritt, die sprichwörtliche Macht der Gewohnheit lässt sie an den Mustern des gegenseitigen Umgangs festhalten, selbst wenn diese offenkundig kein befriedigendes Verhältnis zueinander ermöglichen. Gefühle wie Trauer, Wut, Enttäuschung oder Einsamkeit werden auf diese Weise zuverlässige Begleiter im gegenseitigen Kontakt. Sie begünstigen die Fixierung beider auf die Probleme der Beziehung. So wirken diese weiter in den Alltag beider Beteiligten und in andere Beziehungen hinein. Besonders der Umgang der Töchter mit den eigenen Kindern, vor allem mit den Mädchen, wird durch ihr Verhältnis zur eigenen Mutter mitbestimmt. So werden die Probleme von einer Generation zur nächsten weitergetragen.

Die Macht der Gewohnheit

Der Schmerz in der Beziehung zwischen Müttern und Töchtern hat seine Ursache oft im Außen. Endlose gegenseitige Vorwürfe, das Ringen um Nähe und Distanz und der Kampf um die richtigen Ansichten werden von gesellschaftlichen Werten geprägt, die Mütter und Töchter dazu verleiten, an überkommenen Strukturen festzuhalten. Für ein befreiteres und glücklicheres Miteinander erfordert es dagegen die Bereitschaft, neue Wege zu gehen.

Wege aus dem Dilemma

»Mund, Gesichtsform und Kinn habe ich von meiner Mutter. Die Nase auch, aber nur die Spitze, nicht den Nasenrücken; der ist einmalig, keiner in unserer Familie hat so einen.«

Isabella Rossellini über ihre Ähnlichkeit mit ihrer Mutter Ingrid Bergmann[53]

Die Bedingungen, vor deren Hintergrund Mütter und Töchter sich begegnen und dabei oft in Schwierigkeiten geraten, und die sich daraus ergebenden Folgen zu beschreiben hatte zum Ziel, Ansätze für einen befriedigenderen Kontakt zwischen beiden Frauen zu entwickeln. Für die Teilnehmerinnen meiner Workshops war es verständlicherweise besonders wichtig, konkrete Strategien angeboten zu bekommen, wie der Umgang mit der eigenen Mutter oder der Tochter besser gestaltet werden könnte.

Natürlich waren die von mir gegebenen Vorschläge als Anregungen zu verstehen und auch nicht in jedem Einzelfall relevant. Es bleibt unerlässlich, dass Mütter wie Töchter entsprechend ihrer ganz individuellen Beziehung eigene Formen des Miteinanders finden. Dennoch werde ich im Folgenden etliche Hinweise geben, die den Prozess der Neugestaltung insbesondere belastender Beziehungen hilfreich voranbringen können. Selbst Frauen, die den Austausch mit ihren Müttern und/oder Töchtern im Wesentlichen als entspannt und glücklich betrachten, werden so manche Idee finden, die ihnen als Handwerkszeug nützlich sein wird, wenn es doch einmal irgendwo klemmen sollte. Für Frauen, die den Kontakt zu ihren Müttern oder Töchtern als festgefahren und aufreibend erleben, enthalten die folgenden Seiten mit Sicherheit wertvolle Anregungen für den Versuch, neue Wege zu einem gelungenen Miteinander zu finden. Sie sind eingeladen, Schritt für Schritt die einzelnen Ausführungen daraufhin zu überprüfen, ob sie Ansatzpunkte für die Umgestaltung der Beziehungsstrukturen innerhalb Ihrer Familie bieten können.

Eigene Formen des Miteinanders

Zunächst möchte ich einige Vorschläge unterbreiten, wie das Verhältnis zwischen Müttern und Töchtern aus den Verstrickungen der Vergangenheit gelöst werden kann. Hierzu ist oftmals eine neue Plattform vonnöten, ein anderer Ort der Begegnung, aber auch die innere Bereitschaft, Veränderungen zuzulassen und neue Erfahrungen zu machen. Darüber hinaus ist es wichtig zu erkennen, dass die Beziehung zwischen Müttern und Töchtern auch von anderen mitbeeinflusst wird. Es kann daher durchaus hilfreich sein, andere bewusst in den Austausch einzubeziehen, um die Enge des ehemals symbiotischen Verhältnisses zu verlassen.

Wichtig für ein gutes Miteinander sind aber in besonderem Maße die inneren Voraussetzungen, die beide in ihre Begegnungen einbringen. Unter der Überschrift »Aufgeschlossen sein« werde ich die Mechanismen beschreiben, mit denen sich alte Annahmen und Denkweisen überwinden lassen, wo sie nur störend sind. Hierbei gilt es vor allem, den Blick für die Realität zu schärfen, durch Hinsehen und Mitteilen Missverständnisse zu vermeiden, Kritik sowohl im Äußern wie im Erhalten zuzulassen und die Grenzen des jeweiligen Gegenübers zu respektieren. Die in diesem Zusammenhang empfohlene Grundhaltung ist förderlich für jegliche Kommunikation. Da die Beziehung zwischen Müttern und Töchtern durch den Ballast alter Rollenverteilungen jedoch besonders beladen

Veränderte Kommunikation

ist, kann die Änderung der Umgangsformen auch besonders befreiend wirken.

Der Versuch, einmal eine Bilanz bezüglich des Kontakts zur Mutter oder Tochter zu ziehen, kann das Gefühl der Sicherheit innerhalb des Verhältnisses erhöhen. Klarheit hilft immer, Ängste zu reduzieren und negative Fantasien einzudämmen. In diesem Zusammenhang ist eine Standortbestimmung ebenso von Bedeutung wie das Erkennen der verschiedenen Rollen im gegenseitigen Austausch. Es geht darum zu lernen, die Gefühle der anderen Frau zu akzeptieren. Mütter und Töchter tun sich schwer damit, als bedrohlich empfundene Emotionen wie Wut, Trauer oder Verzweiflung bei der anderen auszuhalten. Gerade das ist aber eine wichtige Bedingung, wenn der gegenseitige Austausch vertrauensvoll und offen bleiben soll. Auch die Fähigkeit, Verbindendes und Trennendes als solches zu benennen, ist in diesem Sinne nützlich.

Fixierungen aufheben

Wenn wir nun all diesen Aspekten Beachtung geschenkt haben, werden wir erkennen, dass es eine Reihe eigener Bedürfnisse, Wünsche und Interessen gibt, die bei der Mutter bzw. Tochter schlecht aufgehoben sind. Wollen wir mit der anderen dennoch gut auskommen, müssen wir diese wichtigen Teile unserer Persönlichkeit auf andere Weise ausleben. Die Mutter bzw. Tochter kann uns nicht alles geben, was wir uns von ihr erhoffen. Aber anstatt diese frustrierende Erfahrung bei jeder Begegnung aufs Neue zu wiederholen und sich daran aufzureiben, ist es sinnvoller, diesbezüglich auf andere Menschen aus unserem sozialen Umfeld zuzugehen. Es ist daher angezeigt, sich einmal Gedanken darüber zu machen, was genau wir von wem haben und was genau wir wem geben wollen. Eine solche Analyse wird auch die Beziehung zur Mutter und/oder Tochter prägen, besonders, wenn es hierbei um andere Familienmitglieder geht.

Auch wenn die folgenden Kapitel in erster Linie dazu dienen sollen, das Verständnis zwischen Müttern und Töchtern im konkreten Miteinander zu verbessern und sich daher an der individuellen Begegnung orientieren, möchte ich an dieser Stelle betonen, dass es grundsätzlich auch immer darum gehen muss, den gesellschaftlichen Rahmen mitzubedenken. Für die Zukunft ist es wichtig, die gegenwärtigen Bedingungen der geschlechtsspezifischen Erziehung weiter zu reduzieren.

Startbedingungen verbessern

Naturgemäß erfordert die Bereitschaft, aktiv zu werden, immer ein gewisses Maß eigener Betroffenheit. Für viele Frauen wird es Veränderung genug bedeuten, im Kontakt zur Mutter oder zur Tochter neue Wege zu gehen. Dennoch ist es wichtig, dass wir Frauen nicht müde werden, mitzuhelfen, unsere Chancen in Beruf und Privatleben zu verbessern. Die Veränderung der politischen Gegebenheiten ist damit auch ein Weg, die Rollen, die Denkgewohnheiten und die Handlungsspielräume zwischen Müttern und Töchtern positiv zu beeinflussen.

Auch ohne sich institutionell politisch zu organisieren haben Frauen die Macht, nachhaltig zu wirken. Als Konsumentinnen bestimmen sie täglich die Wege der Wirtschaft mit, die für unser Zusammenleben in den letzten Jahren immer wichtiger geworden sind. Sie können entscheiden, ob sie Produkte von Unternehmen ignorieren, die frauenfeindlich werben oder in deren Chefetagen nur Männer sitzen. Sie haben die Wahl, für welchen Kinofilm sie ihr Geld ausgeben. Damit prägen sie die Erzeugnisse eines der größten Meinungsbildner: der Filmindustrie. Erst recht können sie entscheiden, welche Entwicklungen in der Mode sie unterstützen oder welche Zeitungen sie lesen. Und im Zeitalter der Markt- und Meinungsforschung haben sie auch die Möglichkeit zu sagen, warum.

Nur auf diese Weise lässt sich die Realität verändern, die Mädchen täglich erleben und die sie unbewusst einordnen. Aus dieser Realität ziehen die künftigen Frauen ihre Schlüsse. Hier aber liegen die Grundlagen, die sie bewegen, eine bestimmte Haltung zur Mutter oder später vielleicht zur eigenen Tochter einzunehmen.

Willkommen in der Gegenwart

> Wer ausgetretene Pfade verlassen will, muss auch bereit sein, lieb gewonnene Gewohnheiten zu hinterfragen.

Das Haus verlassen

Wenn Mütter und ihre erwachsenen Töchter sich begegnen, geschieht dies meistens bei der einen oder anderen zu Hause. Gerade wenn die Beziehung zueinander sich problematisch gestaltet, ist die mütterliche Wohnung oder das Heim der Tochter nicht unbedingt der geeignete Ort, um neue Umgangsweisen einzuüben.

Kindliche Rolle aufgeben

Die meisten Mädchen wachsen dort auf, wo auch die Mutter lebt. Neben den positiven Erinnerungen, die vielleicht um Geborgenheit und Entdeckungslust kreisen, enthält Mutters Heim aber auch die Botschaft von Abhängigkeit und von Ausgeliefertsein. Wohnt die Mutter auch in späteren Jahren noch in denselben vier Wänden, ist es unumgänglich, dass die Tochter mit dem Betreten dieser Wohnung in ihre alte kindliche Rolle zurückfällt. Unbewusst sieht sie sich damit der Mutter gegenüber erneut in einer machtlosen Position. Als die erwachsene Frau, die sie mittlerweile geworden ist, wird sie sich mit diesem Status nicht wohl fühlen, wenn es Konflikte gibt. Zu stark wirkt die Vergangenheit auf die Art des Miteinander-Umgehens ein. Beide Frauen haben es schwer, sich an diesem Ort als die Personen wahrzunehmen, die sie heute sind. Die alten Annahmen bestimmen den Austausch: Mutter war immer da, Mutter war immer lustig, traurig, stark, schwach – mein Mädchen war immer stur, sensibel, laut, still.

Der Ort der Begegnung wird dabei zum Symbol. Wer aufmerksam die täglichen Nachrichten aus der Weltpolitik verfolgt, wird bemerken, dass die Umgebung für wichtige Treffen niemals zufällig oder belanglos ist. Friedensverhandlungen z.B. erfordern einen neutralen Boden, Freundschaftsbesuche im Land des anderen bekunden Solidarität, die Gastgeberschaft bezeugt Anerkennung. Allein der Ort eines Treffens signalisiert häufig seinen Sinn und seine Aussichten. Auch im privaten Bereich sind Zeitpunkt und Ort der Verabredung eine genaue Überlegung wert. In vielen Beziehungen ist uns dieser Zusammenhang klar. Frauen überlegen genau, ob sie mit dem neuen Bekannten zum Essen, ins Kino oder in seine Wohnung gehen. Und sie überlegen vor allem genau, wen sie wann einladen. Jemanden in den eigenen vier Wänden zu haben bedeutet auch, ein Stück Freiraum aufzugeben: Es ist nicht möglich, jederzeit zu gehen.

Daher ist im Konfliktfall auch der Besuch der Mutter bei der Tochter nicht optimal. Zwar wird hier die Vergangenheit nicht so sehr heraufbeschworen, aber das familiäre Ambiente bewirkt in gleicher Weise, dass sich beide einander nicht so aufmerksam zuwenden, wie die Lösung gemeinsamer Probleme es bedürfte. Da klingelt im entscheidenden Moment das Telefon, der Enkel stößt sich an der Tischkante oder es geschehen Dinge gleichzeitig: Da wird die Wäsche aufgehängt, das Kotelett paniert, oder der Fernseher läuft. Derartige »Nebenbeschäftigungen« leisten sich Menschen in der Regel nicht, wenn sie FreundInnen oder NachbarInnen einladen. Unter der Überschrift »Familie« finden sie aber regelmäßig statt. Die Beteiligten signalisieren dadurch, dass sie ihre Beziehung über das verwandtschaftliche Verhältnis abgesichert sehen und kaum Energie darauf verwenden, sie aktiv zu erhalten. Da sollen die Blutsbande leisten, was ein Gespräch nicht vermag.

Sich aufmerksam zuwenden

Je enger der verwandtschaftliche Grad, desto unbedachter die Umgangsformen. Mütter und Töchter, die lange Jahre des Aufeinander-bezogen-Seins hinter sich haben, entwickeln so die irrtümliche Annahme, die Begegnungen würden irgendwie von selbst funktionieren. Dabei können sie nur an das anknüpfen, was früher war. Die Ankunft im sprichwörtlichen Hier und Jetzt wird auf diese Weise unmöglich.

Wenn Mütter und Töchter ein offenes und geklärtes Verhältnis zueinander pflegen, mag der Ort ihrer Begegnung von geringerer Bedeutung sein. Vielleicht erleben es beide dann sogar als angenehm, im privaten Rahmen alle Förmlichkeiten zu lassen. Wo es aber Schwierigkeiten gibt oder das Gefühl der Entfremdung den Umgang bestimmt, ist es erforderlich, dass sich beide Frauen aufeinander konzentrieren, um ihre Probleme zu lösen. Die besten Voraussetzungen hierfür bietet ein neutraler Ort, an dem sich beide gleichermaßen entspannen und wohl fühlen können. Das sommerliche Picknick am See kann dafür ebenso in Frage kommen wie der ruhige Tisch im Café. Wichtig ist, dass beide die Chance haben, sich aufeinander einzulassen, dass sie ungestört sind und gehen können, wann immer sie wollen. Denn das Bewusstsein um die Möglichkeit des Rückzugs erhöht die Bereitschaft, sich zu öffnen.

Freiheit, jederzeit zu gehen

Gleichermaßen spielt die Bedeutung von Symbolen eine nicht zu unterschätzende Rolle, wenn es um das gegenseitige Verständnis geht. Die Tochter sieht die Mutter im Café in ihrer Ausgehkleidung, nicht in der Kittelschürze, die sie schon trug, als sie dem Mädchen noch Verbote erteilte. Keine belegt den Raum der anderen mit Beschlag. Die Mutter hat nicht das Bild des Schwiegersohns vor Augen, das bei der Tochter auf dem Klavier steht und sich mahnend in die Gespräche mischt. Und der freundliche Kellner behandelt beide mit Respekt.

Das Haus zu verlassen ist ein Instrument von unschätzbarem Wert, wenn eine Mutter und eine Tochter versuchen, ihre Beziehung vom Ballast der Vergangenheit zu befreien. Damit ist nicht gemeint, dass sie sich ihrer wertvollen gemeinsamen Erinnerungen entledigen sollen. Vielmehr geht es darum, Voraussetzungen dafür zu schaffen, dass sich unerwünschte diffuse Gefühle, die alten Verstrickungen entstammen, nicht heimlich in die Begegnungen einschleichen können. Es spricht nichts dagegen, sich beim Picknick an alte Zeiten zu erinnern, doch dies sollte in einem Rahmen geschehen, der beiden Frauen die Gewissheit ermöglicht, dass es sich um Erinnerungen handelt und nicht um die heutige Realität. Vor diesem Hintergrund wird auch die Neugier aufeinander wachsen. Die Bereitschaft, Veränderungen zu begrüßen und sich dadurch nicht bedroht zu fühlen, vergrößert sich.

Veränderungen zulassen

Sichtbaren äußeren Veränderungen gehen immer innere Prozesse voran. Der Wandel erfordert zunächst den Mut, sich auf Neues einzulassen und alte Gewissheiten in Frage zu stellen. Wer dazu bereit ist, kann auch seine Zukunftserwartungen ändern. Auf diese Weise können wir verhindern, dass der Mechanismus der sich selbst erfüllenden Prophezeiung sich automatisch in unseren Alltag einschleicht und hier machtvoll wirkt. Das hat auch etwas mit selektiver Wahrnehmung zu tun: Nur das, was wir erwarten, nehmen wir auch zur Kenntnis, und alles, was nicht in unser Denkschema passt, können wir nicht erfassen. Vorurteile sind die Folge. Ein Beispiel soll verdeutlichen, wie sich derartige Strukturen auch in der Mutter-Tochter-Beziehung auswirken und diese über die Jahre hinweg erstarren lassen können:

Eigene Vorurteile überprüfen

Eine Mutter ärgert sich immer wieder über ihre Tochter, weil diese ihrer Meinung nach ungebildet ist. Schon in der Schule war sie kein großes Licht gewesen, darum hat es gerade mal so zum Hauptschulabschluss gereicht. Jetzt sitzt sie vermutlich für den Rest ihres Berufslebens im Supermarkt an der Kasse, wenn sie nicht wegen der unbequemen Arbeitshaltung schon mit vierzig in Frührente muss. Aber sie interessiert sich ja auch für rein gar nichts. Von Politik hat sie keine Ahnung, die Schöpfungen der Kunst berühren sie kein bisschen, und ihr Allgemeinwissen bietet ein desolates Bild. Wenn sie doch nur ein wenig bodenständiger wäre. Das Einzige, was ihr wichtig erscheint, ist, in der Welt herumzutingeln. Aber anstatt wenigstens dabei etwas über fremde Kulturen oder Sprachen zu lernen, frönt sie nur ihrem Spleen mit den Vögeln.

Wenn die Mutter die Tochter besucht, spielen beide jedesmal das gleiche Spiel. Die Mutter schneidet irgendein Thema des Tagesgeschehens an, ihre vermeintlich ungebildete Tochter weiß dazu nichts zu sagen. Die Mutter äußert daraufhin vorwurfsvoll ihre Missbilligung, die Tochter rechtfertigt sich trotzig.

Um diesen Kreislauf zu durchbrechen, müsste in diesem Fall zunächst die Mutter bereit sein, ihre althergebrachten Meinungen, die aus der Kindheit des Mädchens stammen, zu überprüfen. Im sprichwörtlichen Hier und Jetzt angekommen, würde sie eine andere Perspektive einnehmen, andere Fragen stellen und andere Antworten bekommen. Sie würde vielleicht erfahren, dass ihre Tochter eine hervorragende Expertin auf dem Gebiet der Ornithologie ist, dass sie jede Minute ihrer Freizeit mit ihrem Freund in den Wäldern verbringt, um die Gewohnheiten der einheimischen Vögel zu studieren und ihre Kenntnisse zu erweitern. Bei den Spaziergängen und Radtouren in der Natur erholt sich ihr Rücken von ihrer sitzenden Tätigkeit im Supermarkt, und die Freude an den Tieren, die sie mit ihrem Partner teilen kann, beschert ihr ein erfülltes Leben. Auch ihre Urlaubsziele wählen beide so aus, dass sie in fernen Ländern die Gelegenheit haben, die dortige Vogelwelt kennen zu lernen.

Ihre Sammlung an Fachliteratur hat inzwischen ein beträchtliches Ausmaß angenommen, und ihre vogelkundliche Homepage hat die Tochter mit Menschen aus verschiedensten Ländern in Kontakt gebracht, denen sie Antwort auf ihre Fragen gibt und die sie im Urlaub trifft. Aber auch ihr Tag hat nur vierundzwanzig Stunden. Sie hat für sich entschieden, womit sie diese verbringt. Die junge Frau liebt den Ruf des Auerhahns eben mehr als Bach und Brahms, und das Federkleid eines Rotkehlchens ist für sie das größte Kunstwerk der Welt.

Das Beispiel soll zeigen, dass unsere subjektive Wahrheit immer nur ein Ausschnitt dessen ist, was wirklich um uns herum geschieht. Es ist die Starrheit unserer festgefahrenen Ansichten über andere und über uns selbst, die uns häufig die Sicht verstellt. Aber wir haben die Möglichkeit, unseren Blickwinkel zu wählen. In unserem Beispiel könnte die Mutter voller Stolz und Respekt des Fachwissen ihrer Tochter loben, das diese sich über Jahre hinweg in ihrer Freizeit angeeignet hat. Der Kontakt zwischen beiden wäre damit frei von einem zeitraubenden wie überflüssigen Konflikt. Der dadurch gewonnene Raum könnte mit neuen Inhalten gefüllt werden.

Dazu ist es wichtig, dass beide ihre Beziehung als dynamisch erkennen; sie unterliegt dem Wandel der Zeit. Die eine ist nicht mehr das kleine Mädchen und die andere nicht mehr die versorgende Mutter. Beide werden in zehn Jahren auch nicht mehr die Gleichen sein, die sie heute sind. Die Möglichkeiten der Veränderung sowohl der einzelnen Frau wie der Gestalt einer Beziehung birgt demnach Chancen und Risiken. So wie jederzeit die Möglichkeit besteht, unbefriedigende Verhältnisse durch einen veränderten Umgang miteinander positiv zu beeinflussen, so bietet andererseits auch der gelungene Kontakt für die Zukunft keine Garantie. Sich nicht auf alten Lorbeeren ausruhen zu können gilt auch für die Beziehungen in Familien. So wie unser Körper permanent alte Zellen abstößt und sie durch neue ersetzt, um im Wandel der Zeit überleben zu können und sich gegen Widrigkeiten zu wappnen, so erfordert auch die Gestaltung der Mutter-Tochter-Beziehung die Bereitschaft, sich auf neue Erfahrungen einzulassen und ihren Wert für das Miteinander zu erkennen.

Dynamik birgt Chancen und Risiken

Neue Erfahrungen

Viele der Probleme, die Mütter und Töchter miteinander haben können, ergeben sich aus ihrer Familienzusammengehörigkeit. Während wir in freundschaftlichen Beziehungen oder in unseren Partnerschaften darauf bedacht sind, das Verhältnis zu anderen durch aufmerksame Gespräche und gemeinsame Unternehmungen lebendig zu halten, verleitet uns der Umstand, verwandt zu sein, zu der irrigen Annahme, alles würde wie von selbst laufen. Automatismen aber machen die Chance auf neue Erfahrungen zunichte.

In vielen Familien treffen sich Mütter und Töchter nur in bestimmten Situationen und unter den immer gleichen Bedingungen. Die Festtage sind beliebte Zeiten für ein Zusammentreffen – Geburtstage, Weihnachten, die Silberhochzeit der Eltern, die Taufe der Enkel. Solange der Umgang der Familienmitglieder offen und frei von altem Ballast ist, können die Familienrituale durchaus positiv wirken. Sie vermitteln ein Zusammengehörigkeitsgefühl und helfen den Einzelnen, sich der sozialen Eingebundenheit zu vergewissern. Schwierig wird es aber immer dann, wenn das Miteinander sich auf alteingeübte und manchmal überholte Umgangsformen beschränkt.

So wie die Mitglieder einer Familie sich bei Tisch immer auf denselben Platz setzen, so sind sie innerhalb dieses Gefüges auch auf eine Rolle festgelegt. Mit dem Heranwachsen der Mädchen sollten diese starren Zuschreibungen jedoch hinterfragt werden. Mütter und Töchter unterstellen sich gegenseitig gerne Eigenschaften und Verhaltensweisen, die etwas mit ihren eigenen Erwartungen zu tun haben. Egal, was jede im Einzelnen über die andere sagt, lautet die Botschaft doch meistens entweder frohlockend »Sie ist so, wie ich sie haben will!« oder enttäuscht »Sie ist ganz und gar nicht so, wie ich sie mir wünsche und wie ich sie brauche!«.

Kompetenz wahrnehmen

Obwohl wir alle und inbesondere Kinder dazu neigen, uns mit unserer Identität an Etikettierungen durch andere anzunähern, liegt die Wahrheit normalerweise irgendwo dazwischen. Nur durch neue Erfahrungen können wir sie erkennen. Mütter und Töchter können viel über die jeweils andere lernen, wenn sie gemeinsam etwas unternehmen, was sie noch nie getan haben. Statt des üblichen Kinobesuchs mit anschließendem Glas Wein im Café an der Ecke macht vielleicht ein gemeinsamer Fitnesskurs Spaß. Dabei erleben beide eine Überraschung. Die Tochter wusste gar nicht, wie sportlich ihre Mutter ist, und die Mutter hätte nie gedacht, dass »ihre Kleine« so kontaktfreudig mit den anderen in der Gruppe umgehen kann. Statt des alljährlichen Wanderwochenendes in den österreichischen Alpen könnte eine Radtour durch Frankreich eine

Abwechslung bringen. Schließlich spricht die Mama perfekt französisch und könnte für beide übersetzen. So präsentiert sie sich als Dolmetscherin mit einer Kompetenz, von der auch die Tochter profitiert, und erlebt einmal die »Kleine mit den zwei linken Händen« dabei, wie diese souverän einen Reifen flickt.

Derartige Erfahrungen, die falsche oder überholte Annahmen entkräften, wirken sich unweigerlich auch auf die gegenseitige Beziehung aus und sind somit geeignet, festgefahrene Strukturen aufzulösen. Das Verhältnis kann sich an Gegenwärtigem orientieren und bietet somit den Beteiligten ein höheres Maß an Freiraum. Aus dem Erleben der Wandelbarkeit des Miteinanders können Mütter und Töchter die Sicherheit entwickeln, die sie benötigen, um alte Konflikte anzusprechen und zu klären. Aus einer gefestigten Position in der Gegenwart ist es leichter, einen Rückblick auch auf alte Rollen zu wagen, die beide über Jahre hinweg geprägt haben. Dabei gilt es zu erkennen, dass sowohl Mütter als auch Töchter sich stets in einem bestimmten sozialen Umfeld erlebt haben und erleben. Um einander zu verstehen, ist es daher bedeutsam, auch die Rolle anderer Menschen als mitbestimmend für den gegenseitigen Umgang zu erfassen.

Andere Menschen

Die vermeintlich symbiotische Nähe zwischen Müttern und Töchtern verstellt beiden gelegentlich den Blick für die Tatsache, dass andere Personen in ihrem Umfeld ihre Begegnungen auf die eine oder andere Weise mitbestimmen. PartnerInnen, der Vater der Tochter, andere Verwandte und Freundschaften nehmen einen Platz im Leben der beiden ein. Die Haltung einer Mutter zu ihrer Tochter kann beeinflusst sein durch die Meinungen, die Onkel und Tanten über das Mädchen äußern oder durch das Verhältnis, das die Frau zu ihrer eigenen Mutter hat.

Die Intensität der Beziehung ergibt sich aus der Antwort auf die Frage, welche und wie viele andere Kontakte beide pflegen. Übertragungsphänomene spielen eine Rolle. Da distanziert sich die Mutter von der Tochter, die schon immer »wie ihr Vater« war, wenn die Beziehung zu eben diesem Mann in die Brüche geht. Geschwisterrivalitäten sind von Bedeutung, wenn die Tochter mit Bruder oder Schwester um die Gunst der Mutter kämpft. Da kommt Eifersucht auf, wenn die Dreizehnjährige mit der Freundin tuschelt und verstummt, wenn die Mutter das Zimmer betritt, oder wenn die Mutter plötzlich das Kind von einem Babysitter betreuen lässt, um mit einem neuen Bekannten auszugehen. Gerade weil derartige Phänomene so häufig sind, denken die Beteiligten selten darüber nach. Doch andere Menschen tragen dazu bei, Gefühle zu verankern und Meinungen zu prägen.

Wenn Mütter und Töchter stark aufeinander fixiert sind, können außenstehende Personen ihnen helfen, die Enge ihres Verhältnisses aufzuheben. Vor allem Menschen, die nicht zum unmittelbaren Familienkreis zählen, haben ihre eigene Sicht sowohl auf die Tochter als auch auf die Mutter. Sie können mit ihren Meinungen einen Kontrast zu den eingefahrenen Denkmustern beider bilden und damit verhindern, dass sich Vorurteile festsetzen können. Das erfordert, dass Mütter und Töchter bereit sind, sich auf die Einflüsse Außenstehender einzulassen. Sie müssen offen für die Wahrnehmungen sein, die andere ihnen vermitteln. Anstatt eifersüchtig die vermeintlich traute Zweisamkeit zu verteidigen und das Eindringen anderer in das Verhältnis abzulehnen, sollten sie die Belebung des Kontakts durch die Einbeziehung anderer begrüßen.

Außenstehende beleben erstarrte Strukturen

Eine Mutter und ihre siebzehnjährige Tochter streiten sich regelmäßig über deren Berufswünsche. Die Mutter, die sich um die finanzielle Sicherheit der Tochter sorgt, empfiehlt ihr die Bewerbung um eine Anstellung im öffentlichen Dienst, doch die Jugendliche hat ganz andere Pläne: Sie träumt davon, Maskenbildnerin zu werden. Jedesmal, wenn die beiden sich über die berufliche Zukunft der Tochter unterhalten wollen, geraten sie in Streit. Die Mutter sammelt Argumente, um der Tochter klar zu machen, wie unvernünftig ihre Haltung ist. Sie hortet Zeitungsausschnitte über gescheiterte KünstlerInnen und die Ungewissheiten, die die Zukunft von Bühne, Film und Fernsehen bergen. Das Mädchen hält dagegen mit Berichten über den Krankenstand von StaatsdienerInnen und den Abbau der Sozialleistungen bei Beamten. In dem Bestreben, Recht zu behalten, drehen sie sich mit ihren Auseinandersetzungen im Kreis.

Am Ende einer jeden Debatte resümiert die Mutter, die Idee, Maskenbildnerin zu werden, habe die Tochter nur durch den Vater ihrer Freundin, der als solcher an einem kleinen Theater arbeitet, das permanent kurz vor der Pleite steht. Die Mutter sieht sich durch diesen Lebenskünstler in ihrer Autorität bedroht. Um ihre Eigenständigkeit zu beweisen, behauptet die Heranwachsende hingegen hartnäckig, dieser Mann hätte gar nichts mit ihrer ureigenen Entscheidung zu tun, und verlangt, ihn da herauszuhalten.

Mit diesem Beispiel möchte ich verdeutlichen, wie sehr andere Menschen – ob wir es wollen oder nicht – Einfluss auf die Mutter-Tochter-Beziehung nehmen. Anstatt jedoch den Einfluss des Fremden abzulehnen oder zu leugnen, könnten beide in ihrem Miteinander davon profitieren, indem sie es bewusst einbeziehen. Die Tochter hat tatsächlich durch den Vater ihrer Freundin den Beruf des Maskenbildners überhaupt erst kennen gelernt. Sie mag diesen Mann, der ihrer Freundin und ihr in ihren Kinderjahren zum Fasching so lustige Gesichter verpasste. Durch ihn hat sie die Angst vor den Kinomonstern verloren, denn in seiner Werkstatt hat sie all die Materialien gesehen, aus denen diese gruseligen Gesichter entstehen.

Der Mann hat über zwanzig Jahre Erfahrung in seinem Beruf. Wie wertvoll könnten seine Ratschläge sein, wenn die junge Frau sich tatsächlich nach dem Schulabschluss entscheiden sollte, Maskenbildnerin zu werden! Könnte die Mutter, die im Vater der Freundin den Urheber ihrer Probleme mit dem Mädchen sieht, sich entschließen, ihn zu einem Gespräch zu dritt zu bitten, würde sie eine Menge Informationen erhalten, die ihre Ängste in Bezug auf die Tochter verringern könnten. Sie würde einen Menschen kennen lernen, der im Traumberuf der

Tochter arbeitet und trotzdem nicht verhungert. Der von Hollywood geträumt hat und im Kleinstadttheater hängen geblieben ist. Er muss zwar sparen, um die letzten Raten für den gebrauchten Kleinwagen abzubezahlen. Aber er ist glücklich, und das merkt man ihm an, wenn er von all den interessanten Menschen spricht, mit denen er im Laufe seines Berufslebens zu tun hatte.

Vielleicht kann er der Tochter mit seinen Kontakten sogar ein Praktikum vermitteln, bei dem sie feststellen kann, ob der Beruf tatsächlich das ist, was sie sich wünscht. Er könnte die besten Schulen empfehlen und durch sein Insider-Wissen herausfinden, wo eine Stelle frei wird. So könnte die Mutter ihr Bestreben, der Tochter eine materiell sorglose Zukunft zu ermöglichen, zusammen mit diesem Mann besser verwirklichen als ohne ihn.

Gleichzeitig könnte der Austausch mit anderen Außenstehenden sowohl der Mutter als auch der Tochter eine veränderte Sicht auf die Motive der jeweils anderen ermöglichen. Die Tochter erfährt vielleicht von einer Tante, dass ihre Mutter ihre Kindheit in bitterer Armut verbracht hat. Diese Erfahrung war für sie so furchtbar, dass sie mit der Tochter bisher so gut wie nie darüber gesprochen hat. Nun erzählt die Tante von den Großeltern, die auch an kalten Tagen mit den Kohlen sparen mussten, um halbwegs über den Winter zu kommen. Sie berichtet von den existentiellen Nöten, die frühere Phasen von Arbeitslosigkeit für die Familie bedeuteten. Durch die Schilderung einzelner Episoden wird dem Mädchen klar, warum die Mutter sich einen vor allem sicheren Beruf für ihre Tochter wünscht. Anstatt sich weiterhin drangsaliert zu fühlen, kann sie mit der Mutter über deren Ängste reden. Die Energie, die bislang in fruchtlose Streitigkeiten geflossen ist, können Mutter und Tochter nun nutzen für ein Miteinander, das den Bedürfnissen beider entgegenkommt.

Motive der anderen verstehen

Das Beispiel zeigt, dass konstruktive Problemlösungen oft erst durch die Einbeziehung Außenstehender möglich werden. Wichtig in diesem Zusammenhang ist allerdings, dass die Beteiligten dabei keine Bündnisse eingehen, um ihre Interessen besser durchsetzen zu können.

»Papa sieht das genauso« oder »Ich habe mit deinem Lehrer gesprochen, der hat mir Recht gegeben und deine Handballtrainerin auch« sind Sätze, die die eigene Position rechtfertigen sollen, aber weder Argumente ersetzen noch dazu beitragen, den Standpunkt des Gegenübers zu verstehen. Wenn Menschen sich gegen andere verbünden, um ihre Interessen besser durchsetzen zu können, bewirkt das auf der anderen Seite Rückzug und Trotz. Die Alleingelassene fühlt sich hintergangen und verliert dadurch jede Bereitschaft, ihre Position zu erklären und für beide Seiten tragbare Lösungen zu finden. Eine als angenehm empfundene Beziehung zwischen Mutter und Tochter erfordert in erster Linie, dass beide Frauen für das Leben der anderen aufgeschlossen sind.

Aufgeschlossen sein

> Mütter und Töchter irren sich oft in dem Glauben, sich genau zu kennen. Nur die beständige Neugier aufeinander aber kann verhindern, dass beide an Zerrbildern festhalten.

Hinsehen und Zuhören

Wenn Mutter und Tochter ihre Beziehung nicht ausschließlich auf ihrer gemeinsamen Vergangenheit aufbauen wollen, müssen sie bereit sein, ihre Wahrnehmung für die jeweils andere zu schärfen. Es ist wichtig, darauf zu achten, was bei ihren Begegnungen geschieht. Das hört sich selbstverständlich an, ist es aber nicht. Wir alle sind es gewöhnt, unsere

Umwelt auf eine Art und Weise zu interpretieren, die sich vorwiegend aus unseren Gedanken und Erwartungen ergibt. Je enger die Beziehung, desto wahrscheinlicher gehen wir davon aus, die andere Person so genau zu kennen, dass wir uns nicht mehr die Mühe machen müssen, sie immer wieder auf ein Neues kennen zu lernen. So verpassen auch Mutter und Tochter die Möglichkeit, bislang Unbekanntes bei der jeweils anderen zu entdecken und das Verhältnis zu aktualisieren.

Um den Umgang miteinander aus dem Hier und Jetzt abzuleiten und sich besser zu verstehen, sollten Mutter und Tochter zunächst einmal all ihre Sinne einsetzen. Hinter dem Appell, hinzusehen und zuzuhören, verbirgt sich nichts Mysteriöses, sondern er meint genau nur das: hinsehen und zuhören. Wir erfahren viel über unser Gegenüber, wenn wir uns vergegenwärtigen, was wir sehen oder hören. Wie hat meine Tochter ihre Wohnung eingerichtet? Was erzählt sie über die Arbeit? Was über ihren Partner? Oder: Welche Kleidung trägt meine Mutter? Was verrät ihre beiläufige Bemerkung über ihr Verhältnis zu meinem Vater?

Auf das Gelingen von Beziehungen ausgerichtet, sind Frauen für gewöhnlich Meisterinnen darin, andere wahrzunehmen und einzuschätzen. Oft bemerken sie gar nicht mehr, wie sehr sie versuchen, in den Gesichtern anderer zu lesen oder ihre Worte auf die sprichwörtliche Goldwaage zu legen. Leider ist diese Fähigkeit in der Regel jedoch auf ein einziges Ziel ausgerichtet, nämlich andere zufrieden zu stellen. Es ist damit eine Form der Aufmerksamkeit, die weniger dazu dient, das Gegenüber zu verstehen, sondern vielmehr, eigene Handlungen auszulösen.

Der Ehemann sieht müde aus? Bring ihm einen Kaffee! Die Chefin wirkt grimmig? Halte ihr alle Telefonate vom Hals! Diese Fixierung auf wohltuendes Wirken lässt Frauen häufig genau den Schritt überspringen, der das Verständnis anderer erst ermöglichen würde. Warum ist der Ehemann müde, und welche Schlüsse zieht er daraus? Eigentlich wollte er zwei Stunden schlafen, um danach für sein Tennisspiel fit zu sein. Nach dem Kaffee ist daran nicht mehr zu denken. Die Chefin guckt grimmig, weil sie dringend auf einen wichtigen Anruf wartet, den sie nun leider den ganzen Tag lang nicht bekommt.

Diese banalen Beispiele verdeutlichen bereits, dass Hinsehen und Zuhören nicht immer ausreichen, um andere zu verstehen. Gerade unter dem Eindruck einer oft jahrzehntelangen gemeinsamen Geschichte setzen wir manches als gegeben voraus – und liegen damit voll daneben. Es ist also sinnvoll, Fragen zu stellen. Von Frauen wird oft verlangt, dass sie anderen die Wünsche buchstäblich von den Augen ablesen. Sie übertragen diesen Anspruch auch auf diejenigen, mit denen sie enge Kontakte pflegen, insbesondere auf Frauen. Es scheint paradox, doch gerade das im kommunikativen Bereich so starke Geschlecht scheint das wortlose Verstehen als besonderen Liebesbeweis zu sehen. Die Sehnsucht danach ist die logische Konsequenz der an Mädchen und Frauen gerichteten Forderung zur Bescheidenheit. Wer keine Wünsche äußern darf, muss den Traum hegen, dass andere sie erraten.

Fragen stellen

Leider funktioniert das nur in den seltensten Fällen, und es funktioniert besonders schlecht zwischen der Mutter und ihrer erwachsenen Tochter, da die Wahrnehmung der jeweils anderen durch so viele eigene Hoffnungen, Erwartungen und Sehnsüchte getrübt ist. Wollen beide einander verstehen, kommen sie demnach nicht umhin, auch Fragen zu stellen. Was empfindest du bei dem Gedanken, in den Ruhestand zu gehen? Warum weinst du? Was hat dir an dem Film so sehr gefallen, dass du ihn in drei Wochen sieben Mal gesehen hast? Auf diese Weise bekunden wir Interesse und nehmen unser Gegenüber ernst.

Durch Hinsehen und Zuhören die Mutter oder die Tochter besser kennen zu lernen, kann nur gelingen, wenn die andere sich nicht versteckt. Diese Gefahr ist besonders groß, wenn die Tochter noch nicht erwachsen ist und versucht, durch Heimlichkeiten Verboten und Strafe zu entgehen. Aussprüchen wie »Wenn du jemals etwas mit Drogen zu tun hast, schmeiße ich dich raus!«, »Du bist zu jung für einen Freund!« oder »Komm mir bloß nicht mit einem Kind an!« mögen verständlicher mütterlicher Sorge entstammen, tragen aber vor allem dazu bei, Vertrauen zu untergraben. Die Gefahr, durch Verbote und Drohungen die Offenheit im gegenseitigen Austausch zu zerstören, ist aber nicht nur da gegeben, wo die Mutter als Erziehende in Erscheinung tritt. Der Mechanismus kann auch umgekehrt funktionieren, indem die Tochter der Mutter beispielsweise an den Kopf wirft: »Wenn du diesen Mann heiratest, siehst du mich nicht mehr!« Wo immer möglich, sollten derartige Ankündigungen unterlassen werden, um die Beziehung nicht weiter zu gefährden.

Keine Drohungen

Hinter einer Drohung stehen oft eigene Befürchtungen. Mütter und Töchter haben aber eine größere Chance, ihre Sorgen und Ängste in Bezug auf die andere zu reduzieren, wenn sie eine Atmosphäre schaffen, in der sie beide im Gespräch bleiben. Diese Offenheit können sie bei der anderen fördern, indem sie bereit sind, sich selbst mitzuteilen.

Mitteilen

Sich mitzuteilen ist die beste und sicherste Möglichkeit, sich anderen Menschen zu zeigen. Bedauerlicherweise operiert die klassische weibliche Sozialisation unter anderem mit zwei Vorwürfen: erstens, dass Frauen »zuviel« reden und zweitens, dass sie nur von sich reden. Die Gespräche zwischen Frauen werden als Geschwätzigkeit abgewertet, zudem eilt Frauen der Ruf voraus, gute Zuhörerinnen zu sein. Um diesem Image gerecht zu werden, müssen sie den Mund halten und ihre ganze Aufmerksamkeit auf die Worte anderer lenken. »Rede nur, wenn du gefragt wirst!« lautet eine Forderung, die Mädchen auch heute noch zu hören bekommen. Besonders tabu sind dabei Äußerungen, in denen Frauen über sich sprechen. Wenn sie ihre Persönlichkeit darstellen, von ihren Sehnsüchten und Plänen reden oder ihre Meinung kundtun, werden sie schnell als geltungssüchtig abgestempelt. Sie verhalten sich dabei widersprüchlich zur weiblichen Norm und werden schon deswegen argwöhnisch beäugt. Wollen Frauen sich also im Einklang mit der von ihnen verlangten

Sich zeigen

Rolle befinden, müssen sie ihre Gedanken, Bedürfnisse, Wünsche und Erfahrungen verschweigen.

Bei der Mutter-Tochter-Beziehung handelt es sich um ein Verhältnis zwischen zwei Frauen. Wenn sie einander verstehen wollen, müssen sie die alten Tabus endlich über Bord werfen und der anderen mitteilen, wer sie sind. Mütter und Töchter tun sich damit im gegenseitigen Austausch nicht nur aufgrund gesellschaftlicher Erwartungen schwer. Sie sind gefühlsmäßig oft so sehr miteinander verstrickt, dass sie annehmen, jede Äußerung über sich selbst würde eine Reaktion bei der anderen hervorrufen, die man nicht verantworten möchte. Erneut soll ein Beispiel zeigen, was das bedeuten kann.

Eine Tochter hat berufliche Probleme. Sie ist als Journalistin bei einer kleinen Rundfunkstation beschäftigt. Die Arbeit für diesen Sender macht ihr schon lange keinen Spaß mehr. Die Themen, die sie recherchieren soll, interessieren sie nicht. Immer geht es nur um Lokalgeschehnisse und Lifestyle. Auch mit den KollegInnen, die in ihrer Arbeit förmlich aufgehen, versteht sie sich nicht sonderlich gut. Und was die Aufstiegschancen betrifft, so ist ihre Tätigkeit eine reine Sackgasse. Schon seit längerem überlegt sie, sich um eine andere Stelle zu bewerben. Aber sie weiß auch, dass sie als Journalistin in ihrer Stadt nicht viele Möglichkeiten hat. Sie würde gerne als Auslandskorrespondentin arbeiten und über politische Themen berichten.

Wenn ihre Mutter sie nach ihrer beruflichen Situation fragt, verschweigt sie ihre Nöte. Sie befürchtet, die Mutter würde sich Sorgen machen um die Stellung ihrer Tochter beim Sender. Darüber hinaus ist sie überzeugt, ihre Überlegung, ins Ausland zu gehen, würde die Mutter in Panik versetzen und Verlustängste auslösen. Daher sagt sie nichts. Ihr Kontakt zur Mutter verschlechtert sich, denn wenn die Tochter über das grundsätzliche Problem nicht reden kann, wird sie auch kein Thema ansprechen, das als einzelne Begebenheit damit im Zusammenhang steht. Gleichzeitig beginnt sie, sich von der Mutter zu distanzieren, denn sie glaubt, mit etwas mehr Abstand würden die Entscheidungen, die sie zu treffen in Er-

Gespräche nicht aufschieben

wägung zieht, die Mutter weniger hart treffen. Die Mutter erlebt den Rückzug der Tochter als quälend. In typisch weiblicher Manier sieht sie die Ursachen dafür bei sich selbst. Eines Tages wird ihr die Tochter überraschend verkünden, dass sie nach Indien geht. Für die Mutter bedeutet diese plötzliche Eröffnung nicht nur einen massiven Schock. Sie sieht darin im schlimmsten, aber durchaus nicht seltenen Fall die Bestätigung, als Mutter versagt zu haben, wenn die Tochter gleich so weit fort geht, um ihr fern zu sein.

Dieses Beispiel hat seine Wurzeln in einem zwischen Müttern und Töchtern häufig anzutreffenden Phänomen: Beide fühlen sich für das Befinden der anderen verantwortlich. So geschieht es häufig, dass die Unterhaltung zwischen ihnen einem immer gleichen Schema folgt. Je nach den Gegebenheiten des Einzelfalles teilen sich beide entweder nur erfreuliche Ereignisse mit, die signalisieren »Sieh her, es geht mir gut. Es kann dir also auch gut gehen!«, oder sie sprechen miteinander nur über Betrübliches, wobei der Sinn der sorgenvollen Unterhaltungen darin besteht, sich durch gegenseitiges Trösten das Empfinden von Nähe und Geborgenheit zu verschaffen. Auch die Festlegung auf verschiedene Rollen ist denkbar. Dabei kann beispielsweise die Tochter nur Angenehmes berichten, während die Mutter immer nur klagt, oder umgekehrt.

Alles ansprechen

In all diesen Fällen ist der gegenseitige Austausch in vorgefertigte Schablonen gepresst, was einem wirklichen Erfassen der Lebenssituation und Gefühlslage der anderen entgegensteht. Aufgeschlossen sein bedeutet dagegen, im Kontakt allem Raum geben zu können, was im Leben gerade von Bedeutung ist. Es heißt, heute vom gelungenen Urlaub zu erzählen und morgen über die Kränkung, verlassen worden zu sein. Es heißt, die andere um Hilfe zu bitten, wenn man sie wünscht, Bedürfnisse zu äußern und Probleme anzusprechen. Sich mitzuteilen bedeutet letztendlich, die Angst zu verlieren, im Austausch etwas Falsches zu sagen. Das Gespräch wird auf diese Weise von dem Zwang befreit, in immer gleichen Bahnen zu verlaufen. Um sich wirklich kennen zu lernen, müssen sich Mütter und Töchter jedes Thema erlauben, über das sie reden wollen. Dazu gehören auch das Geben und Nehmen von Kritik.

Kritik zulassen

Der Gedanke, kritisiert zu werden oder andere kritisieren zu müssen, löst bei den meisten von uns unangenehme Gefühle aus. Besonders Frauen sind bestrebt, niemanden zu verletzen, und halten sich daher gerne mit kritischen Anmerkungen zurück. Umgekehrt fühlen sie sich oft bis ins Mark getroffen, wenn sie selbst kritisiert werden. Das wackelige Selbstwertgefühl erhält einen Stoß und gerät aus dem Gleichgewicht. Sofort beginnen bange Fragen durch den Kopf zu rotieren: Habe ich mein Gegenüber verärgert? Habe ich ihre/seine Gunst verspielt? Wird sie/er mich noch länger lieben?

Innerhalb der Familie scheinen die verwandtschaftlichen Beziehungen den Zusammenhalt der einzelnen Familienmitglieder zu garantieren. Mütter sind es durch ihre Rolle als Erziehende gewöhnt, Anweisungen zu geben und Verbote zu erteilen. Ihnen fällt es daher in der Regel relativ leicht, die Kinder zu kritisieren. Umgekehrt gilt es als tabu, das Handeln der Eltern in Frage zu stellen. Für Kinder ist es daher in jedem Alter schwer, ihren Unmut über das Verhalten von Mutter oder Vater zu äußern und dabei ernst genommen zu werden. Diese ungleiche Ausgangslage begünstigt, dass sie mit dem Älterwerden eine Trotzhaltung entwickeln nach dem Motto: »Lass die nur reden, ich mache sowieso, was ich will!« In diesem Fall merken die Eltern sehr schnell, dass sie mit ihren Anweisungen oder Meinungen kein Gehör mehr finden und schalten ebenfalls auf stur. Das Miteinander verkümmert zu einem Genörgel und Gemecker auf beiden Seiten.

Kritisieren statt nörgeln

Wenn Mütter und Töchter sich einen offenen und vertrauensvollen Umgang miteinander wünschen, müssen sie es sich erlauben, sich gegenseitig zu kritisieren. Diese Form des Miteinanders will jedoch gelernt sein. Mütter müssen bereits den kleinen Mädchen, die ein Unbehagen äußern, Aufmerksamkeit schenken. Viele glauben, ihre für die Erziehung notwendige Stellung als Autoritätsperson zu gefährden, wenn sie sich von ihren Töchtern kritisieren lassen. Darüber hinaus sind kleine Mädchen noch nicht in der Lage, die Dinge, über die sie sich ärgern, auf eine sachliche Weise zu äußern, wie es Erwachsene tun – oder zumindest tun sollten. Die Andeutung von Kritik lautet aus ihrem Munde vielleicht nur: »Du bist doof!« Welche Mutter würde sich eine solche als Beleidigung verstandene Anmerkung nicht verbitten? Sie käme jedenfalls nicht auf die Idee, die Kleine auch noch zu fragen, womit sie diese charmante Bemerkung denn verdient habe.

Aber nur so könnte sie die eigentliche, sachbezogene Kritik empfangen. Wenn das Mädchen antwortet: »Weil du nie mit mir zusammen im Sandkasten spielst!« oder »Weil du mir immer so kratzige Pullover kaufst!«, wären beide schon einen Schritt weiter. Das Mädchen fühlt sich ernst genommen, und die Mutter kann sich das weitere Nachsinnen über die Frage, warum ihre Tochter so bockig ist, sparen. Sie kann erklären, dass sie keine Lust hat, im Sandkasten zu spielen (keine Lust ist für Kinder ein sehr überzeugendes Argument!), und sie kann den nächsten Pullover das Mädchen selbst aussuchen lassen. Die Tochter lernt auf diese Weise, dass es für sie – und sogar für ihre Mutter – vorteilhaft ist, eigene Interessen zum Ausdruck zu bringen. Sie hat die Chance zu begreifen, dass nichts Schlimmes passiert, wenn sie kritisch ist. So akzeptiert sie auch, selbst kritisiert zu werden.

Mädchen ernst nehmen

Dennoch bleibt der Umgang mit Kritik ein sensibler Punkt im Kontakt zwischen Müttern und Töchtern. Beide sollten einige grundsätzliche Regeln befolgen, um den Austausch von konfliktgeladenen Themen möglichst gelungen zu gestalten. Zunächst einmal ist es wichtig, dass sie sich deutlich machen, dass ein Verhalten kritisiert wird und nicht die Person. Auf beiden Seiten werden die Ängste reduziert, wenn sich Mutter und Tochter gegenseitig versichern, dass die Kritik die grundsätzlichen Gefühle füreinander nicht berührt. Vor allem die Kritisierte wird sich so nicht mehr angegriffen oder bedroht fühlen. Es wird ihr daher leichter fallen, sich auf die Kritik einzulassen und sich inhaltlich damit auseinander zu setzen.

Darüber hinaus ist es wichtig, dass sich die Mutter nicht auf ihre Rolle beruft, wenn sie darlegt, was ihr missfällt. Das bedeutet auch, dass sie ihre persönlichen Ansichten als solche äußert und keine verallgemeinernden Sätze von sich gibt. »Man kommt nicht zu jedem Treffen zu spät!« ist eine genauso unglückliche Bemerkung wie »Es gehört sich nicht, die eigene Mutter immer wieder warten zu lassen!«. Beides löst Abwehr und Trotz aus und untergräbt bei der Tochter die Bereitschaft, sich mit dem kritisierten Sachverhalt auseinander zu setzen. Was die Tochter hört, ist lediglich der Versuch, ein autoritäres Gefälle aufrechtzuerhalten und ihre Persönlichkeit in Normen zu pressen. Nur darauf wird sie reagieren, und zwar abweisend. Wesentlich geschickter ist es, von sich zu reden und am Thema zu bleiben: »Es gefällt mir nicht, dass du mich so oft warten lässt, wenn wir verabredet sind. Ich fühle mich respektlos behandelt, wenn ich merke, dass du dich mir gegenüber nicht an unsere Absprachen gebunden fühlst. Das ärgert mich ungemein.« Eine solche Ausführung legt nicht nur das Problem auf sachliche Weise dar, sondern vermittelt der anderen gleichzeitig, was das kritisierte Verhalten auslöst. Auf dieser Basis kann sich die Kritisierte – in diesem Beispiel die Tochter – mit dem eigentlichen Thema befassen und darauf eingehen.

Am Thema bleiben

Auch Verallgemeinerungen wie »immer« oder »nie« sollten tunlichst vermieden werden, wenn eine die andere kritisiert. Es stimmt in der Regel nicht, dass die andere sich immer auf die gleiche Art verhält. Die Verallgemeinerung ermöglicht ihr dadurch einen Widerspruch, der das ganze Gespräch zu einem Pingpong-Spiel nach dem Motto »nein«-»doch« werden lässt. Beide Seiten beharren stur auf ihrer Position und bringen Beispiele an, um sie zu belegen: »Du kommst immer zu spät!« – »Das ist nicht wahr! An Omas Geburtstag habe ich mich extra beeilt, um pünktlich zu sein!«

Keine Verallgemeinerungen

– »Naja, da kamst du auf den letzten Drücker, aber ich kann mich an kein Treffen mit dir erinnern, an dem ich nicht auf dich gewartet hätte!« – »Wie bitte?! Letzten Sommer war ich vor dir am Kino und habe die Karten geholt!« – »Das war aber auch die absolute Ausnahme. Schon als Kind hast du ständig getrödelt!« ...

Das Hin und Her können beide beliebig lange fortsetzen oder regelmäßig wiederholen. Einen Sinn erhält es dadurch nicht. Die Absolutheit von »immer« oder »nie« trägt sogar dazu bei, die Verhältnisse ein für alle Mal festzuschreiben. Das Handeln wird quasi zur unterstellten Charaktereigenschaft, die die Betreffende irgendwann verinnerlicht. Sie hat den Ruf weg, unpünktlich zu sein. Warum sollte sie sich also bemühen, das zu ändern? Vielversprechender ist es dagegen, in der Sache differenziert zu sein und gleichzeitig klar zu äußern, was eine beanstandete Handlungsweise bei uns selbst bewirkt: »Du bist über eine halbe Stunde zu spät dran. Ich bin sehr wütend deshalb. Es ist schließlich nicht das erste Mal, dass du mich so lange warten lässt. Bitte sei in Zukunft pünktlich.«

Mit vier Sätzen hat die Kritisierende das Problem geschildert, ihren Gemütszustand beschrieben und ihre Wünsche in Bezug auf die Zukunft zum Ausdruck gebracht. Die Angesprochene kann darauf reagieren, indem sie sich entschuldigt und der Bitte beim nächsten Mal nachkommt. Tut sie das nicht, kann ein weiteres Gespräch erforderlich sein. Lange und fruchtlose Diskussionen, bei denen jede sich angegriffen fühlt, bleiben aus.

Kritik zeitnah äußern

Da Frauen ihr Handeln vor allem darauf ausrichten, Frieden zu stiften und zu bewahren, fällt es vielen von ihnen schwer, überhaupt Kritik zu äußern. Sie wollen ihre GesprächspartnerInnen nicht verärgern. In engen Beziehungen verhindern ihre Verlustängste das Ansprechen unbequemer Themen. Ein Verhalten, das sie ablehnen, kritisieren sie erst, wenn es wiederholt auftritt nach dem Motto: »Einmal lass ich mir das ja gefallen, aber wenn sie das nochmal mit mir macht, sage ich ihr mal ordentlich die Meinung!« Dabei schieben sie den Zeitpunkt für die »Standpauke« immer wieder hinaus. Sie sind nicht in der richtigen Verfassung, oder die andere hat einen harten Tag hinter sich, bloß nicht an Weihnachten oder während sie schwanger ist, nicht jetzt, wo ihr Mann sie verlassen hat und sie ohnehin schon am Boden liegt, und erst recht nicht, wenn sie nun wieder neu verliebt und seit langem das erste Mal wieder glücklich ist.

Wird eine Aussprache unter immer neuen Vorwänden auf die lange Bank geschoben, bricht der Konflikt oft im unpassendsten Augenblick und vor allem auf völlig unangemessene Weise hervor. Für die Kritisierte, die dann beispielsweise als Reaktion auf eine Lappalie sich einem massiven Wutausbruch oder einem verzweifelten Weinkrampf gegenübersieht, ist in einem solchen Fall nicht mehr nachzuvollziehen, was gerade passiert. Sie wird sich demnach auch nicht wirklich auf die Situation einlassen können, sondern sich verschließen. Es ist daher wichtig, Kritik so frühzeitig zu äußern, dass sie in Bezug auf die gegenwärtige Situation verstanden werden kann. Nur so besteht auch die Chance, ein angesprochenes Problem auf sachliche Weise zu klären.

Grenzen respektieren

Kinder sind kein Eigentum

Verwandtschaftliche Beziehungen verleiten Menschen immer wieder zu der irrigen Annahme, über eine Art Eigentumsrecht an engen Familienmitgliedern zu verfügen. Redewendungen wie »mein eigen Fleisch und Blut« verdeutlichen, wohin die gedanklichen Überzeugungen gehen. Besonders Eltern glauben oft, ihre Kinder zu besitzen. Die Gesetze unterstützen diese Haltung, indem sie Müttern und Vätern die »Erziehungsgewalt« über ihre Kinder überlassen und deren Entscheidungsbefugnis über alle Fragen, die das Kind betreffen, betonen. Man redet von Vätern, die ihre Kinder gezeugt, und von Müttern, die ihre Kinder ausgetragen und geboren haben. In beiden Fällen betrachtet man den Nachwuchs als elterliches Produkt, mit dem Vater oder Mutter nach Belieben verfahren können. Gewalt den Kindern gegenüber, aber auch ganz Alltägliches wie Eltern, die ihre Launen an den Kindern auslassen, sie als unbezahlte Arbeitskräfte ausbeuten oder auch nur vor den NachbarInnen mit den gelungenen Sprösslingen prahlen, verweisen auf eine Haltung, die aussagt, dass Kinder persönliches Eigentum seien.

Wenn auch auf andere Weise, so leiten doch auch Kinder aus ihrer Stellung innerhalb der Familie ihre Ansprüche ab. Dass Mutter und/oder Vater für sie sorgen, betrachten sie als ihr natürliches Recht. Ist diese Haltung für Säuglinge und für Kleinkinder eine lebensnotwendige Selbstverständlichkeit, so wird sie von den Kindern nicht selten über alle Maßen ausgedehnt. Mir berichtete jemand kürzlich ein Erlebnis, bei dem ein etwa achtjähriger Junge auf dem Spielplatz zu seiner Mutter lief, ihr den Pullover hochriss und an ihren Brüsten saugte, um sich stillen zu lassen. Was zunächst als extremer Einzelfall erscheinen mag und befremdlich wirkt, ist im übertragenen Sinne jedoch relativ häufig.

Das sprichwörtliche Hängen an Mamas Rockzipfel deutet an, dass insbesondere die Mütter häufig von der Anspruchshaltung ihrer heranwachsenden oder bereits erwachsenen Kinder herausgefordert werden. Wenn sie deren Kindheit hindurch Tag und Nacht als Dienstleistende aufgetreten sind, die ihre Bedürfnisse jenen der Kinder wie selbstverständlich unterordneten, hat sich die Überzeugung, jederzeit »Zugriff« auf ihre Person, ihre Arbeitskraft, ihre Geduld und ihr Verständnis zu haben, in den Köpfen der Kinder festgesetzt.

Die geschilderten Umstände erschweren es auch Müttern und Töchtern, im Umgang miteinander die Grenzen zu wahren. Meiner Ansicht nach haben viele der Probleme, die zwischen beiden bestehen können, ihren Kern darin, dass mindestens eine der beiden sich von der anderen vereinnahmt fühlt. Grenzüberschreitungen haben dabei viele Gesichter. Sie zeigen sich, wenn eine Mutter in der Tochter die Verbündete gegen den Vater sucht oder eine junge Frau die Ansichten ihrer Mutter als altmodisch belächelt und ihr Vorträge darüber hält, was diese zu denken hat. Sie zeigen sich, wenn die Mutter der erwachsenen Tochter die Bluse glatt streicht, wie sie es bei dem kleinen Mädchen getan hat, oder wenn die

Vereinnahmung hat viele Gesichter

Tochter bei der Mutter ihren Liebeskummer ablädt, während die gerade ihre Lieblingsserie im Fernsehen verfolgen will.

Traditionell ist die Erziehung von Frauen darauf ausgerichtet, in Besitz genommen zu werden. Sie haben daher nicht gelernt, ihre eigenen Grenzen zu verteidigen. Es fällt ihnen schwer, an sie gerichtete Bitten und Wünsche zurückzuweisen, um ihre Interessen zu wahren. Gesellschaftliche Normen vergrößern die Hürden noch. Für eine Mutter gehört es sich angeblich nicht, ihren Kindern etwas abzuschlagen. Und auch eine Tochter hat – mehr als ein Sohn – immer für die Mutter da zu sein. Derartige Wertvorstellungen führen die Mutter-Tochter-Beziehung jedoch in die Sackgasse, denn sie nehmen den Begegnungen und der Form des Umgangs die Freiwilligkeit. Unter einem derartigen äußeren Druck werden sowohl Mutter als auch Tochter stets darauf bedacht sein, Distanz zu halten und ihre Identität zu schützen. Ein aufreibender Kampf um Abstand und Nähe, Vereinnahmung und Verlust beginnt.

Wenn Mütter und Töchter wert auf einen vertrauensvollen Umgang legen, sollten sie sich zunächst all die Werturteile bewusst machen, die sie verinnerlicht haben, und sie in ihren Austausch einbringen. Nur so können sie verhindern, durch automatisches Handeln die Grenzen der anderen zu übersehen. Wie in anderen Beziehungen auch, sollten sie sich angewöhnen, Absprachen zu treffen, anstatt Umstände ohne sie zu hinterfragen als gegeben anzusehen. Sie sollten sich nur treffen, wenn sie sicher sind, dass sie beide dazu Lust und Zeit haben. Sie sollten sich am Telefon vergewissern, dass ihr Anruf nicht ungelegen kommt. Und sie müssen sich umgekehrt dazu zwingen, es der anderen auch klar zu machen, wenn es gerade nicht passt.

Was selbstverständlich und einfach klingt, bedeutet besonders für Mütter erwachsener Töchter häufig eine riesige Hürde. Da sie das Heranwachsen der Mädchen als permanentes Fortgehen erlebt haben, sind bei ihnen die Verlustängste besonders groß. Sie getrauen sich daher kaum, die Töchter zurückzuweisen, wenn diese ein Anliegen haben. Für Mütter wie Töchter ist es schwer, gewohnte und über Jahrzehnte eingeübte Strukturen über Bord zu werfen. Veränderung löst in erster Linie Unsicherheit aus. Manchmal kann es eine Weile dauern, bis sich der Lohn der Anstrengung zeigt. Die Tochter ist vielleicht anfangs nur verwirrt, wenn die Mutter sagt: »Heute nicht!« Auf beiden Seiten entstehen Irritationen. Erst wenn die Tochter sich beim nächsten Treffen darüber freut, dass die Mutter – weil sie einmal nicht unter Zeitdruck steht und sich entspannen kann – so aufmerksam ist, zeigen sich Früchte. Wenn beide sich gegenseitig Raum geben und sich als eigenständige Individuen respektieren, können sie überhaupt erst erkennen, wie es um ihr gegenseitiges Verhältnis bestellt ist.

Irritationen aushalten

Bilanz ziehen

Sich der eigenen Position im Leben, der eigenen Möglichkeiten und des gegenwärtigen Befindens zu vergewissern erleichtert es, einen ehrlichen Austausch mit anderen zu pflegen.

Standortbestimmung

Um eine Beziehung erfolgreich gestalten zu können ist es erforderlich, dass die Beteiligten sich darüber im Klaren sind, was sie in diesen Kontakt einbringen. Die Bilanzierung des Miteinanders meint dabei mehr als eine verallgemeinernde Floskel wie »Mit meiner Mutter verstehe ich mich überhaupt nicht mehr!« oder »Mit meiner Tochter läuft alles bestens!«. Denn wie auch immer der aktuelle Zustand des Verhältnisses beschaffen ist, gibt es Gründe dafür, die sich im gesellschaftlichen Umfeld, der Lebenssituation und im jeweiligen Selbstbild der Beteiligten sowie in der Geschichte der Beziehung finden lassen. Die Rahmenbedingungen, unter denen die Begegnungen stattfinden, prägen nicht unwesentlich ihren Verlauf. Wenn Mütter und Töchter sich bewusst machen, wo sie selbst und die andere im Leben stehen, können sie ihren Kontakt aktiver gestalten und dadurch größeren Einfluss nehmen.

Für Klarheit sorgen

Stellen Sie sich vor, Sie betrachten ein Foto, auf dem Ihre Mutter abgebildet ist. Sie stellen fest, dass sie darauf eine ausgesprochen rote Nase hat. Automatisch werden Sie versuchen, diese Tatsache zu erklären. Die Anhaltspunkte dafür liefert Ihnen die Umgebung, in der Ihre Mutter sich auf dem Foto befindet. Zeigt die Abbildung sie mit strahlendem Lächeln in den lichtdurchfluteten Gassen der Athener Altstadt, so werden Sie vermuten, dass sie einen leichten Sonnenbrand hat. Steht sie dagegen neben dem Gipfelkreuz der verschneiten Zugspitze, gehen Sie davon aus, dass es sehr kalt war, als das Bild entstand. Sehen Sie Ihre Mutter auf dem Foto im Karnevalskostüm zwischen anderen sich zuprostenden Leuten sitzen, schließen Sie daraus, dass sie wohl einen kleinen Schwips hat. Sehen Sie sie im Krankenbett, ist sie offensichtlich erkältet und die Nase vom häufigen Schneuzen so rot. Sitzt sie im Kreise schwarzgekleideter Verwandter, entstand das Bild wohl bei der Beerdigung von Tante Frieda, und Sie vermuten, die Mutter habe ausgiebig geweint.

Allein dieses kleine Beispiel zeigt, wie die Lebensumstände, die Umgebung und die Gesellschaft uns Anhaltspunkte über die Befindlichkeit eines anderen Menschen liefern können. Aber sie allein geben keine Auskunft über die ganze Wahrheit.

Im nächsten Schritt können Sie sich überlegen, welches Selbstbild Ihre Mutter hat. Wie sieht sie sich? Wie präsentiert sie sich anderen gegenüber? Was sind diesbezüglich ihre Gewohnheiten? Trinkt sie niemals Alkohol? Geht sie der Sonne aus dem Weg? War ihr Tante Frieda völlig gleichgültig, und weint sie überhaupt so gut wie nie? Die Antworten auf diese Fragen bringen Sie dem Grund der roten Nase weiter auf die Spur. Schließlich kennen Sie die Mutter schon lange. Ihre Geschichte verschafft uns weitere Indizien. Sie wissen, dass Ihre Mutter unter ausgeprägter Höhenangst leidet und niemals auf die Zugspitze fahren würde. Das Bild muss also eine Fotomontage sein. Oder Ihre Mutter gehört zu jenen hellhäutigen Menschen, die schon beim ersten Sonnenstrahl Hautrötungen bekommen. Das Foto aus der griechischen Hauptstadt lässt Sie also schmunzeln. Die rote Nase ist so typisch für die Mama ...

Wir sind es gewöhnt, alles, was wir wahrnehmen, auch zu interpretieren. Das Ergebnis unserer Schlussfolgerungen bildet unsere Wahrheit. Sie deckt sich nicht immer mit der Realität. In vielen Fällen verschaffen wir uns wesentlich mehr Klarheit über bestimmte Dinge, wenn wir einfach fragen. Aber selbst damit können wir nicht ganz sichergehen. Vielleicht sagt die Mutter nur, dass es auf der Zugspitze sehr kalt war, weil sie nicht zugeben will, dass sie geweint hat, weil sie ihren Lieblingsohrring im Schnee verloren hat. Vielleicht ist es ihr peinlich, dass sie dem Wein in der griechischen Taverne etwas zu sehr zugesprochen hat, und beteuert daher, die rote Nase käme von der zu starken Sonne.

Subjektive Wahrheiten

Aber selbst wenn Sie sich alles bewusst machen, was Sie sehen, und alles aufnehmen, was die Mutter Ihnen diesbezüglich erklärt, hängt das Urteil, zu dem Sie kommen, noch immer davon ab, was Sie selbst – aus Ihrer Position heraus – glauben. Selbst wenn die Mutter zugibt, bei der Karnevalsfeier in weinseliger Stimmung gewesen zu sein und das Foto ebenfalls in diese Richtung weist, können Sie dennoch vermuten, dass sie kurz zuvor geweint hat. Sie kennen die Mutter als depressiv, Sie haben sie bereits bei vielen Feierlichkeiten weinen sehen, besonders, weil Ihr Vater nach einigen Gläsern immer so heftig mit anderen Frauen flirtete. Oder Sie glauben, die Mutter war bei der Faschingsfeier fürchterlich erkältet. Sie hätte eigentlich im Bett sein sollen und hatte bestimmt Fieber. Aber der Karneval ist ja ihr Ein und Alles, und daher gibt sie jetzt nicht zu, wie krank sie wirklich war.

Es zeigt sich, dass bereits eine so simple Tatsache wie eine gerötete Nase reichlich Anlass zum Nachsinnen oder Spekulieren bieten kann. Wir alle sind es gewohnt, uns den ganzen Tag lang damit zu beschäftigen, die von uns wahrgenommenen Ereignisse in unser Weltbild einzuordnen. Für gewöhnlich betrachten wir dabei jedoch nur einen Ausschnitt der Wirklichkeit. Das betrifft auch die Beziehung zwischen Müttern und Töchtern. Es ist unmöglich, alle Faktoren gänzlich zu erfassen, die eine Begebenheit ausmachen. Wir können aber den Ausschnitt, den wir wahrnehmen, vergrößern, indem wir unseren Blick bewusst in Richtungen lenken, die wir im Allgemeinen nicht beachten. Die Standortbestimmung kann den Austausch zwischen Müttern und Töchtern erleichtern, wenn jede sich angewöhnt, die andere über die Dinge zu befragen, über die sie selbst im Unklaren ist.

Die Rollen nicht leugnen

Der vielleicht einzige dauerhafte Bestandteil der Lebensumstände von Müttern und Töchtern ist die Rolle, die sie der anderen gegenüber einnehmen. Das gesellschaftliche Umfeld – Freundschaften, Partnerschaften oder berufliche Bedingungen – kann sich bei beiden ändern, ebenso wie Ansichten und das eigene Selbstbild. Die gemeinsame Geschichte kann sich nicht mehr ändern, aber der Umgang mit ihr und die Schlussfolgerungen, die beide daraus sowohl für ihre persönliche als auch für ihre gemeinsame Zukunft ziehen. Ein Bestandteil dieser Vergangenheit ist die Rolle, die die Mutter für die Tochter und die Tochter für die Mutter spielte und noch immer spielt. Sie ist von wesentlicher Bedeutung für den gegenseitigen Umgang und verdient daher eine gesonderte Betrachtung.

Ich habe dafür plädiert, dass Mütter und Töchter sich nicht allein auf ihre familiäre Bindung verlassen, sondern ihre Beziehung über die traditionellen Rollen hinaus bewusst gestalten sollen. Dabei ging es mir darum, den gegenseitigen Austausch beider von den beengenden Fesseln normativer Festlegungen zu befreien. Sich die Rollen, die beide im Leben der anderen spielen, zu vergegenwärtigen und deren Rahmen bewusst zu erweitern bedeutet aber nicht, dass es sinnvoll wäre, das Vorhandensein von Rollen zu leugnen.

Besonders wenn die Töchter in der Pubertät sind oder bereits auf eigenen Füßen stehen, entwickeln viele Frauen den Anspruch, in der Mutter bzw. der Tochter eine Freundin zu sehen. Vor allem die Mütter wollen damit zum Ausdruck bringen, dass sie nun, da die Jahre der Erziehung vorbei sind, die alten Hierarchien aufzuheben bereit sind. Gleichzeitig spiegelt der Begriff »Freundin« die Sehnsucht nach Nähe und Vertrautheit wieder. Die Frauen lassen als Mutter bzw. Tochter los, um an anderer Stelle wieder anzudocken. Schließlich ist die beste Freundin häufig die engste Vertraute von Frauen, und eben nicht mehr die Mutter oder die Tochter. So geben sich Mütter und Töchter mit ihrer Haltung, in der anderen eine Freundin zu sehen, den Anstrich einer modernen Frau, die die veränderten Umstände akzeptiert und loslassen kann. In Wirklichkeit aber suchen sie dabei nur einen angemessenen Weg, einander weiterhin nah zu sein – oft auf symbiotische Weise.

Versuch, Nähe zu erhalten

Die Freundin von Mutter oder Tochter zu sein, kann nicht funktionieren. Das Wort Freundschaft beschreibt eine bestimmte Art von Beziehung, die verschiedene Bedingungen beinhaltet und gewisse Aspekte ausschließt. Eine Mutter hat ihre Freundin nicht neun Monate lang in ihrem Körper getragen. Sie hat ihr nicht die Nase geputzt, nie ihren Stuhlgang beklatscht oder ihr das Sprechen beigebracht. Die Geschwister ihrer Freundin sind nicht ihre Kinder, die Kinder ihrer Freundin nicht ihre Enkel. Umgekehrt kann die Freundin der Tochter nicht diejenige sein, die diese als Mädchen in den Kindergarten brachte. Die Freundin der Tochter hat in ihrer Wohnung keine Fotos von deren Tanten und Onkel. Der Ehemann der Freundin ist nicht der Vater der Frau. Die Freundin hat der Frau nicht den Führerschein bezahlt. Und diese kann sich nicht daran erinnern, dass ihre Freundin ihr auf die Finger gehauen hat, als sie in der Nase bohrte.

Eine gemeinsame Geschichte hinterlässt ihre Spuren im Gemüt. Selbst wenn wir es uns manchmal auch wünschen mögen, wir können im Kontakt mit Eltern oder Kindern nicht einfach ein anderes Programm aufrufen und über Jahre hinweg eingeübte Strukturen des Umgangs ablegen wie einen zu klein gewordenen Mantel. Gerade wenn wir das Miteinander veränderten Umständen anpassen wollen, müssen wir uns darüber klar werden, dass wir eine bestimmte Mitgift aus der Vergangenheit in uns tragen. Nur wenn wir diese Voraussetzung akzeptieren, haben wir die Chance, an diesem Erbe zu arbeiten. Wenn wir es dagegen verleugnen, gräbt es sich umso tiefer ein.

Die »Mitgift« erkennen

Wenn Mütter und Töchter einander Freundinnen sein wollen, bleiben sie stark aufeinander fixiert. Die beste Freundin spielt im Leben vieler Frauen eine bedeutende Rolle. Sie ist da, wenn wir unbedingte Parteilichkeit brauchen. Sie schimpft mit uns über die Menschen, die uns geärgert haben, und lacht mit uns über die Missgeschicke, die uns ab und zu widerfahren. Sie tauscht mit uns Geheimnisse aus.

Kann eine solche Freundin die Mutter bzw. die Tochter sein? Wird die Mutter mit ihrer Tochter über ihre heimliche Affäre sprechen, wenn der Betrogene deren Vater ist? Kann die Tochter von der Mutter aufrichtige Solidarität erfahren, wenn sie einen Riesenkrach mit ihrem Bruder hat, der auch der Sohn der Mutter ist? Wenn eine Frau ihrer Freundin berichtet, wie sehr ihr das nächtliche Geschrei ihres Kindes auf die Nerven geht, kann die Freundin verständnisvoll nicken und zum nächsten Thema übergehen. Die Mutter dagegen wird sich vielleicht sorgen, dass »ihr Mädchen« nicht genug Schlaf bekommt, dass sie – im Extremfall – vor Wut den Enkel misshandelt. Sie fragt sich, ob sie es in ihrer Erziehung unterlassen hat, die Geduld ihrer Tochter zu fördern. Vielleicht wird sie sich dazu hinreißen lassen, zu erzählen, wie die Tochter selbst als Baby war. Das alles ist im Prinzip in Ordnung, nur es ist nicht Bestandteil eines freundschaftlichen Kontakts.

Wenn Mutter und Tochter in der anderen die Freundin sehen, kann es geschehen, dass sie darüber vergessen, sich wirkliche Freundinnen zu suchen. Sie berauben sich damit der Chance, den Kreis der wichtigen Menschen im eigenen Leben zu vergrößern und dadurch ihre Abhängigkeit von den einzelnen Beziehungen zu reduzieren. Auf diese Weise bleiben Mutter und Tochter aufeinander angewiesen. In ihrem Leben wird es aber vieles geben, was sie gar nicht miteinander teilen können oder wollen. Was, wenn die Mutter im fortgeschrittenen Alter die Seniorenreise nicht alleine unternehmen will? Fährt die Tochter dann mit? Was, wenn die junge Frau am Wochenende in eine Lesbenbar gehen möchte? Würde sie sich dabei über die Begleitung ihrer Mutter freuen? In der Beziehung zwischen Mutter und Tochter gibt es vieles, was beide trennt. Das zu erkennen ist Bestandteil des Bilanzierens. Es lässt uns den Charakter des Miteinanders besser verstehen.

Den Kreis der Vertrauten vergrößern

Verbindendes und Trennendes

Freundschaften werden durch Gemeinsamkeiten aufrechterhalten, und ohne sie kommen sie erst gar nicht zustande. Ähnliches gilt für Partnerschaften. Es heißt zwar nicht zu Unrecht, dass sich Gegensätze anziehen, doch ohne ähnliche Vorstellungen, wie das Zusammenleben gestaltet werden soll, haben sie in der Regel nicht lange Bestand. In Familien hingegen werden die Beziehungen zunächst durch das verwandtschaftliche Verhältnis, das jahrelange Zusammenleben und die dadurch entstehende gemeinsame Geschichte begründet. Eltern nehmen Einfluss auf die Charaktere ihrer Kinder durch die Wertvorstellungen, die sie durch Anweisungen und Vorleben vermitteln. Sie versuchen bewusst oder unbewusst auch, die Interessen ihrer Kinder zu lenken, denn nur, was im eigenen Leben eine Rolle spielt, können sie ihren Töchtern und Söhnen nahe bringen.

Gemeinsame Geschichte statt Gemeinsamkeiten

Da kleine Kinder darauf angewiesen sind, dass ihnen die Welt von jenen Menschen erklärt wird, die sie schon länger bewohnen, nehmen sie zunächst alles hin, was ihnen angeboten wird. Trotzdem zeigen sie schon in den ersten Lebensjahren, dass sie eine eigene Persönlichkeit haben, die nicht automatisch den elterlichen Wünschen folgt. Da fängt die Tochter der Leistungsschwimmerin jedesmal an zu weinen, wenn sie mit Wasser in Berührung kommt. Und der Sohn des Hauses langweilt sich entsetzlich vor »seiner« Modelleisenbahn, während der Papa sich stundenlang müht, ihn für die Form der Lokomotiven und die Bewegung der Züge zu begeistern.

Mit dem Älterwerden vergrößert sich das Umfeld der Kinder, die nun in Kindergarten, Schule, Sportverein oder Musikunterricht durch LehrerInnen, FreundInnen und andere Eltern neue Anregungen erhalten. Da werden plötzlich SchauspielerInnen umschwärmt und als Vorbilder auserkoren, die Trends des Zeitgeistes ausgelebt und der eigene Stil gesucht. Im Bestreben, eine Identität zu entwickeln, verliert die Orientierung an den Eltern im Laufe der Jahre an Gewicht.

Doch obwohl Mütter und Väter vor allem während der Pubertät ihrer Sprösslinge mit deren Abgrenzungsbestrebungen konfrontiert werden, bleibt ihre Annahme, dass besonders das gleichgeschlechtliche Kind einem ähnlich ist, unangetastet. So sind viele Mütter davon überzeugt, dass ihre heranwachsenden Mädchen sich in den Grundzügen ihres Denkens, Fühlens und Handelns kaum von ihnen unterscheiden. Umgekehrt glauben auch die Töchter, über ererbte körperliche Merkmale hinaus »vieles von der Mutter zu haben«. Dabei sind beide Seiten häufig im Irrtum, was im gegenseitigen Kontakt für allerhand Aufregung sorgen kann.

Verschiedene Arten zu denken

Mütter und Töchter haben meist weniger gemeinsam, als sie glauben. Wollen sie ihren Umgang miteinander klarer gestalten, kann eine Bilanzierung dessen, was sie verbindet und was sie trennt, von großem Nutzen sein. Gemeinsamkeiten und Unterschiede können nicht nur in Bezug auf Interessen und Handlungsweisen bestehen, sondern zeigen sich gerade auch in der Art zu denken oder mit Gefühlen umzugehen. Sich bewusst zu machen, dass die andere von einem ganz anderen Standpunkt aus ihre Welt betrachtet, kann das gegenseitige Verständnis verbessern. Anstatt von Übereinstimmungen in Bezug auf Ansichten und Reaktionsweisen auszugehen, ist es daher für beide ratsam, herauszufinden, in welchen Lebensbereichen sie sich treffen können und wo sich Trennendes zeigt. Gerade Letzteres zu erkennen und zu akzeptieren kann für die Beziehung eine enorme Entlastung bedeuten.

Mit der Einsicht, bestimmte Interessen nicht teilen und bestehende Bedürfnisse nicht miteinander ausleben zu können, öffnet sich eine Tür, die auf andere Menschen verweist. Wenn die Mutter sich endlich eingesteht, dass die Tochter schon seit Jahren keine Lust mehr auf die gemütliche Schachpartie hat, kann sie sich nach anderen SpielpartnerInnen umsehen, die nicht ungeduldig auf ihrem Sessel hin und her rutschen und unkonzentriert eine Figur nach der anderen opfern, um ein schnelles Ende des Spiels heraufzubeschwören.

Selbst wenn das Mädchen früher begeistert die Bauern über das Brett jagte, kann dies der jetzigen Frau langweilig sein. Eine Mutter kann sich vor dieser Erkenntnis fürchten, weil sie vermutet, nicht Läufer und Turm, sondern sie selbst sei für die Tochter uninteressant geworden. So entstehen Verlustängste, die das Ende der quälenden Schachabende über lange Zeit verhindern können. Aber erst wenn Mutter und Tochter das Brett in die Ecke stellen, können beide überlegen, wie sie die gemeinsame Zeit heute miteinander verbringen wollen.

Der Mechanismus, sich durch Veränderung des Gegenübers verlassen oder verraten zu fühlen, existiert natürlich auch umgekehrt. Wenn Kinder ihre ersten Erfahrungen machen, begreifen sie nicht, dass das, was sie erleben, immer nur eine Momentaufnahme sein kann. Im Bestreben, ihre Umgebung zu verstehen und sich ein Bild von der Welt um sich herum zu machen, bilden sie Grundüberzeugungen, die sie für alle Zeiten gültig halten. Dieses Missverständnis lässt sich vermeiden, wenn Mütter und Töchter sich der Tatsache bewusst bleiben, dass das Leben voller Wandlungen ist. Anstatt sich an alte Zöpfe zu klammern, können sie dann einander neu begegnen, aufgeschlossen für die Ansichten und

Alte Zöpfe abschneiden

Interessen der anderen sein und deutlich machen, wo diese auseinander gehen.

Darüber hinaus ist es ratsam, dass sie bei ihren Gesprächen und Unternehmungen darauf achten, die Abläufe im Kontakt variabel zu gestalten. Nur wenn jede bereit ist, sich auf die Gebiete der anderen zu begeben, bleibt das Miteinander ausgeglichen und fair. Wenn sie immer nur über Mutters neuen Arbeitsplatz reden, über ihre Erfolgserlebnisse im Büro oder die Probleme der täglichen Anforderungen, entsteht ein Ungleichgewicht. Desgleichen, wenn immer nur der Alltag der Tochter das Thema ist.

Auch in dem, was Mütter und Töchter miteinander unternehmen, sollten sie darauf achten, dass dabei die Wünsche beider berücksichtigt sind. Die Tochter kann sich von der sportlichen Mutter zeigen lassen, wie Squash gespielt wird, und ihr ein anderes Mal das Computerprogramm erklären. Dabei geht es nicht darum, etwas zu tun, wozu eine der beiden keine Lust hat. Es ist sogar sinnvoll, sich klar zu machen, was man nicht miteinander teilen kann. Manchmal jedoch kann es durchaus interessant und wertvoll für beide sein, die Lebensinhalte der anderen wenigstens einmal kennen zu lernen, um sie besser zu verstehen.

Gefühle akzeptieren

Eine Tochter sitzt weinend bei ihrer Mutter im Wohnzimmer. Sie ist vollkommen verzweifelt, denn sie hatte gerade einen zermürbenden Streit mit ihrem Mann, der nach Stunden gegenseitiger Vorwürfe die gemeinsame Wohnung unter Androhung der Scheidung verließ. Dabei ist sie im vierten Monat schwanger und hatte den Grund ihrer Auseinandersetzung für eine Bagatelle gehalten. Jetzt ist sie völlig durcheinander und versteht nicht, wie sie sich so hochschaukeln konnten. Sie macht sich Sorgen um die Zukunft der Beziehung, ist verärgert über alles, was er ihr an den Kopf geworfen hat und schämt sich gleichzeitig ein bisschen, weil sie so fies geworden ist.

Die Mutter hat sich alles ganz ruhig angehört. Nun, wo die Tochter zu Ende gesprochen hat, ist sie an der Reihe. »Jetzt weine mal nicht«, sagt sie tröstend. »Du bist ja völlig erschöpft. Es hilft gar nichts, wenn du dir in diesem Zustand noch weiter Gedanken machst. Ich brühe dir schnell eine Suppe auf, und dann gehst du erst einmal schlafen. Du wirst sehen, morgen sieht die Welt schon ganz anders aus. Und wenn dein Peter dann immer noch nicht zur Vernunft gekommen ist, spreche ich mal mit ihm. Aber wenn du ihn nicht so angeschrien hättest, wäre es sicher gar nicht so weit gekommen. Habe ich es dir nicht immer gesagt: Männer wollen sich immer überlegen fühlen, sie vertragen es nicht, so heftig angegriffen zu werden. Aber das biegen wir schon wieder hin. Und in Zukunft rufst du mich an, bevor du einen Streit vom Zaune brichst …«

Keine schnellen Lösungen

Anderes Beispiel: Die Mutter hat Angst. Gestern hat sie erfahren, dass sie Brustkrebs hat. Seither kann sie keinen klaren Gedanken mehr fassen. Sie fürchtet um ihr Leben, wehrt sich gegen die Vorstellung, vielleicht eine Brust zu verlieren, sorgt sich um ihre Attraktivität als Frau, weiß nicht, wie sie es der Familie beibringen soll. Die Erklärungen und Therapievorschläge ihrer Ärztin hat sie nicht verstanden, sie hat nicht einmal zugehört. Die Diagnose weckte Erinnerungen an ihren geliebten Großvater, der an Krebs gestorben ist. Das Wissen um sein langes Leiden vergrößert ihre Panik noch. Nach einer schlaflosen Nacht läuft sie in ihrer Not zur Tochter und berichtet ihr zögernd und unter Tränen, was geschehen ist.

Die junge Frau ist für einen Moment sprachlos. Dann ergreift sie das Wort: »Du musst keine Angst haben, Mama. Die Medizin ist schon so viel weiter gekommen, seit Opa gestorben ist. Die meisten Frauen überleben Brustkrebs. Und wenn sie dir tatsächlich eine Brust abnehmen, macht dir ein plastischer Chirurg eine neue. Das ist gar nicht so schlimm. Bei den Schauspielerinnen und Models ist doch auch fast nichts echt. Wenn du gesund werden willst, musst du zuversichtlich sein. Und vielleicht will dir diese Krankheit ja auch etwas sagen. Du weißt ja, dass vieles auch psy-

Ratschläge vermeiden

chische Ursachen hat. Warte mal, ich gebe dir ein Buch mit, das wird dir sicher helfen. Und wir holen noch eine zweite Meinung ein, was die Therapievorschläge angeht. Du wirst sehen, es ist alles nicht so dramatisch, wie es dir im Moment vorkommt ...«

Menschen tun sich insgesamt schwer damit, Gefühle wie Schmerz, Wut, Trauer oder Angst bei anderen auszuhalten. Je näher sie sich stehen, desto mehr bedrückt die Not der anderen auch sie selbst. Bei Mutter und Tochter ist es jedoch nicht nur die eigene Betroffenheit über die Sorgen der anderen, die es so schwer macht, derartige Emotionen zu ertragen. Beide fühlen sich auch für das Befinden der anderen verantwortlich. Wie die Beispiele zeigen sollen, lassen sie sich dadurch zu oberflächlichen Floskeln und vorschnellen Lösungsvorschlägen hinreißen. Die Not der Tochter weckt in der Mutter die Beschützerin. Sie gerät in Versuchung, die Probleme »ihres kleinen Mädchens« so schnell wie möglich beseitigen zu wollen. Um die Tränen der jungen Frau zu trocknen, spendet sie Trost und Fürsorglichkeit.

Im anderen Beispiel kann es die Tochter nicht aushalten, die Mutter als schwaches und verletzbares Wesen zu sehen. Aus Angst, die Kontrolle zu verlieren, macht sie den zweiten Schritt vor dem ersten und sucht nach Auswegen, bevor die Gefühle der Mutter den angemessenen Raum finden konnten. Gleichzeitig stößt sie auf der Suche nach Erklärungen für das Unglück die Mutter vor den Kopf, indem sie ihr eine Mitschuld an ihrem Schicksal unterstellt. Auch die Tochter hat Ratschläge und aufmunternde Worte parat, die helfen sollen, die bedrückende Situation aufzuhellen. Auch ihr Verhalten verrät, dass sie die Gefühle der anderen nicht aushalten kann.

Mutter und Tochter suchen in Notfällen häufig bei der jeweils anderen Zuflucht. Gerade deshalb ist es wichtig, dass sie lernen, auch scheinbar negative Gefühle anzunehmen, ohne in Aktionismus zu verfallen. Wer versucht, die Probleme anderer Erwachsener zu lösen, nimmt den Gebeutelten das Bewusstsein ihrer eigenen Kompetenz und fördert damit deren Gefühl von Hilflosigkeit. Besonders in Notlagen verstärkt diese Befindlichkeit Ängste und Verzweiflung. Mit Aktionismus helfen Mutter und Tochter in Problemfällen also einander kaum. Vorschnelles Handeln und gedankenlose Trostworte signalisieren der Leidenden vielmehr, dass ihre Gefühle übergangen werden, weil sie bei der anderen Angst auslösen.

Wenn Menschen über ihre Sorgen reden, wollen sie in erster Linie, dass ihre Gefühle respektiert werden. Durch die Schilderung ihrer Gefühle wird der Blick freier für Lösungsansätze, die sie dann selbst entwickeln können. Wer es nicht aushalten kann, sich die Sorgen des anderen erst mal in Ruhe anzuhören, sollte sich dessen Stärken bewusst machen, selbst wenn diese gerade nicht erkennbar sind. Um Lösungen zu finden, ist es daher sinnvoller, den anderen zu fragen, statt selbst zu handeln. Leidende wissen meistens am besten, was sie brauchen. Das gilt nicht nur für Erwachsene. Auch wenn die Tochter noch ein Kind ist, kann die Mutter durch Fragen herausfinden, was sie am dringendsten benötigt. Menschen sind zu individuell, um sich auf allgemeine Weisheiten zu verlassen. Vielleicht will die Kleine mit dem aufgeschlagenen Knie gerade nicht auf Mamas Schoß, sondern erst einmal gegen das doofe Fahrrad treten, das sie abgeworfen hat. Vielleicht will die Fünfzehnjährige mit dem gebrochenen Herzen nicht daran erinnert werden, dass sie sich wieder verlieben wird, sondern sich erst einmal die Decke über den Kopf ziehen und weinen. Durch Fragen ist es möglich, Anteil zu nehmen, ohne die andere zu übergehen. Es ist der beste Weg, Hilfe zur Selbsthilfe zu leisten.

Die Kraft zur Selbsthilfe stärken

Eigenen Aktionismus zu unterdrücken setzt jedoch die Bereitschaft voraus, die Gefühle anderer und unsere eigenen Gefühle zu akzeptieren. Doch das können wir nur, wenn wir uns dadurch nicht bedroht fühlen. Mutter und Tochter geraten aber leicht in Panik, wenn die andere in eine Notlage gerät. Dabei beweist meist schon die Tatsache, dass die Mutter bzw. Tochter sich anvertraut und über ihre Gefühle spricht, dass sie sehr wohl für sich zu sorgen weiß und sich holt, was sie braucht.

Natürlich gibt es auch Situationen, in denen selbst erwachsene Menschen nicht ihrem eigenen Handeln überlassen werden dürfen. Steht jemand beispielsweise aufgrund von Todesfällen, Gewalterlebnissen oder Unfällen unter Schock oder ist sich aufgrund von Drogensucht oder psychischen Störungen seiner Handlungen nicht bewusst, ist ein energisches Eingreifen von außen erforderlich. Kann jemand die Verantwortung für sich nicht übernehmen, muss es selbstverständlich jemand anderes tun. Aber die Probleme zwischen Mutter und Tochter im Umgang mit Gefühlen entwickeln sich meistens aus wesentlich alltäglicheren Begebenheiten. Wenn dabei die eine der anderen das Handeln erspart und sich womöglich noch dazu hinreißen lässt, Gefühle zu bewerten, sind Enttäuschungen und Konflikte vorprogrammiert.

Eingreifen in Ausnahmefällen

Die Tochter in unserem Beispiel möchte ganz sicher nicht, dass ihre Mutter ihr hilft, ihre Eheprobleme zu lösen. Sie möchte nur Kraft tanken, um es anschließend selbst zu tun. Und die Mutter mit dem Knoten in der Brust kann in ihrer Angst und Verwirrung ganz sicher nichts mit einem Buch anfangen, dass psychische Aspekte von Krankheiten beleuchtet. Sie muss erst einmal die Diagnose verdauen. Trost zu spenden heißt in solchen Situationen in erster Linie, Rückhalt zu geben. Ein Problem wird oft schon dadurch überschaubarer, dass wir nicht mehr das Gefühl haben, allein damit zu sein.

Nicht nur die Sorgen und Nöte der anderen können Mutter und Tochter schwer ertragen, problematisch ist auch der Umgang mit Ärger und Wut aufeinander. Häufig unterdrücken beide derartige Gefühle mit Rücksicht auf ein scheinbar harmonisches Miteinander. Sie tun ihrer Beziehung damit jedoch keinen Gefallen, denn die Frustration verschafft sich auf die eine oder andere Weise Raum. Dann jedoch ist sie oft so weit von ihrem Ursprung entfernt, dass sie in keinen Zusammenhang mehr gebracht werden kann. Mutter und Tochter müssen also lernen, aufeinander wütend zu sein. Ein angemessener Umgang mit der Frustration lässt sich finden, wenn beide sich bewusst machen, dass es sich dabei um ein momentanes Gefühl handelt und nicht um einen Dauerzustand. Letzterer ergibt sich erst, wenn die Wut bereits seit langem ver-

Lernen, wütend zu sein

drängt wurde. Erst dann belastet sie den Kontakt. Erlaubt die Mutter ihrer Tochter schon in den Jahren ihrer Erziehung, ihren Ärger zu äußern, und kann sie auch selbst Ärger zeigen, fühlen sich später beide dadurch weniger bedroht.

Der Rest der Welt

> Die Beziehung zwischen Müttern und Töchtern, ihr Denken und Handeln, wird von ihrer Umgebung mit beeinflusst. Für beide ist es daher bedeutsam, diese Umgebung sorgsam auszuwählen.

Der Blick für das Umfeld

Noch einmal möchte ich die Aufmerksamkeit auf die Tatsache lenken, dass Mutter und Tochter zu allen Zeiten ihrer Beziehung von anderen Menschen umgeben sind, die ihren Umgang miteinander genauso prägen wie ihre Persönlichkeit. Aus dem Kontakt mit anderen ergibt sich für beide eine Vielfalt unterschiedlicher Rollenmodelle, die sie in ihrem sozialen Umfeld ausmachen. Auch die Frauen selbst präsentieren sich in der Begegnung mit anderen anders als im gegenseitigen Austausch. So selbstverständlich das alles klingen mag, so bedeutsam kann es sein, sich vor Augen zu führen, welche Konsequenzen sich dadurch für das Verhältnis zwischen Mutter und Tochter ergeben.

Mädchen orientieren sich an den Menschen in ihrer Nähe. Sie beobachten ihre Verhaltensweisen und lernen daraus. Alles, was sie sehen, wird für sie zu einer Möglichkeit in Bezug auf die eigenen Perspektiven. Sie können über das Erleben anderer das Spektrum der für sie denkbaren Verhaltensweisen erweitern. Denkbar ist immer nur, was in unserer Welt vorkommt. Was wir nicht kennen, können wir nicht in Betracht ziehen. Für uns Menschen ist es also eine Bereicherung, möglichst viele verschiedene Charaktere kennen zu lernen. Sie vergrößern das Angebot, aus dem wir unseren Lebensstil wählen können. Doch oft tun sich vor allem die Mütter schwer damit, eine Vielfalt von Ansichten und Verhaltensweisen im Leben ihrer Töchter zu begrüßen. Hinter dieser skeptischen Haltung verbirgt sich die Angst, die Töchter könnten auf unerwünschte Pfade geraten. Andere Vorbilder scheinen die für die Erziehung erforderliche mütterliche Autorität in Frage zu stellen.

Nur Bekanntes ist denkbar

Viele Mütter glauben auch, Alternativen würden die Töchter nur verwirren. Sie wollen die Identitätsbildung der Mädchen durch klare Leitlinien »in die richtigen Bahnen lenken«. Ein immer wieder vorgetragenes Argument, mit dem die Berufstätigkeit von Müttern mit kleineren Kindern verhindert werden soll, ist der Hinweis auf die scheinbar so schädlichen »fremden« Einflüsse, denen der Nachwuchs ausgesetzt würde, falls ErzieherInnen, Tagesmütter oder Verwandte die Betreuung der Sprösslinge stundenweise übernähmen. »Wollen Sie die Erziehung Ihrer Kinder wirklich in fremde Hände geben?« lautet die rhetorische Frage, die Unheil verheißend besonders in Zeiten einer angespannten Arbeitsmarktlage gestellt wird.

Aber Kinder – Mädchen wie Jungen – sind auf die eine oder andere Weise immer »fremden« Einflüssen ausgesetzt. Anstatt diese Tatsache zu ignorieren oder gar verhindern zu wollen, wäre es für alle Beteiligten förderlicher, in positivem Sinne damit umzugehen. Andere Menschen können besonders die Beziehung zwischen Mutter und Tochter entlasten. Sie geben Denkanstöße, indem sie ihre Sicht der Dinge darstellen, und können damit die Mutter vor folgenschweren Irrtümern bewahren.

Die Erzieherin ist aufgrund ihrer eigenen Persönlichkeit, ihrer Fähigkeiten und Erwartungen vielleicht in der Lage, Eigenschaften bei einem Mädchen zu fördern, die die Mutter gar nicht bemerken würde. Der fröhliche Onkel, der dreimal im Jahr zu Besuch kommt, hat unter Umständen eine Grundeinstellung zum Leben, die im engeren Familienkreis nicht gerade die Atmosphäre prägt. Oder die Nachbarin pflegt einen Lebensstil, über den das kleine Mädchen nur staunen kann und den sie aus ihrer Familie nicht kennt.

Derartige Erfahrungen können helfen, Defizite aufzufangen, die in vielen Familien die Mutter-Tochter-Beziehung über viele Jahre hinweg einengen. Defizite bei der erwachsenen Tochter, die ihrer Mutter vorwirft, ihr genau jene Lebensweisheit nicht vermittelt zu haben, die sie nun als positiv erachtet und sich mühsam aneignen muss. Defizite bei der Mutter, die unzufrieden ist, weil sie für die Erziehung des Mädchens so viele eigene Interessen aus zeitlichen Gründen vernachlässigen muss.

Mehr Vertrauen statt mehr Betreuung

Die Qualität des Verhältnisses zwischen Mutter und Tochter lässt sich nicht mit der Stoppuhr messen. Sie hängt nicht davon ab, wie viel Zeit beide miteinander verbringen, sondern welche Meinung sie voneinander haben und wie sie darauf aufbauend ihren Umgang miteinander gestalten. Wollen Mütter ihre Töchter vor schädlichen Einflüssen oder gar vor Gewalterfahrungen schützen, nützt ihnen ein vertrauensvolles Verhältnis mehr als die Betreuung rund um die Uhr. Diese ist ohnehin nicht möglich. Sinnvoller ist es, Menschen in die Erziehung der Mädchen einzubeziehen, die verantwortungsbewusst sind und mit denen auch die Töchter einverstanden sind. In diesem Zusammenhang ist es von Bedeutung, noch einmal auf die Rolle der Väter im Leben der Mädchen und in Bezug auf das Mutter-Tochter-Verhältnis einzugehen.

Väter

Es würde den Rahmen dieses Buches sprengen, im Einzelnen zu erläutern, wie es um die Vater-Tochter-Beziehung bestellt ist. In unserem Zusammenhang soll aber darauf hingewiesen werden, dass Väter bis heute in den allermeisten Fällen nicht bereit sind, Verantwortung für die Erziehung ihrer Kinder, besonders für die Erziehung ihrer Töchter zu übernehmen. Dass den Frauen nach wie vor die Verantwortung für das Wohlergehen ihrer Kinder auferlegt wird, entspricht den Wertvorstellungen unserer Gesellschaft. Im täglichen Miteinander werden vor allem die Mütter kritisch beäugt, ob sie ihren Verpflichtungen als Erziehende nachkommen, »wie es sich gehört«. Jede Verfehlung wird dabei registriert. Vor diesem Hintergrund lassen sich auch die Töchter jeden Alters dazu verleiten, besonders ihre Mütter anzuklagen, wenn etwas schief gelaufen ist. Doch was ist mit den Vätern? Sind die Mütter dafür verantwortlich, wenn die Väter nicht für die Töchter da sind?

Erziehen, »wie es sich gehört«

Die wenigsten Frauen verbieten Männern den Kontakt mit ihren Kindern ohne triftigen Grund. Oft ziehen sich die Väter von selbst zurück, sei es bereits während der Schwangerschaft, sei es nach einer Scheidung oder auch innerhalb des Familienverbandes. Wie viele Männer sitzen in Kneipen, machen übertrieben viele Überstunden oder polieren in der Freizeit ihre Autos, während ihre Töchter sich wünschen, mit ihnen zusammen zu sein. Aber weil von Männern im Gegensatz zu Frauen nicht erwartet wird, dass sie ihren Lebensmittelpunkt in der Familie suchen, entwickelt sich in den Köpfen der Mädchen eine ihnen gegenüber sehr viel großzügigere Haltung als gegenüber ihren Müttern. Da wird jede Minute fürsorglicher Zuwendung des Vaters als Geschenk gesehen, die der Mutter als selbstverständlich. Im Umkehrschluss wird ihm verziehen, wenn er die Tochter vernachlässigt, der Mutter hingegen nicht.

Selbst bei Problemen in der Beziehung zwischen beiden Elternteilen neigen Töchter dazu, die Fehler in erster Linie bei ihren Müttern zu suchen. Da das Weibliche in unserer Gesellschaft generell abgewertet wird, gehen Frauen mit anderen Frauen hart ins Gericht. Besonders innerhalb von Familien können die Männer auf sehr viel Verständnis seitens ihrer Partnerinnen und Töchter hoffen. Das geht sogar so weit, dass ihnen leichter verziehen wird, wenn sie gewalttätig werden, als den Müttern, die das zu-

Verschobene Verantwortlichkeiten

gelassen haben. Hier bedarf es einer neuen Bewertung der Verantwortlichkeiten. Es mag sein, dass die Geschlechterverhältnisse weltweit weibliche Duldsamkeit fördern und dadurch dazu beitragen, dass Frauen Gewalt von Männern lange aushalten. Darunter haben auch ihre Kinder zu leiden. Aber selbst wenn jemand die andere Wange hinhält, muss niemand auf sie schlagen. Tut er es doch, liegt die Schuld bei ihm.

Eine Familie ist immer ein soziales Gefüge, in dem sich alle Beteiligten gegenseitig beeinflussen. Für das Verhältnis zwischen Mutter und Tochter kann es demnach durchaus förderlich sein, wenn beide sich bewusst machen, welchen Einfluss der Vater auf ihren Umgang miteinander hat. Wie steht er zur Mutter? Und wie steht er zur Tochter? Ist er in irgendeiner Form an Bündnissen beteiligt? Welche Haltung nimmt er generell gegenüber Frauen ein? Lässt er sich im Haushalt bedienen? Wer fährt das Auto und bestimmt damit Tempo und Weg, wenn die Eltern gemeinsam unterwegs sind? Glänzt der Vater durch Abwesenheit? Wenn ja, seit wann haben Mutter und Tochter nichts mehr von ihm gehört? Was denkt die Mutter über ihn? Was weiß die Tochter von ihm? Wie beeinflussen die Vermutungen der Tochter ihre Haltung gegenüber der Mutter? Ist der Vater ein Gesprächsthema zwischen beiden? Wie wird über ihn gesprochen?

Ein gelungenes Verhältnis zum Vater kann für ein Mädchen eine enorme Bereicherung darstellen. Da aber die Menschen in ihren Beziehungen dazu neigen, Zweierkonstellationen zu bilden, geht ein enger und liebevoller Umgang von Vater und Tocher oft zu Lasten der Harmonie mit dem anderen Elternteil. Mütter werden eifersüchtig, wenn sie für das Mädchen nicht an erster Stelle stehen. Töchter betrachten die väterliche Zuwendung, die den gesellschaftlichen Vorstellungen nach ja nicht selbstverständlich ist, als besonderes Gut. Oft wird ihnen eine Konkurrenzsituation mit der Mutter unterstellt, da die öffentliche Meinung davon ausgeht, dass Männer sich für Frauen interessieren, nicht aber für Kinder.

Die Konstellationen, die sich innerhalb von Familien ergeben, sind sehr individuell und werden umso vielfältiger, je größer die Zahl möglicher Lebensentwürfe wird. Die Existenz so genannter Patchwork-Familien erweitert das Spektrum an Strukturen des Miteinanders immer mehr und bringt zusätzliche Dynamik in das menschliche Zusammenleben. Stereotype Vorstellungen darüber, wie Eltern und Kinder zueinander stehen, verlieren damit an Bedeutung, laufen aber Gefahr, sich zu Vorurteilen zu entwickeln. Damit Mütter und Töchter nicht durch die sie umgebenden Klischees eingeschränkt und behindert werden, ist es für sie wichtig, ihre Beziehung zueinander und die Position der anderen innerhalb des sozialen Umfeldes zu verstehen.

Dynamik durch Patchwork-Familien

Beziehungen verstehen

So mancher Konflikt zwischen Mutter und Tochter entsteht, weil beide eine bestimmte Ansicht darüber haben, wie sie miteinander umgehen sollten, und es aber nicht tun. Diese Ansichten sind auf beiden Seiten von Klischees geprägt, die die Öffentlichkeit über Mütter, Töchter und Frauen im Allgemeinen produziert. Vor diesem Hintergrund bildet ein Mädchen zwei Grundannahmen aus, die das Verhältnis zur Mutter belasten. Erstens: Die Mutter verhält sich ihr gegenüber nicht so, wie sie es sollte. Und zweitens: Die Mutter verlangt im Rahmen der Erziehung von ihr, Einstellungen und Charakterzüge zu übernehmen, die sie nur behindern. Aufbauend auf diesen zwei in den Rollen begründeten Grundannahmen entstehen zwischen Mutter und Tochter immer wieder Reibungspunkte.

Anstatt sich endlos Gedanken darüber zu machen, wie die andere sein sollte und nicht ist, ist es erfolgversprechender, wenn jede der beiden Frauen sich klar macht, welche Bedürfnisse sie selbst in Bezug auf andere Menschen hat. Auf diese Weise haben Mutter und Tochter Gelegenheit, sich wieder an den eigenen Wünschen und Zielen zu orientieren, was Grundvoraussetzung für ein zufriedenes Leben ist. Für die erwachsene Tochter bedeuten derartige Überlegungen manchmal, dass sie die Werte ihrer Kindheit, die oft auch die Werte ihrer Mutter sind, loslassen muss. Viele Frauen kämpfen ein Leben lang gegen überkommene Normen, anstatt sich einfach von ihnen zu verabschieden. Die Trennung von lästigen Ansichten muss nicht die Trennung von der Mutter bedeuten, falls diese von ihr vermittelt wurden. Tatsächlich kann das Miteinander von Müttern und Töchtern erfreulicher werden, wenn das Ringen um den richtigen Blick auf die Welt nicht länger zwischen ihnen steht.

Eigene Bedürfnisse klären

Wer sich auf seine Bedürfnisse besinnt, muss sich im nächsten Schritt auch fragen, mit welchen Menschen er diese Bedürfnisse teilen und befriedigen kann. Wir können eine große Klarheit in unsere Beziehungen bringen, wenn wir uns nicht nur überlegen, was wir brauchen, was wir haben wollen, sondern auch, von wem wir es bekommen möchten. Darüber hinaus ist es wichtig, sich auch darüber bewusst zu werden, was wir geben und wem wir etwas geben möchten. Erst wenn wir diese Fragen für uns geklärt haben, können wir gemeinsam mit diesen Menschen herausfinden, ob sie bereit und in der Lage sind, unseren Wünschen ganz oder teilweise zu entsprechen.

Was sich hier sehr theoretisch anhört, kann uns in unserem täglichen Leben viel Kummer und Ärger ersparen. Zwischen Müttern und Töchtern lassen sich auf diese Weise eingefahrene Verhaltensweisen aus dem Weg räumen, die nach Jahren, in denen sich beide weiterentwickelt haben, nur stören. Gleichzeitig verlagert sich die Aufmerksamkeit von den Erfahrungen, die immer nur enttäuschend zu sein scheinen, hin zu einem gelungenen Miteinander.

Unsere Beziehungen zu verstehen bringt uns ein Mehr an Entscheidungsfreiheit im Umgang mit anderen. Wir können durch das Bewusstsein darüber, was wir brauchen und wollen, neue Facetten unserer eigenen Persönlichkeit entdecken, die wir bislang vielleicht noch gar nicht wahrgenommen haben. Für Mütter und Töchter bietet sich die Chance, auf selbstbestimmte Weise Überholtes loszulassen, und gleichzeitig das, was sie miteinander teilen, zu bejahen. Es ist, als würden Scheuklappen fallen, die bestimmte Formen der Begegnung zuvor beinahe schicksalhaft vorzugeben schienen. Der Blickwinkel und damit auch das Handlungsspektrum beider Frauen erweitert sich.

Widerspruch

In den vorangegangenen Kapiteln habe ich immer wieder darauf hingewiesen, wie sehr das Verhältnis zwischen Müttern und Töchtern durch Bedingungen beeinflusst wird, die von außen an sie herangetragen werden. Mir ist durchaus bewusst, dass Frauen in erster Linie nach Wegen suchen, den Charakter der Beziehungen innerhalb ihres privaten Rahmens zu verbessern. Wir alle sehnen uns nach Handlungsalternativen, die sich in unserem täglichen Leben unmittelbar auswirken. Wir möchten die Ergebnisse unseres Verhaltens sofort sehen. Das ist ein verständlicher Wunsch, denn nur so können wir spüren, wie wir unser persönliches Schicksal und die Qualität unserer Beziehungen beeinflussen können. Die Motivation zum Handeln braucht vor allem eine konkrete Belohnung, keine abstrakte Theorie.

Dennoch möchte ich daran erinnern, dass es für Mütter und Töchter, aber auch für Frauen ganz allgemein, von unschätzbarem Wert ist, einen Teil ihrer Energie darauf zu verwenden, die gesellschaftlichen Rahmenbedingungen zu verändern. Die Lebensqualität und die Zukunftsperspektiven von Mädchen lassen sich nur dann verbessern, wenn die Gesellschaft ihnen endlich wie den Jungen Türen öffnet, die sie bislang noch immer einschlagen müssen, wenn sie vorankommen wollen. Obwohl die Frauenbewegung in den letzten einhundert Jahren viel erreicht hat, bestehen, nüchtern betrachtet, noch immer Machtverhältnisse, die den Männern auf Kosten von Frauen eine privilegierte Stellung sichern. Ein Dauerthema, das viele nicht mehr hören können. Trotzdem ist es eine Tatsache, die sich ohne den Widerspruch von Frauen nicht ändern wird. Männer haben kein Problem damit, zuerst ihre eigenen Interessen zu vertreten; sie werden uns daher nichts schenken.

Machtverhältnisse ändern

Frauen haben die Chance, Einfluss zu nehmen. Auch ohne großen zeitlichen Aufwand lassen sich Dinge bewegen. Da wir in einer Gesellschaft leben, in der Geld ein wichtiges Instrument ist, verfügen Frauen beispielsweise als Konsumentinnen über schier unendliche Möglichkeiten, Veränderungen in Gang zu setzen. Sie müssen aber ihre Gefühle, ihre Wünsche und ihren Ärger wirklich wichtig nehmen. Und sie müssen aufhören, sich von so genannten »Experten« die Welt erklären zu lassen.

Auf den Alltag übertragen heißt das: Kaufen wir keine Produkte, für die auf eine Weise geworben wird, die Frauen auf die Rollen einer unbezahlten Dienerin oder eines Objektes fremder Sexualfantasien festlegt. Gerade die Medien haben einen immer größer werdenden Einfluss auf die Sozialisation von Mädchen, indem sie ihr Frauenbild prägen. Lassen wir uns nicht einreden, Fotos, auf denen Frauen entwürdigend dargestellt werden, seien Kunst. Machen wir uns bewusst, dass der Fotograf (und auch so manche Fotografin) die Sichtweise auf Frauen, die er durch seine Aufnahmen zum Ausdruck bringt, auch anderen, vor allem Männern, empfiehlt.

Man kann lernen, Sexismus zu erkennen. Fragen wir uns bei der Betrachtung eines Bildes oder einer Filmszene, ob wir so dargestellt, so gesehen werden möchten. Nehmen wir die zur Schau gestellte Körperhaltung ein, und erleben, wie wir uns dabei fühlen. Verwechseln wir nicht länger sexy und sexistisch. Sexy ist eine glückliche Frau, die weiß, was sie will, und die offen mit anderen umgeht, weil sie selbstsicher ist. Sexistisch ist die Darstellung einer Frau, die ihren Körper und ihr Handeln in erster Linie in den Dienst anderer stellt. Sexismus ist leicht daran zu erkennen, dass wir eine Abbildung, eine Meinung oder eine Szene als lächerlich bzw. entwürdigend empfinden, wenn wir sie uns mit vertauschten Geschlechterrollen vorstellen.

Zahlen wir nicht länger für Kinofilme, in denen die Kamera Frauen von oben nach unten und Männer von unten nach oben filmt. Kaufen wir unseren Kindern keine Naturbücher, in denen die Tierwelt vermenschlicht wird, in denen der männliche Löwe der Boss ist und sich einen Harem hält oder zwei Blaufußtölpel heiraten, wenn sie sich paaren. Halten wir Schneewittchen nicht länger für ein harmloses Märchen. Und beschweren wir uns. Verlangen wir vom Sportreporter, erwachsene Schwimmerinnen, Fußballerinnen, Läuferinnen oder Reiterinnen nicht »Mädels« zu nennen und uns mehr über ihre Leistungen zu erzählen als über ihre Familienverhältnisse und Anziehgewohnheiten. Verlangen wir in Diskussionssendungen mehr als eine Alibi-Quotenteilnehmerin. Mischen wir uns ein, wenn KollegInnen andere Frauen als hysterisch, machtbesessen, zickig, unweiblich, zu dick, zu dünn, zu alt oder zu selbstsicher charakterisieren.

Einmischung tut Not

Es gibt viele Frauen, die das alles bereits seit Jahrzehnten tun, und ihre Erfolge sind unübersehbar. Der tägliche Widerspruch kostet Kraft und verlangt ein hohes Maß an Engagement. Und dennoch ist dies alles leichter als die Alternative, die in der Unterordnung liegt. Viele Frauen sind erschöpft – doch nicht deswegen, weil sie um ihre Rechte kämpfen, sondern weil sie genau das nie getan haben. Überarbeitung, Depression und Verlustängste sind der Preis der Anpassung. Sie bilden bis heute in vielen Familien leider auch den Rahmen für die Begegnung zwischen Mutter und Tochter. Beide Frauen können nicht wollen, dass das so weitergeht.

Wir sind auf dem richtigen Weg. Bei der Eröffnung der Olympischen Spiele 2000 in Sydney bewegte sich die Dramaturgie der Feier um die Träume eines kleinen Mädchens. Eine Milliarde Menschen verfolgte bewegt, wie eine Hockeyspielerin den olympischen Eid sprach und eine Läuferin unter dem Beifall der Menge das olympische Feuer entzündete. Wie auch immer man derartigen Großereignissen gegenüberstehen mag, mit ihrer Öffentlichkeitswirksamkeit sind sie von unschätzbarem symbolischen Wert. Die Bilder von so viel weiblicher Präsenz gingen um die Welt und setzten sich im Unterbewusstsein der Menschen fest. Sie machen den Mädchen Hoffnung, was ihre Möglichkeiten betrifft. Sie vermitteln den Müttern, welche Chancen »ihre Kleine« hat. Nur wenn wir auf diesem

Weibliche Präsenz fordern

Weg weitergehen, werden Frauen in ihren Rollen als Mutter oder Tochter aufhören, das Bewusstsein ihrer Beschränkungen aneinander abzuarbeiten. Nur so können beide zu einem einvernehmlichen Miteinander finden, das jeder eine persönliche Freiheit lässt.

Anmerkungen

1 Zitiert nach der deutschen Fassung des Filmes »Vom Winde verweht«, produziert von David O. Selznick in Zusammenarbeit mit Metro-Goldwyn-Mayer nach einem Drehbuch von Sidney Howard. In der Romanvorlage lässt die Autorin Scarlett sagen: »Mutter war, ... ach, Rhett, zum erstenmal bin ich froh, dass sie tot ist. Da kann sie mich doch nicht sehen. Sie hat mich nicht erzogen, so gemein zu sein. Sie war gütig gegen jedermann. Ihr wäre lieber gewesen, ich wäre verhungert, als dass ich so etwas getan hätte. Und ich wäre doch so gern genau wie sie gewesen in allem, was ich tue, und ich bin nicht ein bisschen wie sie.« Mitchell, Margaret: Vom Winde verweht, Hamburg, 1937, S. 733

2 Seydel, Renate (Hrsg.): Ich, Romy: Tagebuch eines Lebens, © 1988 by Langen Müller in der F. A. Herbig Verlagsbuchhandlung GmbH, München

3 Burger, Angelika, Seidenspinner, Gerlinde: Töchter und Mütter: Ablösung als Konflikt und Chance, Opladen, 1988, S. 50

4 Harris, Amy Bjork und Thomas A.: Einmal o.k. – immer o.k. Transaktionsanalyse für den Alltag, Reinbek bei Hamburg, 1985, S. 119

5 Vergleiche u.a.: Grabrucker, Marianne: Typisch Mädchen ..., Frankfurt am Main, 1985; Schultz, Dagmar: Ein Mädchen ist fast so gut wie ein Junge, Berlin, 1980

6 Jacqui Schiff, Cathexis Reader, New York, 1975, S. 33f.. Zitiert nach Harris, Amy Bjork und Thomas A., a.a.O., S. 61

7 Seligman, Martin E.P.: Erlernte Hilflosigkeit, München u.a., 1979, S. 8

8 Rowling, Joanne K.: Harry Potter und der Stein der Weisen, Hamburg, 1998, S. 189ff.

9 Faludi, Susan: Die Männer schlagen zurück, Reinbek bei Hamburg, 1993, S. 16

10 Erhardt, Ute: Gute Mädchen kommen in den Himmel, böse überall hin, Frankfurt am Main, 2000, S. 17

11 ebd., S. 16., Hervorhebung durch Ute Erhardt

12 Seligman, Martin: Pessimisten küsst man nicht. Optimismus kann man lernen, München, 1991, S. 162

13 Erhardt, Ute, a.a.O., S. 97

14 Harris, Thomas A.: Ich bin o.k. – Du bist o.k., Reinbek bei Hamburg, 1988, S. 65

15 Gidion, Heidi: Und ich soll immer alles verstehen ... Auf den Spuren von Müttern und Töchtern, © Verlag Herder, Freiburg im Breisgau, 5. Auflage 1994, S. 162

16 Gross, Zenith Henkin: Und du dachtest schon, es ist vorbei. Mütter und ihre erwachsenen Kinder, S. 192. Mit freundlicher Genehmigung der Liepmann AG, Zürich. Alle Rechte an der deutschen Übersetzung von Annette Charpentier liegen beim Wilhelm Goldmann Verlag, München, einem Unternehmen der Verlagsgruppe Random House GmbH

17 Bowen, Murray: Family Therapy in Clinical Practice, New York, 1978, S. 495. Zitiert nach Lerner, Harriet Goldhor: Wohin mit meiner Wut? Neue Beziehungsmuster für Frauen, Frankfurt am Main, 1990, S. 36

18 Gross, Zenith Henkin, a.a.O., S. 31f.

19 ebd., S. 76

20 Burger, Angelika, Seidenspinner, Gerlinde, a.a.O., S. 170

21 Gross, Zenith Henkin, a.a.O., S. 191

22 Harris, Amy Bjork und Thomas A.: Einmal o.k. – immer o.k., a.a.O., S. 146
23 Faludi, Susan, a.a.O., S. 246
24 Lerner, Harriet Goldhor, a.a.O., S. 11
25 Keckeisen, Wolfgang: Die gesellschaftliche Definition abweichenden Verhaltens. Perspektiven und Grenzen des labeling approach, München, 1974, S. 36
26 Burger, Angelika, Seidenspinner, Gerlinde, a.a.O., S. 134
27 ebd., S. 169
28 Gipser, Dietlinde, Stein-Hilbers, Marlene (Hrsg.): Wenn Frauen aus der Rolle fallen. Alltägliches Leiden und abweichendes Verhalten von Frauen, Weinheim u.a., 1987, S. 39
29 Burgard, Roswitha: Wie Frauen »verrückt« gemacht werden, Berlin, 1980, S. 82
30 Hammer, Signe: Töchter und Mütter. Über die Schwierigkeiten einer Beziehung, Frankfurt am Main, 1978, S. 14
31 Riva, Maria: Meine Mutter Marlene, © 1992 by C. Bertelsmann Verlag, München, in der Verlagsgruppe Random House GmbH, S. 60
32 Troll, Lillian E.: Family Life in Middle and Old Age: The Generation Gap. In: Annals of the American Academy of Political and Social Science, Band 464 (November 1982), S. 46. Zitiert nach Gross, Zenith Henkin, a.a.O., S. 101
33 Seligman, Martin E.P.: Erlernte Hilflosigkeit, a.a.O., S. 36
34 Burger, Angelika, Seidenspinner, Gerlinde, a.a.O., S. 29
35 Burger, Angelika, Seidenspinner, Gerlinde, a.a.O., S. 171
36 Gidion, Heidi, a.a.O., S. 159
37 Burger, Angelika, Seidenspinner, Gerlinde, a.a.O., S. 170
38 Gross, Zenith Henkin, a.a.O., S. 335, Hervorhebung durch Zenith Henkin Gross
39 Burger, Angelika, Seidenspinner, Gerlinde, a.a.O., S. 169
40 Trueblood, Elton: General Philosophy, New York, 1963. Zitiert nach Harris, Thomas A.: Ich bin o.k. – Du bist o.k., a.a.O., S. 83
41 Erhardt, Ute, a.a.O., S. 91
42 Reinke, Gudrun: Weiblichkeit und abweichendes Verhalten. In: Gipser, Dietlinde, Stein-Hilbers, Marlene (Hrsg.), a.a.O., S. 130
43 Lerner, Harriet Goldhor, a.a.O., S. 116
44 Hammer, Signe, a.a.O., S. 197
45 Gidion, Heidi, a.a.O., S. 148
46 Lerner, Harriet Goldhor, a.a.O., S. 70
47 Seligman, Martin: Pessimisten küsst man nicht, a.a.O., S. 64
48 ebd., S. 64
49 Faludi, Susan, a.a.O., S. 128
50 Lerner, Harriet Goldhor, a.a.O., S. 14
51 Gidion, Heidi, a.a.O., S. 197
52 Spada, James: Grace. Das geheime Vorleben einer Fürstin, München u.a., 1987, S. 332
53 Rossellini, Isabella: Some of me, München, 1999, S. 99

Die Deutsche Bibliothek – CIP-Einheitsaufnahme
Ein Titeldatensatz für diese Publikation ist bei der
Deutschen Bibliothek erhältlich.

1 2 3 4 5 06 05 04 03 02

Ein Unternehmen der Verlagsgruppe Dornier
Postfach 80 06 69, 70506 Stuttgart, Tel.: 0711/78 80 30
Sie erreichen uns rund um die Uhr unter www.kreuzverlag.de
Umschlagfoto: © Premium/Bananastock
Umschlaggestaltung: OUTPUT KreativAgentur Waiblingen,
Werner Hildenbrand
Satz: Rund ums Buch – Rudi Kern, Kirchheim/Teck
Druck und Bindung: Kösel, Kempten

Die Schreibweise entspricht den Regeln der neuen Rechtschreibung.

ISBN 3 7831 2155 8